AF256368

STAGIONI

autobiografia

STAGIONI

autobiografia

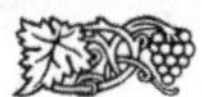

Carla Carli Mazzucato

BluSparks

Alla mia Famiglia

INDICE

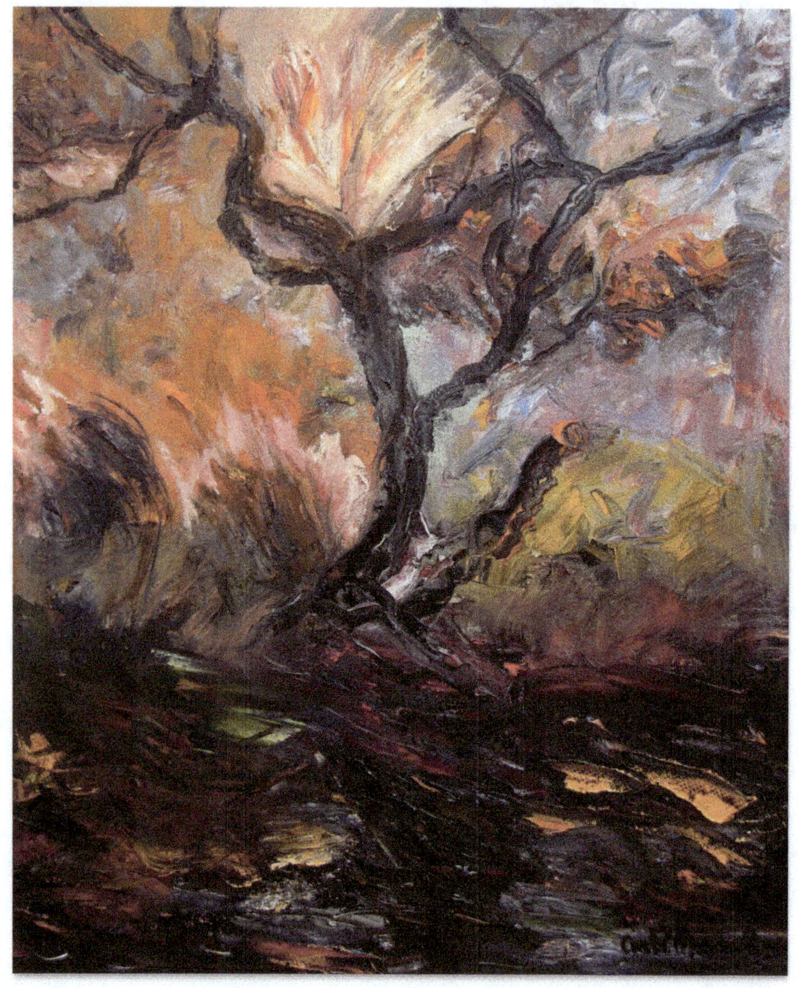

Di Natura il Canto

PREMESSA

Nel cammino della nostra vita le stagioni si susseguono e marcano il passare del tempo, dalla nostra nascita, all'adolescenza e trasformazione, e gradualmente al nostro svanire nel tempo.

La vita di Carla Carli Mazzucato ha passato le varie stagioni, iniziando la sua infanzia in Appiano, i vari anni di studi in Italia, e proseguendo in un nuovo mondo, quello degli Stati Uniti d'America. Arrivata nella terra lontana, ha continuato il suo viaggiare attraversando i grandi stati d'America dalla costa dell'Atlantico fino all'Oceano Pacifico in California, dove ora vive.

Come artista, ha continuato i suoi viaggi dando esposizioni della sua arte nelle varie gallerie in Europa e in America.

Il suo viaggiare non è stato solo di carattere geografico ma si è anche trasformato in un viaggio dello spirito. I colori delle stagioni sono come i cicli della sua vita che suggeriscono il pathos di un mondo in transizione. Carla ci comunica le sue esperienze senza notare lo spazio e il tempo, e ci trasporta nel passato per ricordare le sue gioie e le sue passioni.

Dr. Edit Meraner

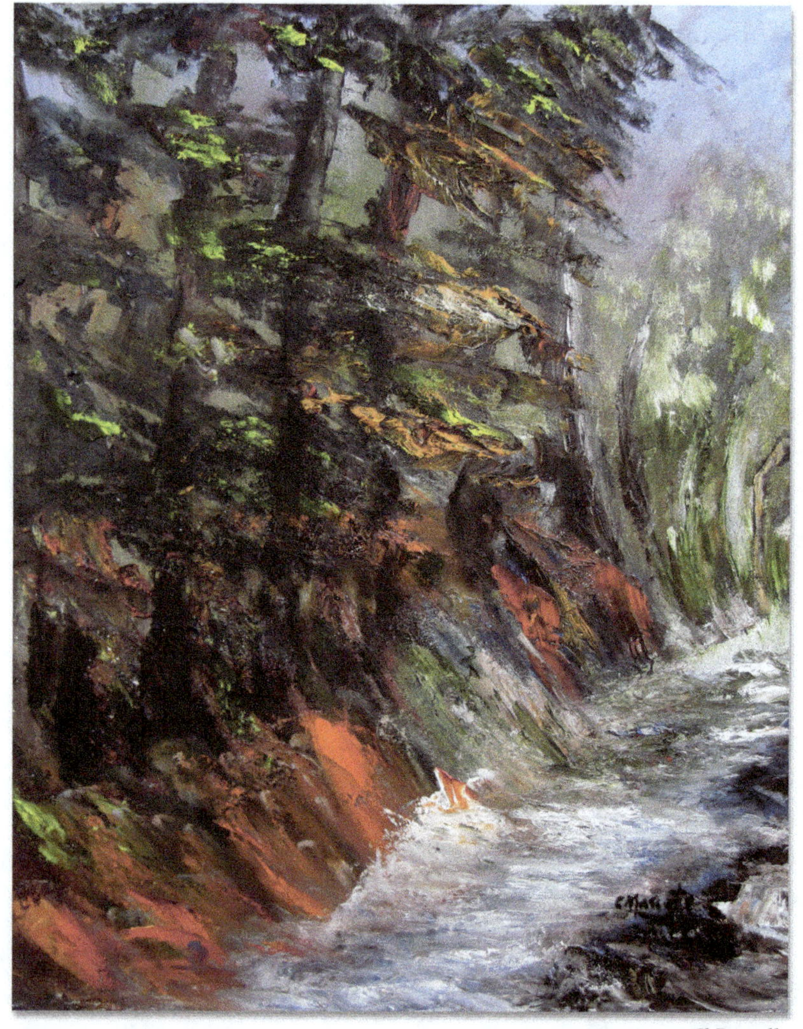

Il Ruscello

INTRODUZIONE
Carla Carli Mazzucato

I ricordi della mia patria in Alto Adige mi riportano indietro nel passato, e come allora, sento il grigiore dell'inverno, la speranza che porta con sé la primavera, e la gioia nel celebrare il sole di una nuova estate.

Io sono nata d'autunno, la stagione che nelle vigne di mio padre vedevo maturare l'uva per fare il vino, e le mele che erano pronte per essere raccolte e venir trasportate nei grandi magazzini. Venivano poi in parte esportate all'estero, e in parte venivano ad arricchire le tavole da pranzo dei nostri paesi.

Nella mia infanzia sono stata cullata dall'amore dei miei cari genitori, e sono cresciuta in una famiglia bilingue. In casa si parlava italiano, mentre nel cortile della nostra grande casa ad Appiano, si parlava il dialetto tedesco che era la seconda lingua della nostra regione, che fu sotto l'Austria fino alla fine della prima guerra mondiale.

I miei numerosi cugini provenivano dalla famiglia Carli ed erano i miei compagni di gioco. Con loro parlavo il dialetto tedesco e assieme giocavo da mattina a sera nei vari cortili del nostro caseggiato.

Ad ogni cambiamento di stagione mi trovavo in posti diversi: D'estate andavo con la mia famiglia sulle montagne e le vallate intorno ad Appiano dove l'aria era fresca e pura; d'inverno restavo sempre a casa ad aspettare la neve, e con le prime nevicate assieme ai miei cugini incominciavo i giochi invernali e le lunghe slittate attraverso i campi imbiancati. Infine l'attesa della festa di Natale era per tutti tempo di trepida gioia.

Una nuova svolta nella mia vita mi portò in paesi diversi per incontrare nuova gente e nuovi costumi. Sposai Giuseppe Mazzucato, ed andai a passare il resto delle stagioni nella mia patria adottiva, gli Stati Uniti d'America.

Passai molte stagioni in Michigan, paese di laghi e di variopinti colori. Dopo quarant'anni attraversai la vasta prateria degli stati centrali, che si estendeva fino all'orizzonte in campi ondeggianti di grano, mais e cotone, per arrivare alle sponde dell'oceano Pacifico, nello stato della California. Qui le stagioni sembravano immutate.

Ebbi occasione di viaggiare estesamente anche in Europa, per incontrare gente di varie culture e diverse religioni. Ho scoperto che con le emozioni riesco a comunicare i miei sentimenti ed idee, e pertanto continuerò a dipingere le mie speranze e i miei sogni di gioie e tristezze che accompagnano la vita ad ogni stagione.

Cosa ho imparato?

I colori formano un arcobaleno,
una collezione di momenti felici.

Le cose migliori della mia vita
sono le persone che amo,
i luoghi che ho visitato,
le memorie avute
nel mio lungo cammino.

Carla Carli Mazzucato

PARTE I

INFANZIA

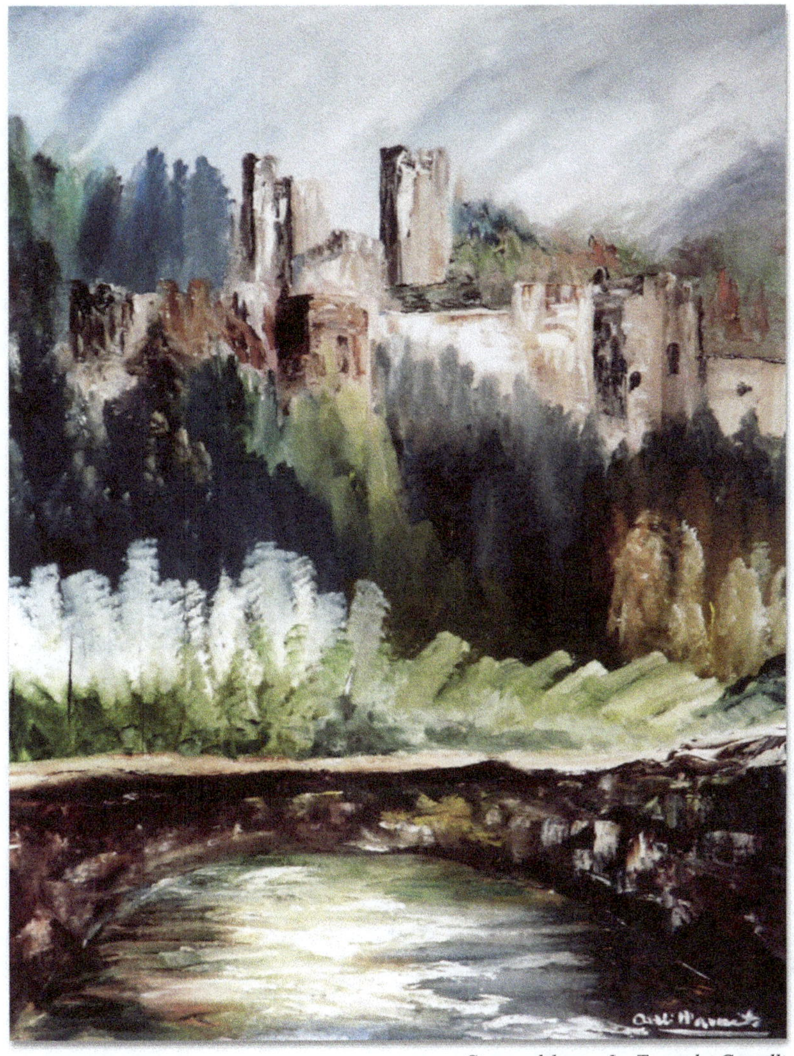

Sigmundskron - La Terra dei Castelli

CAPITOLO 1
MIO PADRE

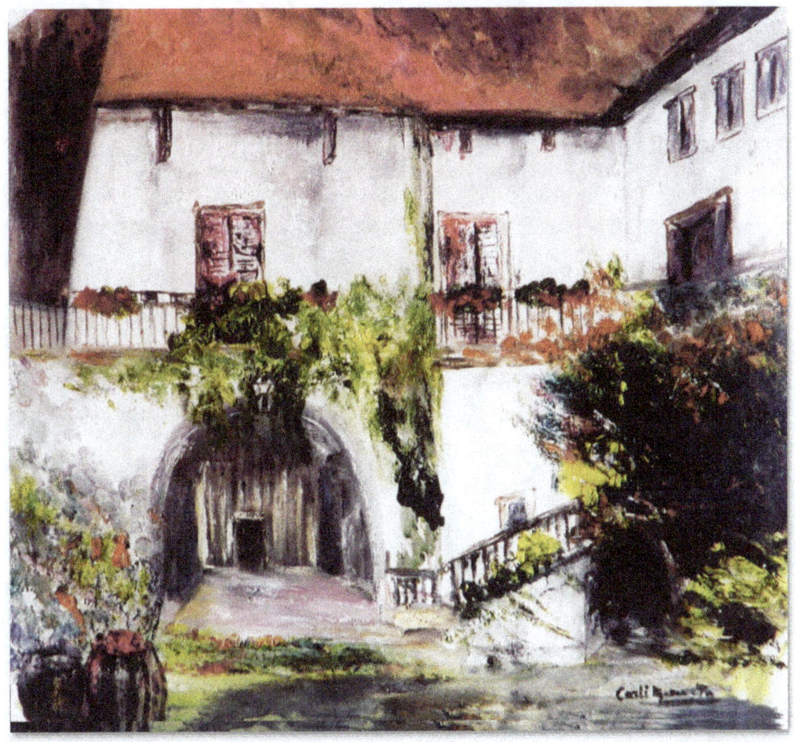

Casa Paterna

Sulla sedia di papà sto dormendo,
La sua voce così dolce sta svanendo,
Le sue braccia così calde mi raccolgono,
E quando sera diventa notte, Io sto sognando.

filastrocca delle sere quando papà giocava a carte.

Sono nata nel 1935 nella camera da letto di mia madre, nella casa di mio padre, e nel paese di Appiano tra le Alpi dell'Italia del Nord. Appiano venne nominato il Paradiso del Sud Tirolo per via delle sue bellezze naturali e le sue tradizioni artistiche. La nobiltà del passato venne nel Tirolo per farsi la residenza e comperarsi un vigneto, ma quando tutti i castelli esistenti erano stati occupati, si incominciò a costruirne di nuovi, e così la regione, dotata di case spettacolari e di castelli, divenne il paradiso della nobiltà tirolese.

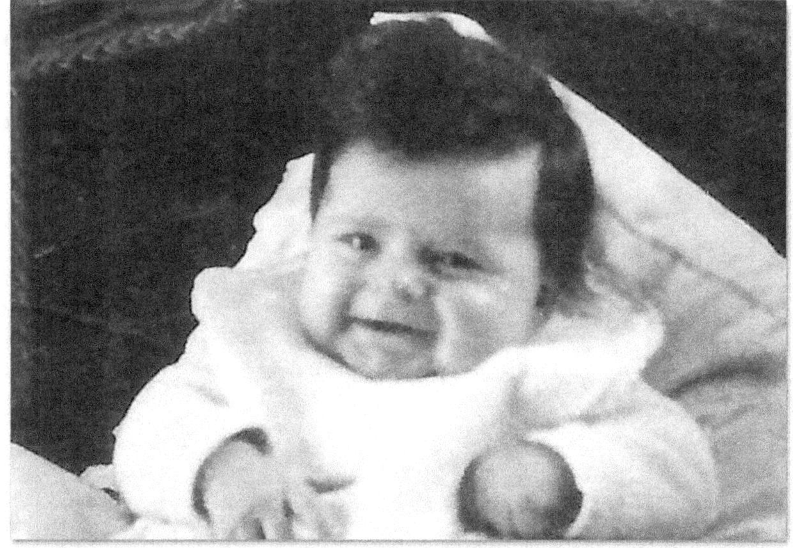

Carla Carli - 3 mesi

Queste case signorili del medioevo, che fiorirono nella vita di corte e cavalleresca, raffigurano uno stile altoatesino, composto degli elementi d'un tardo gotico, d'un nascente stile rinascimentale seguito dallo stile barocco. Non saprei come si presentavano le case coloniche costruite alcuni secoli prima del mio arrivo, ma i frutteti circostanti immagino siano rimasti uguali al tempo passato:

frutteti sparsi nella valle e intercalati da vigneti arrampicanti sui colli, formando delle terrazze a chiazze verdi e colori autunnali. Mi fa pensare che a quel tempo la vita era più semplice, o almeno più tranquilla, senza la fretta di oggi giorno.

Io sono nata, e crescendo, sentivo una dolce voce che cantava in lingua tedesca, la canzone che mi riempiva il cuore:

Es gibt ja nur ein Vaterhaus

Wo's Dorflein dort zu Ende geht,
Wo's Mühlen Rat an Bach sich dreht,
Da steht in duftigen Blumenstrauß
Ein Hauslein klein, mein Vaterhaus.
Darin wo meine Wiege steht
Darin lernet ich mein erst Gebet,
Darin findet Lieb und Lustigkeit,
Darin lernet ich mein ersten Traum.

Esiste solo una casa paterna

La casa recinta di fiori, nel dolce paesello natio,
È dove passai delle ore sentendo parole d'amore;
Dove una culla lì c'era, imparai la mia prima preghiera,
E dolci sogni di gioia io feci per tutta la sera.

L'evento della mia nascita è stato comunque una grande notizia nel paese. Mio padre era conosciuto e rispettato, un uomo educato dal cuore generoso, a cui le persone si rivolgevano per consigliarsi in affari di finanza e di agricoltura. Essendo stato impiegato di banca per molti anni era un'autorità in fatti finanziari ed agrari. Egli era un figlio devoto e un fratello che si prendeva cura anche dei figli delle due sorelle Maria e Kathy che erano rimaste vedove ancor giovani. Era stato il fondatore della Cantina Sociale Vinicola di Appiano, che procurava il vino raccolto collettivamente dai vignaioli locali e che poi veniva esportato.

Anche mio padre possedeva campagna, e dal suo esteso frutteto era riuscito ad avere un' azienda di successo esportando varia frutta sia in Austria sia in Jugoslavia. Pertanto, essendo un possidente, tutti in paese pensavano che un figlio maschio gli sarebbe stato utile.

Secondo il costume di Appiano ed in tutta la regione del Sud-Tirolo, alle figlie veniva data una dote in soldi per quando si sposavano, mentre al figlio erede veniva data la casa paterna e tutta l'altra proprietà. Se c'era più di un figlio, la proprietà veniva divisa, ma il figlio maggiore riceveva ugualmente la casa paterna e il miglior pezzo di terreno. Questa era, e lo era anche quando io sono nata, la legge del "maso chiuso". Una legge in vigore per non dover frazionare i terreni in particelle troppo piccole, per cui non sarebbe stato possibile sostenere le varie famiglie con i loro discendenti.

La nascita di mia sorella Lidia che era nata 18 mesi prima di me, era stato un evento felice, ma ora tutto il paese si aspettava che mio padre avesse un figlio. Io, naturalmente non lo ero. Mio padre probabilmente avrebbe anche lui desiderato un figlio, ma ugualmente era contento anche con la mia nascita, che per lui voleva dire essere contento di avere due ereditiere.

A mio padre non interessava poi tanto di seguire i rigidi e inflessibili costumi del paese, poiché seguiva il suo buon senso nel sapere cosa era bene e cosa era male. Alla fine egli semplicemente decise che se avesse avuto solo due figlie, io sarei stata la sua bambina…ed anche il suo maschietto.

Mio padre mi chiamava "Finferle", e per lungo tempo ho sempre creduto che significasse un fungo. Solo anni dopo, sono venuta a sapere che la parola voleva dire un cinquino, ossia la piccola moneta da cinque centesimi, dal nome tedesco "fünf", vale a dire cinque, ossia una cosina di valore che si tiene sempre in tasca. Ecco quindi ch'io ero quella monetina preziosa per il mio papà.

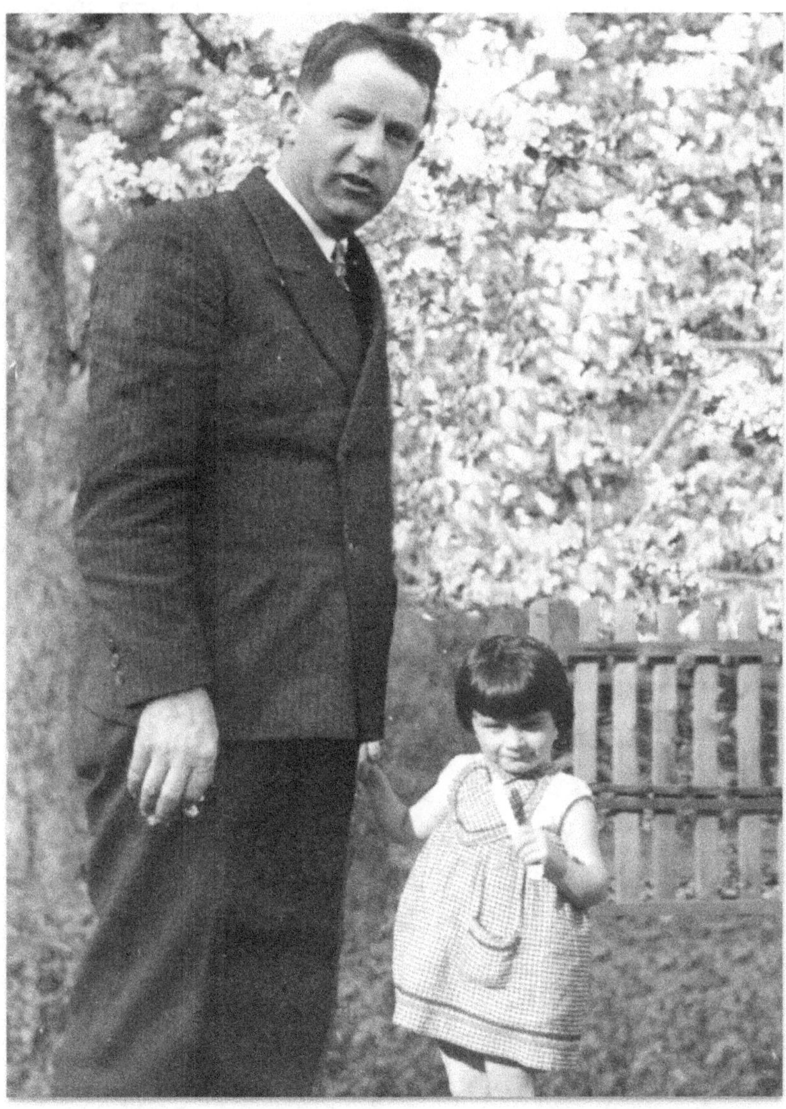

Vigilio e Carla Carli (c. 1937)

Egli mi narrava sempre le favole e le storie misteriose della nostra valle che era circondata da tanti castelli. Le antiche mura dei castelli erano stati i bastioni di fortezza sin dai tempi di Carlo Magno. All'entrata della valle c'era il Castel Firmiano, una fortezza costruita per proteggere l'Arcivescovo di Trento. Poi nel 1473, il duca Sigismondo saccheggiò la fortezza e ricostruì un castello che chiamò Sigmundskron, ossia la corona di Sigismondo.

Il castello d'Appiano, Hocheppan, dominava tutta la valle, e i loro conti rimasero al potere fino al tredicesimo secolo. Vennero poi sconfitti dai conti del Tirolo, che chiamarono la loro regione col nome di "Sud Tirolo".

Mio padre voleva che lo accompagnassi ovunque; passeggiavamo lungo la campagna e i sentieri tranquilli del paese che conducevano in cima alle colline, e attraverso stradine boscose si arrivava in montagna, dove solo lo scroscio dei ruscelli rallegrava la quiete. Da mio padre nutrii e venni ad apprezzare la bellezza della natura che mi circondava, e mi riempiva lo spirito di vitalità e di ottimismo. Egli mi lasciò la casa e la campagna che eventualmente venni a condividere con mia sorella e mio fratello, nato cinque anni dopo di me. Ma l'eredità di maggior valore che ebbi da mio padre fu la visione gioiosa della vita.

Il nome di mio padre era Vigilio, sempre chiamato col soprannome di Gilli. Egli si alzava tardi al mattino e aveva sempre difficoltà per addormentarsi, per cui passava le serate leggendo un libro o suonando la chitarra. La sera di venerdì era dedicata ai suoi amici che venivano a giocare a carte fino a mezzanotte.

Ricordo le serate quando gli amici arrivavano per la partita di "Schnapps" e si radunavano in cucina per giocare, io mi coricavo sulla poltrona del papà e dolcemente mi addormentavo cullata in un sogno di voci lontane.

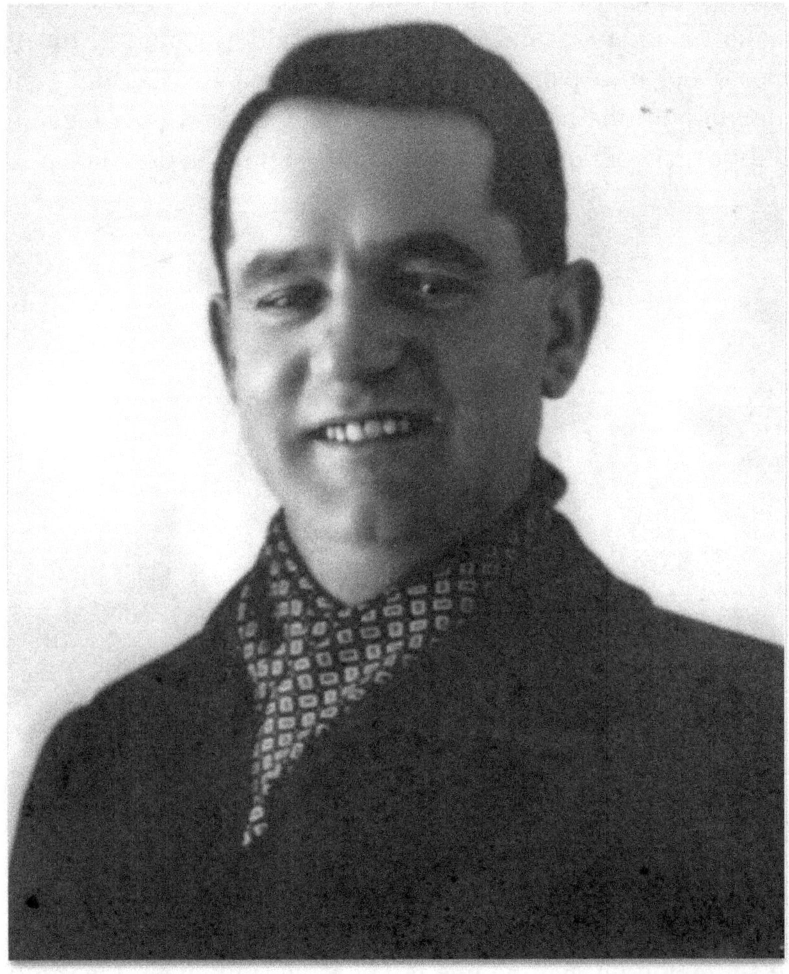

Vigilio Carli

La nostra casa venne costruita nel 1680, non aveva né riscaldamento, né bagno, né acqua calda, e le notti invernali erano molto fredde, solo la cucina veniva riscaldata ed era per noi focolare di continuo calore.

Papà comperava le castagne e preferiva cuocerle in una grande padella anziché arrostirle nel forno. Quando la cucina diventava la camera da gioco, io mi rannicchiavo sulla comoda e grande poltrona per addormentarmi. Era il posto del mio papà, infatti ogni mattina lui si sedeva su quella poltrona per leggere il giornale, e la sera per leggere il libro, ma durante il gioco di carte quel posto era mio.

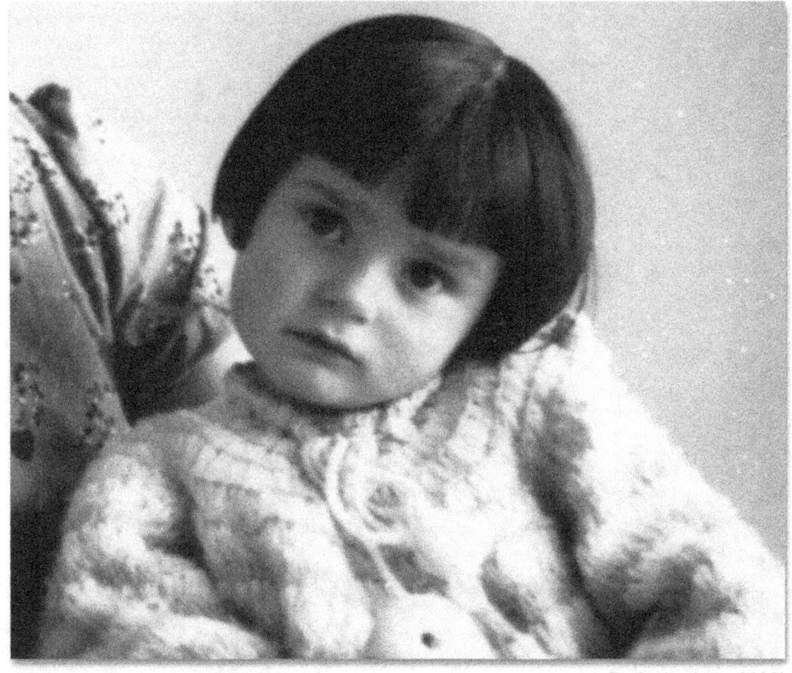

Carla Carli (c. 1938)

L'amico del papà signor Ernst Gelmini salutava me e Lidia con un inchino che noi contraccambiavamo, e molti anni dopo, trovandomi a Bolzano per una mostra d'arte nella Galleria dei Domenicani, egli venne per comperare un mio acquarello, e ricordandosi del passato, mi salutò con un inchino. Dopo la sua dipartita egli lasciò ai figli la direzione di un Caffè-Ristorante in Appiano che ora si trova in via Cappuccini.

Altro amico che veniva a giocare a carte con il mio papà era il signor Luigi Dallapiazza. Molti anni dopo l'assenza di mio padre, egli dichiarava a tutti che papà era stato il suo amico "per eccellenza". Io ho conosciuto sua figlia Rosetta che mi diede lezioni d'algebra quando frequentavo il liceo, e prima che lei andasse a vivere a Padova ed io partissi per l'America.

Altro amico fedele di papà era Egon Kaspar, egli ci portava in giro con l'automobile "Balilla" di papà, dopo che a lui non era possibile farlo. Egon portava papà dai dottori, ed accompagnava Lidia e me alle lezioni di pianoforte che avevamo ogni sabato mattina in via Zara a Bolzano. Lidia era sempre molto preparata per la lezione di musica, mentre io mi inciampavo in ogni nota.

Al pomeriggio papà era abituato a fare un sonnellino prima di fare la passeggiata ed andare a controllare i lavori nel suo frutteto, e per me era l'ora di godere la speciale e divertente compagnia di mio padre. Nel camminare egli portava sempre in tasca delle noci che poi si metteva in bocca per istigare la mia curiosità, io allora volendone una, mi mettevo a cercare la tasca dove erano le noci nascoste, e con questo ci divertivamo a prenderci in giro.

Andando verso la chiesetta "Madonna del Riposo", che era rannicchiata tra gli alberi di pioppo d'Appiano, si arrivava anche ai campi di mele e pere del papà. Lungo la strada c'era un ruscello dove io gettavo sempre un piccolo pezzo di legno per vederlo galleggiare fino alla fontana che stava nel cortile della chiesetta in fondo alla strada. Non sempre arrivava… si inciampava invece lungo il suo percorso.

Come un rito, noi si beveva un sorso d'acqua alla fontana e poi visitavamo la chiesetta che all'interno era sempre nel buio. Le pareti erano tappezzate da quadri commemorativi d'ogni dimensione, e nell'aria c'era sempre odore d'incenso. Io mi sedevo nei banchi per guardare tutti quei quadri, mentre il papà rimaneva all'entrata della chiesa, e tenendo in mano il suo cappello "borsalino", si fermava a dire una preghiera.

Dopo questa visita si andava nei campi, e papà mi insegnava ad uccidere i vermi che si formavano nella corteccia dei meli, e mi faceva la stima di quanto avrebbe ricavato dalla prossima raccolta di mele.

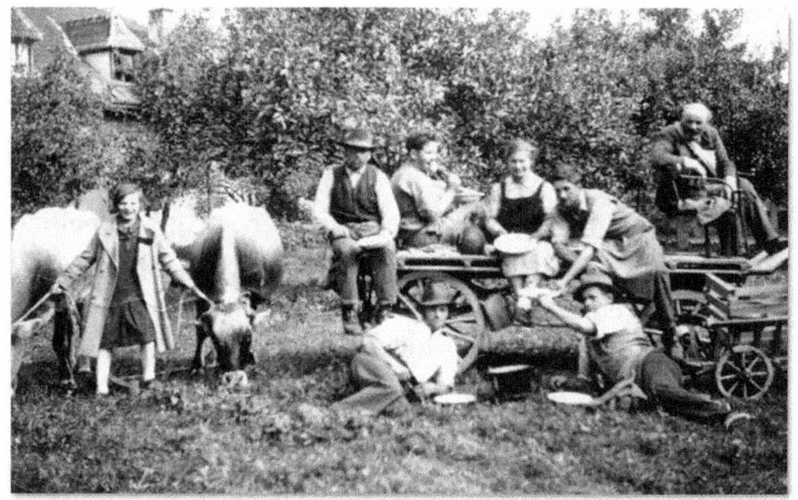

Campi vicini a Maria Rast

Sulla strada di ritorno ci fermavamo sempre al cimitero per visitare le tombe di famiglia, e dove papà recitava le sue tre Ave Maria per la sua mamma, Maria Tapfer. Ella era morta quando io avevo solo tre anni e quindi non la ricordavo.

Invece ricordavo il nonno Vigil Carli, perché egli soleva sempre dondolarmi sulla sua gamba mentre cantava i suoi soliti versi di "hopa, hopa, ho, pa, pa!..." e godeva nel sentirmi ridere.

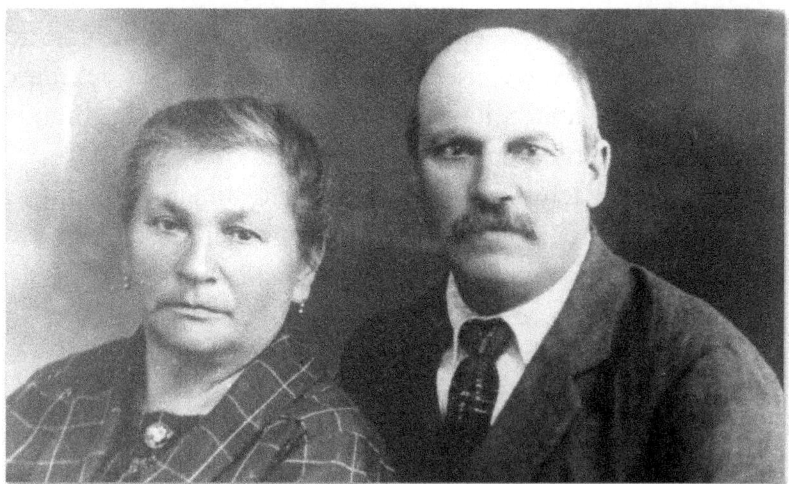

Maria Tapfer e Vigil Carli

Un'altra meta piacevole per la passeggiata domenicale era "Stroblhof", un ristorante vicino al bosco del Monte Penegal, e un posto d'attrazione essendo vicino alle Buche di Ghiaccio.

Mio papà soleva andare a Stroblhof o al villaggio di Predonico per un gioco di bocce o di birilli. Io ricevevo un premio per aiutare i giocatori a rialzare i birilli caduti durante il gioco, e questo premio consisteva in un piatto di panna montata al cioccolato con sopra polvere di cannella zuccherata. Una delizia per il palato! Di recente, trovandomi ad Appiano, andai a Stroblhof per gustarmi ancora quel piatto, ma purtroppo mi venne offerto solo un semplice gelato.

Altro posto molto frequentato era il lago di Monticolo, che non solo aveva un lido ma era anche circondato da una rete di viottoli che si diramavano nel bosco attorno al lago. Il nonno Carli usava andare in quei boschi e ritornava a casa con cestini di funghi, tra cui c'era pure il piccolo fungo chiamato Finferlo. (Io ben ricordo quel nome!)

Anni dopo andai a quel lago con una maestra d'asilo che veniva da Trieste, una città sulla costa del mare Adriatico. Era una bella ragazza di vent'anni, alta, bionda con occhi celesti ed una forte personalità.

A quel tempo era quasi peccato andare ai laghi di Monticolo o di Caldaro a fare il bagno perché il parrocco del paese lo vietava. Ma per la ragazza di Trieste questo divieto insensato e sciocco non le impediva affatto di andarci, e poi di chiedere a mia madre di lasciarmi andare con lei al lago per imparare a nuotare, proprio in costume da bagno. Una bella avventura ! Ed io imparai a nuotare fin da ragazzina!

In autunno mio padre mi portava a caccia portandosi via anche il piccolo cane Fido. Era un bassotto di color marrone chiaro, che assieme a me cercava l'uccello caduto tra le frasche del prato o del vigneto quando questo veniva colpito dal colpo di fucile. Mio padre non era un gran cacciatore, ma ugualmente andava a caccia con l'amico Hies Ausserer per godere la passeggiata all'aria fresca sui colli variopinti di colori autunnali.

D'inverno quei colli si coprivano di neve, che se cadeva pesante e si ammassava sul terreno, dava la possibilità a me e mia sorella Lidia, come a tutti i miei cugini, di pestarla con le nostre slitte. Partivamo dal fienile di casa mia, e attraversavamo i campi per un tratto di circa cento metri, per arrivare fino ai pressi della stazione-treni di Appiano.

Fare una gara simile era una gran gioia, si cadeva dalla slitta sul bianco tappeto di neve e si rideva di cuore. Quando si accendevano le luci della sera, eravamo scontenti di dover ritornare a casa e abbandonare le slitte, ma quando vedevamo le finestre con la luce delle lampade accese, quel lume ci invitava a tornare a casa contenti.

Nelle calde cucine la cena era già pronta, e anche la serata diventava sempre più piacevole; mio padre ci insegnava delle canzoni che egli aveva cantato nella sua gioventù, e che erano le melodie e le storie del folklore tedesco.

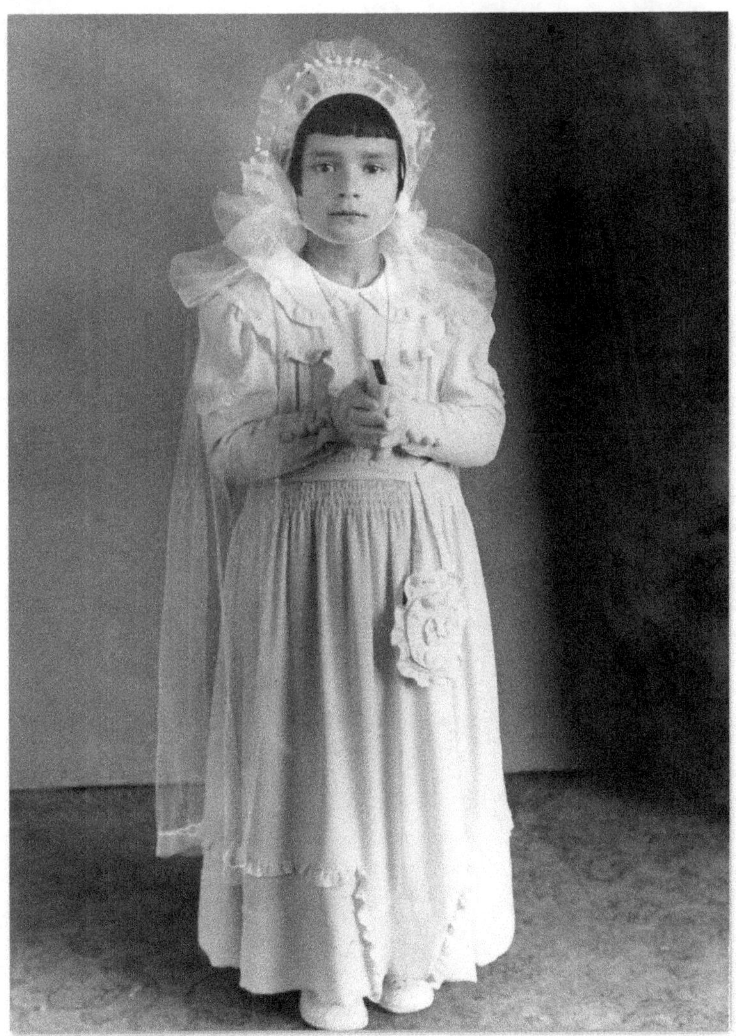

Carla Carli, Prima Communione

ANNI DI GUERRA

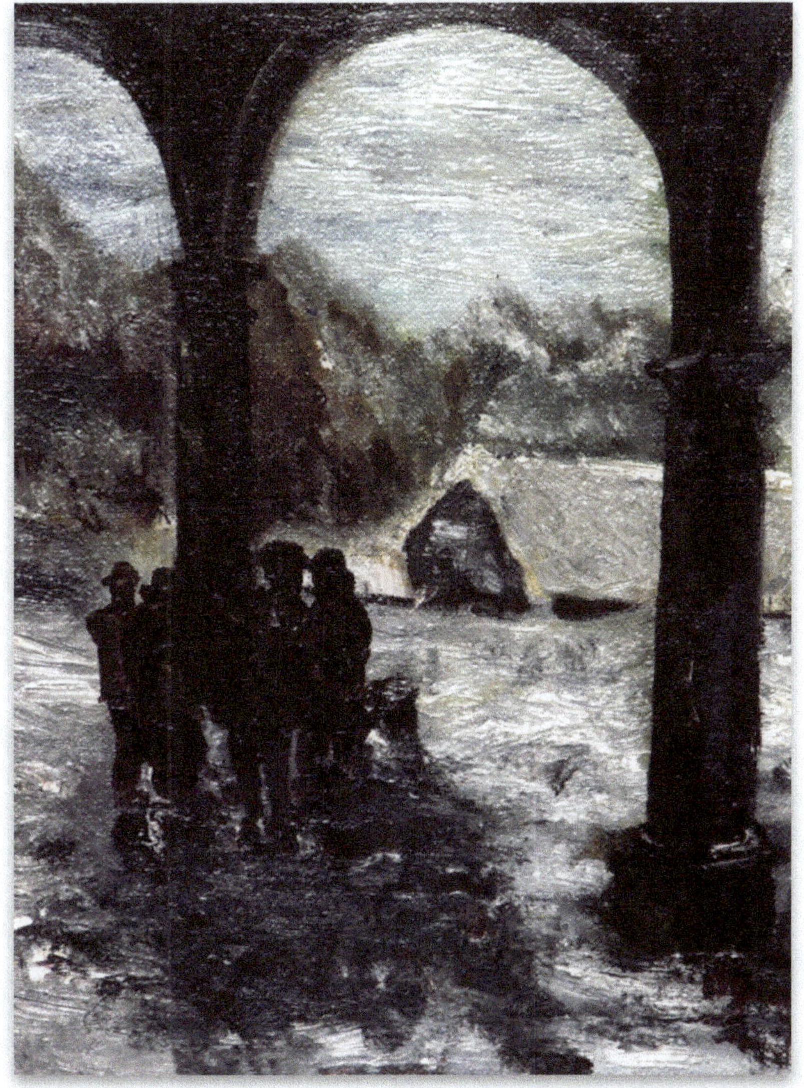

Un Mattino di Domenica

L'Italia entrò nella Seconda Guerra Mondiale nel giugno del 1940, ma la guerra arrivò nel Nord Italia nel 1942. Il mio paese d'Appiano era situato lungo il fiume Adige che scorreva dal passo del Brennero nelle Alpi con qualche ramo verso l'Austria e la Germania.

Quando le truppe Americane sbarcarono in Sicilia, la parte del nord Italia, dove io vivevo, era ancora un bastione di forza per le truppe della Germania e dell'Italia. Per preparare il Nord per l'invasione, la forza aerea americana incominciò a bombardare le città più grandi ossia Milano, Verona, Trento e Bolzano, come pure i ponti strategici. Nella mia regione di Trento-Alto Adige, il ponte di Ora che attraversa il fiume dell'Adige, venne continuamente bersagliato.

Fino allora i miei genitori avevano soltanto detto che l'Italia era entrata in guerra, ed io non capivo cosa voleva dire perché non influenzava la mia vita, ma quando da parte delle forze americane ci fu il primo bombardamento a Bolzano, a meno di quindici chilometri dal mio paese di Appiano, questo fatto fu per me una nuova e terribile esperienza di vita.

Era un giorno di sole il maggio del 1942, e mio padre mi chiese di andare a pascolare la mucca nel prato vicino a casa. A me piaceva trattenermi a giocare nel prato e vigneto perché sui rami degli alberi avevo trovato splendidi posti da sedermi, e questi diventavano la mia casa all'aperto. Su quei rami e secondo la forma che avevano, io mi ero costruita una camera da letto, una cucina, e un soggiorno. A me piaceva arrampicarmi sugli alberi, e quel giorno, seduta sul ramo del soggiorno, vedevo la mucca che pascolava tra i verdi vigneti, e osservavo il volo degli uccelli nell'azzurro del cielo. L'unico rumore nell'aria primaverile era il ruminare lento della mucca, il mormorio leggero degli insetti, e il cinguettio degli uccelli.

D'un tratto un suono terribile tagliò l'aria; era come un tuono di rumori associati che formavano un vuoto oscuro e terribile nell'aria donde nessuna vita sarebbe stata possibile. Ma cosa era? Da dove veniva quel tuono tremendo? Pensai di correre alla casa vicina per trovare un posto per nascondermi…ma da cosa ?… E poi nessuno si trovava fuori nella campagna aperta.

Abbandonai la mucca, che veramente non si scomodò, ma indisturbata continuò a pascolare con calma. Io invece mi misi a correre verso casa gridando e piangendo dalla paura, pensando che sopra di me c'era qualcosa che veniva a schiacciare la terra senza capire cosa era. Era infatti il primo bombardamento della città di Bolzano.

Molti altri bombardamenti si seguirono durante la primavera. Mio padre aprí un rifugio nella cantina più profonda della casa, ed io che avevo sette anni, mi rifugiai con sempre la paura del prossimo allarme. Era il rumore delle bombe che mi colpiva e mi metteva in crisi, un rumore dal quale non potevo fuggire.

La cara zia Maria Profanter, sorella di mio padre, veniva nel rifugio portando delle gocce che erano un tranquillante, e me le dava da prendere con un cucchiaino di zucchero. Nel rifugio venivano altre due famiglie ed anche mio nonno Luigi Bella, padre di mamma, assieme alla seconda moglie, Pia Bertolini.

Per l'estate seguente le autorità del paese costruirono un grande rifugio che si apriva nel fianco della montagna vicina al monte Penegal. Verso le nove del mattino prima del suono dell'allarme, mia mamma partiva con me, Lidia e mio fratello Bruno, per andare nel rifugio dove si rimaneva fino alle sei di sera. Molti erano i rifugiati in quel luogo freddo e oscuro, e ricordo com'ero triste, sola e piena di paura.

Mio padre non si fermava nel rifugio, aveva altre responsabilità da sbrigare durante il periodo di guerra, ma cercava sempre di dare un po' di normalità alla nostra vita. Le sirene suonavano di frequente, e noi, essendo nel rifugio coperto da tanti metri di terra, non sentivamo il rumore delle bombe… ma io sentivo altri rumori che mi facevano paura.

Infine il papà decise di trasportarci tutti nella Val di Non nel paese di Coredo, dove la zia Idotta, la sorella di mamma, aveva tanti conoscenti e parenti. Era notte quando il papà venne a svegliarmi per dirmi che si doveva partire; e con un' automobile carica di roba attraversammo il passo della Mendola, e al di là del monte Penegal entrammo in Val di Non dove egli aveva trovato il nuovo rifugio.

Non ricordo la notte del nostro viaggio, ma ho presente l'arrivo alla casa in collina nel piccolo paese di Coredo. L'appartamento affittato era al primo piano di una casa tipo villa, ed aveva due stanze e una piccola cucina. Il gabinetto era al secondo piano e per arrivarci si doveva salire una scala. La villa era isolata dal resto delle case, e sebbene avesse uno stile ricco di ornamenti esteriori che ornavano le finestre e il portone d'entrata, era tuttavia una casa isolata e severa.

Cosa c'era di strano in quella casa? Era spettrale e fredda. Ma perché? Mamma venne ben presto a sapere la ragione. Le persone del paese le vennero a chiedere se avesse sentito o visto cose strane, strane? Veramente non aveva sentito o visto niente, trovava solo scomodo il gabinetto che era al secondo piano.

Fu allora che la gente la informò che in quella villa cinque anni prima era stato commesso un delitto, e proprio sulle scale che portavano al secondo piano, un marito uccise la moglie; e per far maggior paura la gente diceva che sulla scala ogni anno appariva una macchia di sangue.

Che notizia, che freddo, che brivido… e che paura dover abitare in quella casa. In due settimane mamma riuscì a trovare un piccolo appartamento distante dalla villa spettrale.

In quel tempo era difficile trovare anche il più piccolo locale in affitto, perché con la guerra la gente si allontanava dalle città di Bolzano e Trento per via dei bombardamenti, e si rifugiava sopratutto in Val di Non.

Un bosco di larici e pini e un sentiero che arrivava ad un piccolo lago erano non lontani dalla nostra abitazione, e in autunno Lidia ed io andavamo a raccogliere i pinoli degli alberi, che noi chiamavamo ciorciole, per poi usarle a fare il fuoco nella stufa.

La casa che abitavamo era a poca distanza da due ville, la villa Mantovan e la villa Rosa; esse stavano rette come due guardie a proteggere il villaggio di Coredo. A me davano un senso di sicurezza e protezione e mi sembrava di vivere in un paese fantastico di favole e leggende. Mi pareva d'essere una Cenerentola e come lei avevo un castello, pulivo la stufa dalla cenere, e ogni sera andavo a prendere il latte alla casa colonica dei fratelli Rizzi che si trovava in fondo al paese.

Ero contenta di andarci, volevo vedere la bellissima Elena, la sorella dei Rizzi, che per due anni consecutivi aveva vinto la competizione di bellezza a Stresa, e sapeva disegnare a meraviglia. Con la semplice matita riusciva a fare ritratti di persone in tutte le pose, e per me nel mio libretto-ricordi, che ancora conservo in un cassetto nella mansarda della mia casa paterna ad Appiano, aveva disegnato due volti giovanili di pura bellezza.

La vita a Coredo era semplice per Lidia e me. La mattina andavamo a scuola e il pomeriggio eravamo libere di giocare nei vari cortili e scoprire sempre nuovi posti. Le ore più belle avvenivano di sera quando le luci nel villaggio davano l'impressione di aver davanti un puzzle illuminato. Tra le luci e le ombre si distinguevano le case e il campanile della chiesa, che stava ritto sul colle, quasi volesse invitarci alla preghiera.

Era tempo di guerra, ed io volevo pregare non solo per la pace, ma anche per il ritorno in famiglia del mio papà. Egli veniva a trovarci a Coredo una volta al mese, attraversava il passo della Mendola e continuava il cammino per un giorno intero per raggiungerci e per celebrare assieme la festa d'unione.

Io combattevo la mia guerra con la preghiera. La domenica dopo la Messa mi fermavo in chiesa e pregavo sperando che nessuna bomba cadesse nella valle e che il papà ritornasse salvo ad Appiano. Avevo solo otto anni e avevo le mie convinzioni. Ero certa che facendo piccoli sacrifici il Signore mi avrebbe ascoltata. Di domenica bastava ch'io pregassi in chiesa, ma durante i giorni feriali dovevo trovare altro sacrificio per far finire la guerra.

E così in un giorno particolare ritornando a casa con il mio grande contenitore di latte e trovandomi sulla strada-passeggiata del paese, che aveva le panche per sedersi lungo tutto il viale, decisi di dare il mio contributo per la pace nel mondo, e di fare una cosa non tanto facile per una ragazzina della mia età.

Il mio piano era quello di sedermi su tutte le panche che si trovavano lungo il viale centrale del paese. Queste panche erano sempre occupate da uomini che parlavano a voce rauca e forte, ed era quindi difficile che sentissero la mia voce debole e soffice da bambina, e la mia richiesta di sedermi con loro.

E mi dicevo: "Di certo capiranno che finire questa guerra è importante impresa, in fondo è poi quello di cui stanno sempre parlando e che intendono di fare?"

Mi avvicinai alla prima panca e con un fil di voce chiesi: "Vorrei sedermi qui, prego."

Nessuna risposta…

"Prego, mi lasci sedere qui? Ho questo gran bidone di latte!"

Nessuna risposta…

Ed allora con una voce alta e chiara ripresi: "Devo sedermi qui col mio bidone di latte pesante, lo devo fare!"

E finalmente uno degli uomini mi chiese: "E perché?"

"Perché voglio finire la guerra!"

Una risata sonora si fece sentire nel cuore del paese. Sì, era ridicolo, era anche imbarazzante e umiliante, ma soprattutto futile, proprio come la guerra lo era, e che io stavo combattendo, come tutte le guerre che stiamo sempre combattendo e di continuo, in un mondo di discordie e guerre inutili.

La guerra continuò per altri due anni. In memoria ho solo immagini di confusione, e non ricordo la sequenza degli avvenimenti.

Sò che tornammo da Coredo e per qualche tempo rimanemmo ad Appiano. Durante quel periodo nelle strade del paese c'erano molti soldati tedeschi e militari italiani che erano passati dalla parte degli americani.

Durante la fase tedesca era difficile per Lidia e me andare a scuola, perché giovinastri cattivi ci gettavano sassi gridandoci che non eravamo abbastanza tedesche. Eppure ogni fine settimana mio padre era obbligato, a permettere ad un gruppo di soldati tedeschi ad avere la loro rumorosa festa da ballo nel salotto di casa nostra, e papà doveva provvedere loro il vino della sua cantina.

Mia madre era contenta che noi eravamo ancora troppo giovani per ballare e partecipare a queste feste di soldati. Io con mio fratello Bruno entravo nel salotto da ballo per gettare tra le gambe dei danzanti piccoli cuscinetti imbottiti di stoffe e fare le nostre risate quando i danzanti si inciampavano su questi, mentre nella camera vicina un soldato di nome Hugo pestava il nostro pianoforte con note di musica da ballo.

Le forze di Hitler avevano occupato il nostro paese e per noi non c'era nulla da fare, le nostre strade erano occupate da un via vai di milizia secondo il dittatore che era in carica, prima c'era Hitler e poi Mussolini.

Io ricordo ancora che sotto Mussolini dovevo andare al "sabato fascista" e che tutti gli studenti in quel giorno dovevano radunarsi nel piazzale della scuola per cantare le glorie del fascismo e marciare in fila perfetta. Il mio gruppo era quello delle "figlie della lupa". Purtroppo tra la gente c'era molta divisione e addirittura odio tra i soldati tedeschi e i soldati italiani.

Poi da Roma venne l'annuncio che il colonnello Badoglio aveva preso il comando delle forze italiane, ed uno dei suoi quartieri militari era stato messo nelle caserme di Appiano.

Uno dei suoi soldati di nome Guido Cesari riuscì a dar rilievo a questo periodo con la sua storia d'amore. Egli doveva provvedere i dolci per una festa che si teneva tra il suo squadrone, e venne pertanto a sapere che il fornaio si forniva dei dolciumi fatti dalla zia Kathy Chelodi.

La povera zia si dette da fare e continuò per giorni ad infornare i dolci, che tutti bene impacchettati vennero prelevati a casa sua da Guido Cesari. Fu allora che egli vide Mara, la figlia diciottenne di zia Kathy, e fu colpito dalla sua bellezza, se ne innamorò, e finita la guerra i due si sposarono ed andarono a vivere in Svizzera.

Io fui loro ospite molti anni dopo, quando andarono in pensione e si stabilirono a Prato in Toscana. Erano dei buongustai e da loro imparai a cucinare alcuni piatti succulenti della nostra cucina italiana. Alla mia partenza non solo mi diedero il libro dell'arte culinaria "Come si Mangia in Italia", ma anche il racconto della loro storia d'amore.

Dopo la caduta di Badoglio e Mussolini, gli americani smisero i bombardamenti ad alta altitudine e incominciarono a usare aerei a bassa quota con mitragliatrici. I loro aerei volavano talmente in basso che guardando dalla finestra noi potevamo vedere le loro ali.

Ricordo tuttora il grande mitragliamento di Appiano il 19 marzo 1944, giorno di S.Giuseppe. Era mezzogiorno, ed io ero in cucina con la mamma, quando dal cielo venne un frastuono, causato dai colpi di mitragliatrici e dai motori degli aeroplani, che provocava la rottura del vetro che si fratturava cadendo dalle finestre di tutta la casa.

La mamma che mi gridava: "Carla vai a nasconderti sotto il lavandino in cucina e non muoverti…ma poi…forse é meglio scappare al piano di sotto, forse é più sicuro….ma…"

La mamma tutta agitata che voleva che mi mettessi al sicuro, e poi d'un tratto mi prese per mano per scendere le scale. Dovevamo fare attenzione perché il vetro rotto era seminato dappertutto, e aprendo la porta per entrare nella stanza al piano inferiore, una portella del camino si aprì d'un tratto, e la fuliggine nera si sparse ovunque occultando la nostra vista… un vero inferno!

Tanto tempo è passato dagli anni della guerra, eppure quando sento il frastuono degli elicotteri che volano bassi nel cielo, tuttora mi prende un senso d'ansia.

Quello stesso giorno, un giovane uomo di diciannove anni veniva da Bolzano in bicicletta, e trovandosi in mezzo al mitragliamento tra le caserme militari e il cimitero, in un posto pericolosissimo, prese riparo scivolando sotto un camioncino parcheggiato lungo la strada.

Passato il mitragliamento, venne a sapere che quel camioncino era carico di armi e munizioni, e se fosse stato colpito, la storia sarebbe finita male per lui… ma stranamente anche per me.

Anni dopo, questo giovane, di nome Giuseppe Mazzucato, divenne mio marito, e quando egli mi raccontò la storia, mi disse che noi due eravamo destinati ad essere uniti. Infatti durante uno dei peggiori mitragliamenti di quella guerra, eravamo tutti e due ad Appiano, e ci eravamo salvati. Egli concluse che una storia che avrebbe potuto essere tragica…si era conclusa con una storia d'amore.

Dopo il mitragliamento del giorno di S. Giuseppe, mio padre decise di spostarci di nuovo a Predonico, una collina del comune di Appiano che stava quasi nascosta nei boschi ai piedi della montagna del Maccaion.

Papà aveva trovato un rifugio per noi nella casa di un contadino, il signor Moretti. La sua famiglia lavorava con lui nella sua fattoria, isolata dal paese e posta alta in collina su l'altopiano che sovrasta la valle di Appiano. Da quel luogo si vedeva tutta la valle fino a Merano, e durante i bombardamenti che colpivano Bolzano, dall'alto della valle si poteva misurare la magnitudine dell'attacco aereo considerando il numero dei fuochi che si formavano dove le bombe colpivano i punti targati.

La fattoria era situata su un pendio per cui il secondo piano della casa era allo stesso livello del campo circostante, ed era lì che noi avevamo il nostro quartiere di una camera e una cucina. Tutto il primo piano della casa era occupato dalla famiglia del signor Moretti, che aveva moglie, due figli e tre figlie, tutti già grandi e sui vent'anni. All'esterno, e adiacente alla casa, c'era la stalla con tutti gli animale domestici: le mucche, i buoi, i maiali, le galline e un cane. Inoltre c'erano circa venti pecore, che venivano rasate del loro pelo due volte all'anno, ed io ebbi l'occasione di essere presente due volte a questa operazione che durava dei giorni.

Purtroppo non c'erano cavalli, e a me piacevano i cavalli. Mio padre ne aveva due nella sua stalla: Max il maschio, e Liesl la femmina. Io ero orgogliosa di menare Max al guinzaglio fino alla stalla, ciò voleva dire che mi si dava fiducia nel maneggiare un grande cavallo pur essendo io un piccolo "Pfinferle".

Il terreno intorno al maso era parte bosco e parte prato, adatto per pascolare le mandrie di mucche e il gregge di pecore. Quando Fernando Moretti, uno dei figli, mi invitava ad andare a pascolare le pecore nei prati della collina, avevo l'occasione di cercare nella valle sottostante la mia casa paterna di color giallognolo. Il mio sguardo passava il cimitero, le caserme, la strada per arrivare al centro del paese e la piazza municipale, e poi continuando passava davanti alla chiesa dei Domenicani, e tramite un viottolo lungo e stretto sbucava in via Caldaro, e si trovava di fronte la casa grande e gialla di mio padre.

Questa casa era stata costruita nel 1680, e tra gli occupanti aveva avuto il conte Emanuel Maria Thun, il principe vescovo di Trento, che la usava come casa di soggiorno estivo. Sulla sua facciata c'è ancora lo stemma del vescovo, e attraverso il gran portone si arriva nella bellissima corte interna, che a suo tempo era il mio cortile da gioco.

Le sere diventavano oscure sulle colline di Predonico; la luce elettrica non era ancora arrivata là in alto, e per illuminare le case si usavano le lampade a carburo.

I bambini venivano mandati a letto di buonora, mentre gli adulti si sedevano sulle panche di fronte all'entrata della casa per chiacchierare a bassa voce per delle ore... era il loro "filò."

Al mattino tutti si alzavano presto per le faccende domestiche e le voci, ora alte e chiare, dettavano i compiti del giorno. Il mio solo compito era quello di vuotare il carburo e preparare la lampada per la sera, ma per i Moretti il compito era di dare da mangiare a tutti gli animali, mungere le mucche, pulire la stalla, e fare il pane.

A me piaceva visitare il forno che stava al di fuori della casa in uno stanzino tutto nero dal fumo, e che aveva un delizioso aroma di pane tostato.

Il papà veniva a Predonico alla fine della settimana facendo una passeggiata di circa un'ora per arrivare; e alla domenica ci accompagnava ad una chiesetta, che aveva un bel portico all'entrata, e dove alcuni uomini si fermavano a parlare e discutere la guerra.

Ho sempre avuto questa scenetta in mente, tanto più che molti anni dopo, durante una nevicata in Michigan, mi misi a dipingere quel quadretto che era ancor vivo nella mia memoria, intitolandolo "Un Mattino di Domenica".

I giorni invernali erano corti, la nostra vita era semplice, e a noi sembrava d'essere protetti dalle montagne coperte da castagni e folte pinete, ma in fondo alla valle c'era invece la confusione delle occupanti forze militari.

La "Gestapo", le armi segrete dei tedeschi, aveva ancora il comando. Finalmente con la primavera vedemmo passare molti soldati che cercavano di scappare andando verso il nord per arrivare ai confini della Svizzera. I partigiani italiani infine catturarono Mussolini e lo impiccarono subito dopo. Inoltre le notizie dalla Germania riportavano la notizia che Hitler con la moglie Eva Braun si era suicidato a Berlino il 30 aprile, e che il loro corpo era stato bruciato.

Il giorno del due di maggio le forze germaniche in Italia si arresero, e il 7 maggio del 1945 ci fu la resa incondizionata della Germania e la fine della terribile seconda guerra mondiale.

La guerra era finita, e tutti noi volevamo tornarcene a casa per godere una nuova vita di pace e gioia, ma nella nostra famiglia questa unione fu breve.

Mio padre aveva perso la vista e aveva bisogno di aiuto medico. Io lo accompagnavo a fare i bagni di foglie a Thurnbach in Appiano dove si facevano i bagni terapeutici e ristorativi; ma il mio papà non trovando rimedio per il suo male, dovette recarsi a Milano per fare l'operazione ad un tumore alla testa. Papà morì a casa il 5 ottobre del 1947.

Io avevo dodici anni quando papà morì, e mi sentivo incapace di scappare, non c'era nessun posto per colmare il vuoto che sentivo, il mio dolore mi chiudeva nel silenzio… ed era il periodo ch'io entravo nell'adolescenza, una fase di vita nuova in un periodo triste ed insicuro.

PARTE II
ADOLESCENZA

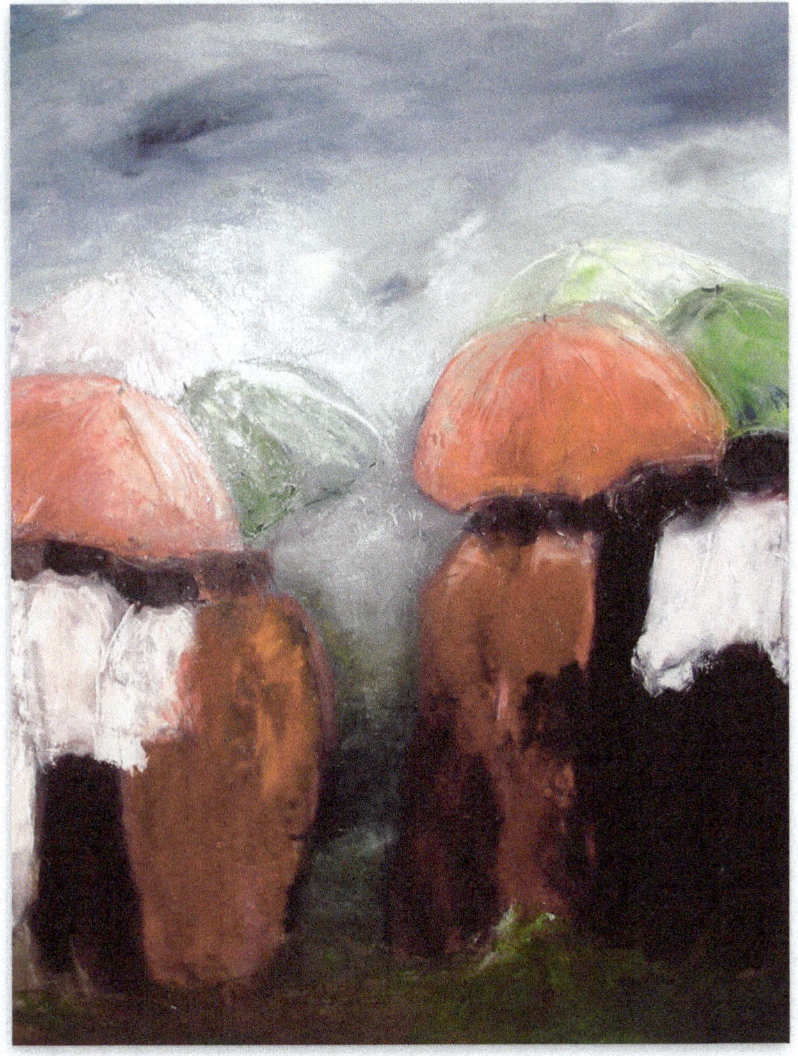

Sotto un Cielo Nuvoloso

CAPITOLO 3
MIA MADRE

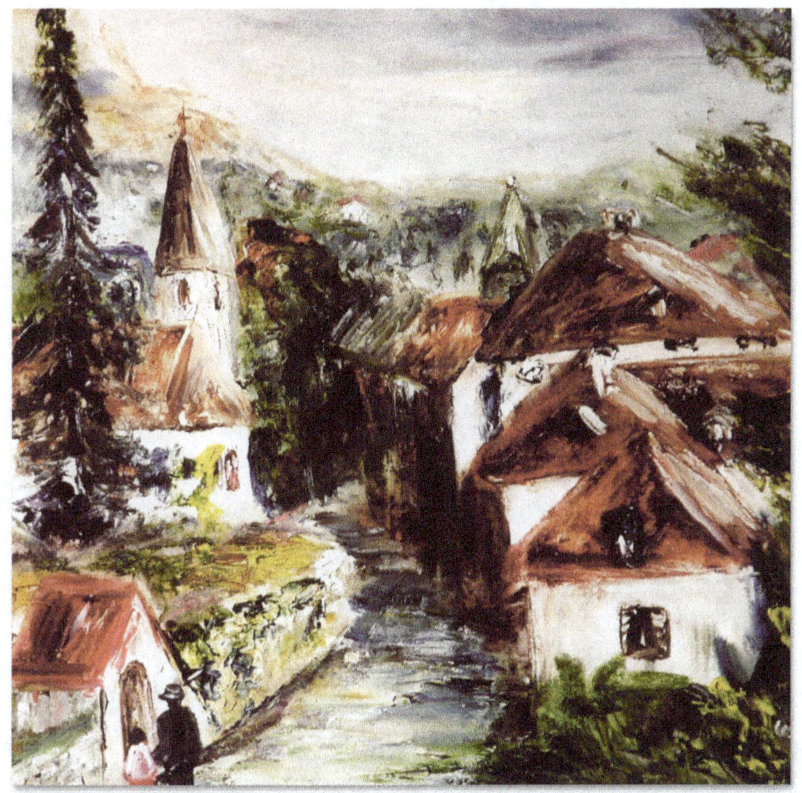

Strada della Mia Gioventù

Non posso essere come un'altra,
Devo risplendere della mia luce;
Non posso brillare con la luce di un'altra,
Se sono un'altra, chi sarà come me?

detto tradizionale

Mia madre era ora il centro della mia vita, io avevo bisogno del suo amore e della sua guida. Aveva solo 36 anni e già era vedova con tre figli. Rimase sola a maneggiare l'impresa di famiglia e della nostra proprietà che consisteva in una grande casa colonica, la quale aveva bisogno di tante riparazioni per aver subito le scosse dei bombardamenti e mitragliamenti della guerra.

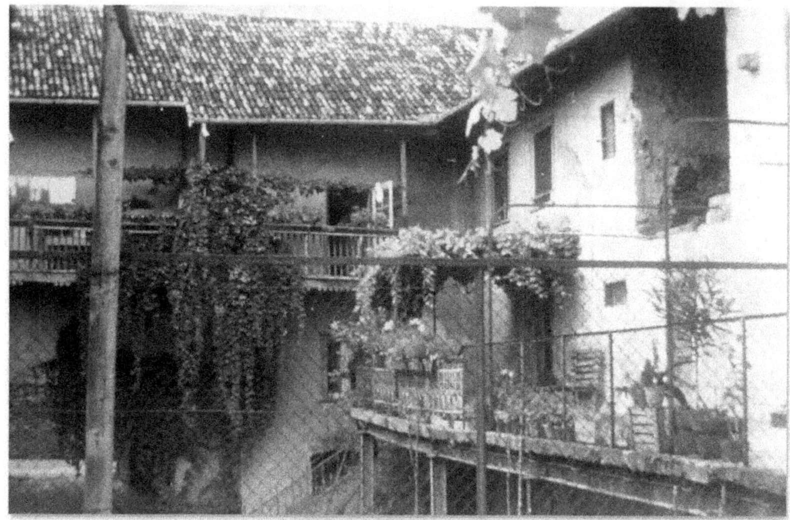

Casa Paterna - Angerburg

Mio padre aveva lasciato la coltivazione dei campi in mano ad un contadino di nome Konrad Marini, il quale s'intendeva poco d'agricoltura, ma era un bravo lavoratore. Per la sua prestazione d'opera il contratto di mezzadria gli assicurava metà della rendita che si ricavava dalla campagna.

La mamma riscuoteva due volte all'anno i soldi dalla Cantina Sociale Vinicola e poteva saldare ogni febbraio e novembre i debiti al negozio di alimentari Delleman. Il raccolto dei campi e del vigneto non erano sempre bastanti per le spese di famiglia, per cui due volte mamma dovette vendere dei prati che erano nei pressi di Merano e distanti dal nostro paese.

Nonno Luigi Bella, il padre della mamma, in questo periodo di gran lutto, venne a riempire il vuoto lasciato dal papà e assumersi la responsabilità della nostra famiglia. Egli rimase con noi più di due anni, e fu il gran patriarca che con pazienza e comprensione esercitò la sua grande influenza.

Non abbiamo mai patito la fame, ma la scelta del cibo era limitata, e la mamma essendo una gran cuoca, ci preparava dei pasti saporiti. Un bel giorno ella ci preparò un piatto di carne con patate e tutta la casa ne aveva il profumo, e noi contenti ci sedemmo a tavola curiosi di sapere dove aveva ottenuto quel pezzo di carne.

"Ma state zitti e mangiate, e ringraziate il cielo per quello che state mangiando per oggi!" ella disse.

Mia madre aveva un segreto…e solo anni dopo ci rivelò che la carne che avevamo mangiato quel giorno era quella di un gatto che aveva ricevuto da un vicino del rione. "Cosa? Cosa? Cosa? Noi avevamo mangiato un gatto?"

Avevo molte altre domande da farmi; la mia vita non mi sembrava facile in quel periodo. Mi stavo sempre chiedendo il perché di tutte le cose, in quel futuro post-guerra mi chiedevo e dove… e quando… riguardo la mia educazione, la relazione in famiglia e tra le amiche, il bisogno d'essere amata e accettata… e a proposito d'identità, chi ero io? Cosa dovevo fare per non sentire il vuoto che mi riempiva?

Ricordo che guardandomi in quello specchio lungo che avevo in camera da letto, io ripetevo a me stessa il mio nome, e la mia anima che proveniva da un posto lontano quasi rispondeva. Io dovevo sentire chi ero, che Carla era non solo un'anima vagante nello spazio del tempo.

Mi sentivo inoltre insignificante di fronte a mia sorella Lidia. Ella era assai bella, snella e alta e sapeva prendersi cura della sua persona e del suo aspetto. Ogni sera si metteva i bigodini in testa per avere al mattino i capelli in perfetto stile. A scuola Lidia era la più brava e intelligente, e tutti i giorni praticava il pianoforte sicura che un giorno avrebbe suonato in famosi concerti.

Io, al contrario, mi sentivo a disagio, e a confronto di mia sorella ero piccola e grassoccia, un niente insomma! Persino i vestiti che cadevano soffici lungo il corpo di Lidia, a me si fermavano sui fianchi tondi e grossi, oh che miseria! Portavo i capelli in trecce e non potevo chiudere completamente la bocca per via dei miei denti sporgenti.

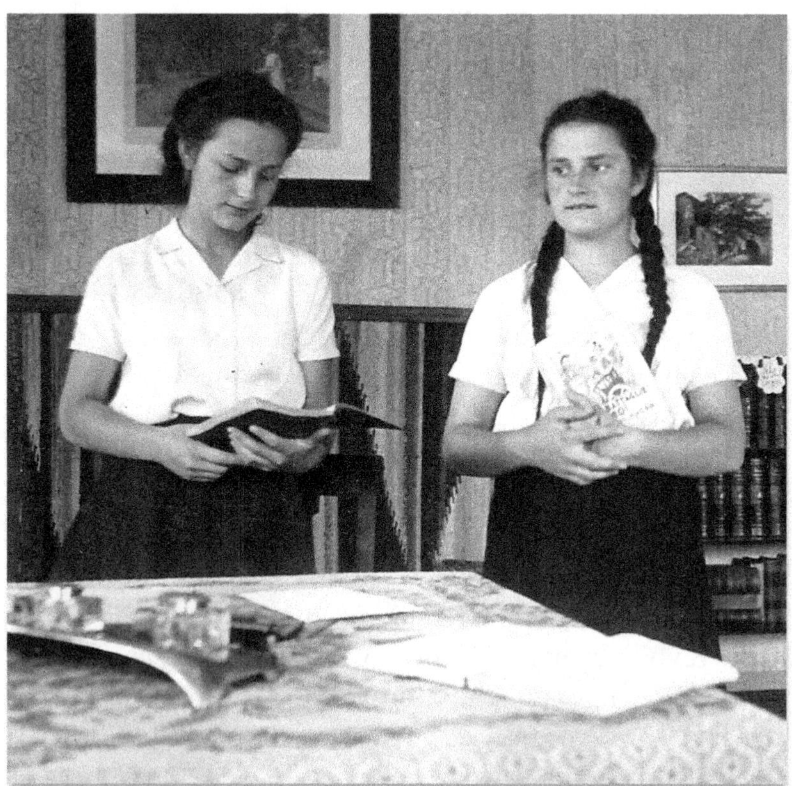

Lidia e Carla (c. 1947)

Inoltre mi chiedevo cosa avrei fatto nel mio futuro. Di certo non volevo continuare con le lezioni di pianoforte! Il mio futuro non era in musica! E mi chiedevo se volevo essere una maestra o meglio una direttrice di scuola nella mia grande casa paterna. No! Mi stancherei di rimanere sempre ad Appiano. Oppure potrei volare in alto ed essere una hostess sugli aerei e viaggiare e vedere il mondo. Un'altra idea che avevo era di amministrare l'agenzia del mio papà ed esportare frutta all'estero; ma questo non era più possibile.

Mentre passavo il tempo pensando e sognando, in un cinema a Bolzano stavano presentando il film "Piccole Donne", e andai a vederlo. La parte della protagonista "Jo" era assegnata all'attrice June Allyson, e le altre attrici erano Elisabeth Taylor, Margaret O'Brien and Janet Leigh.

Dopo aver visto il film mi convinsi che anch'io avrei potuto essere come Jo, ossia semplice d'aspetto ma di carattere assertivo e confidente con un gran desiderio di diventare una scrittrice, e come Jo, non innamorarmi ancora di nessun ragazzo, ma di essere libera. Jo descriveva il suo amore solo nei suoi scritti. Questo film fu un'ispirazione per me… divenni ottimista, e pensai a come mia mamma aveva trovato la forza di combattere i suoi dubbi quando si trovò orfana di madre a solo otto anni.

Anna Bella, mia mamma, era nata a Trento il 9 gennaio, 1911, da Luigi Bella e Carlotta Menapace. Carlotta ancora da giovane, lasciò Rallo in Val di Non, il suo paese di nascita, per andare a fare la dama di compagnia a Vienna dalla baronessa Tschiderer, la quale era sorella del arcivescovo di Trento.

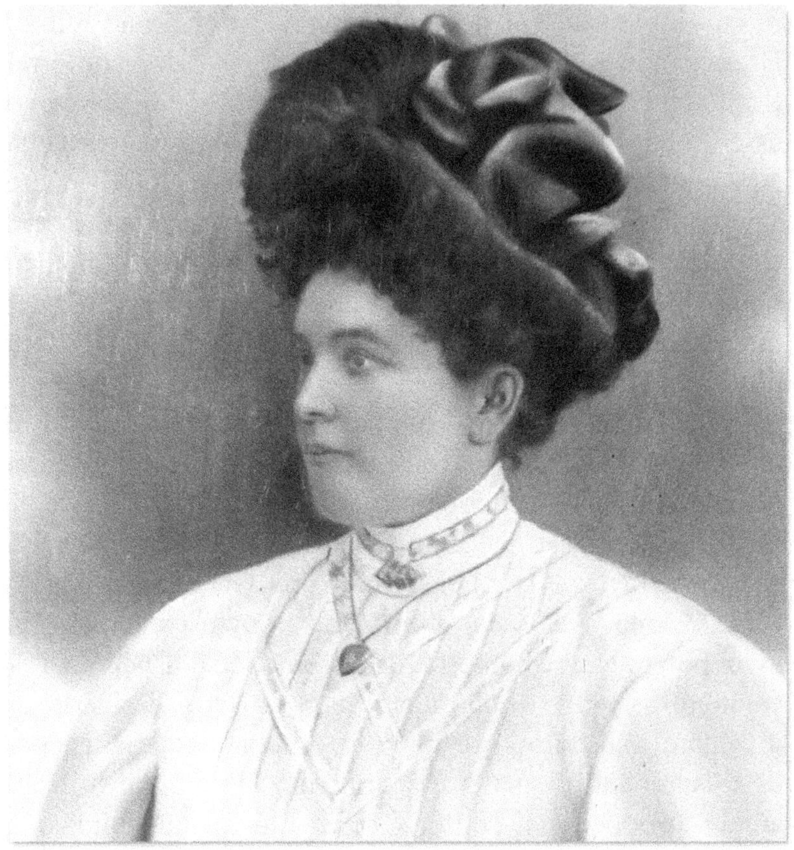

Carlotta Menapace de Tasullo

Non so veramente come e dove Carlotta venne a conoscere Luigi Bella, il suo futuro sposo. Comunque la sua storia fu triste: Dopo aver dato alla luce due bambine, morí col terzo parto, lasciando orfane le due piccole Annetta di otto anni e la sorellina Idotta.

A quindici anni mia madre andò a frequentare la scuola delle "Dame Inglesi" a Rovereto. La scuola di queste suore era pregiata e conosciuta per il tipo d'insegnamento classico in dramma e letteratura.

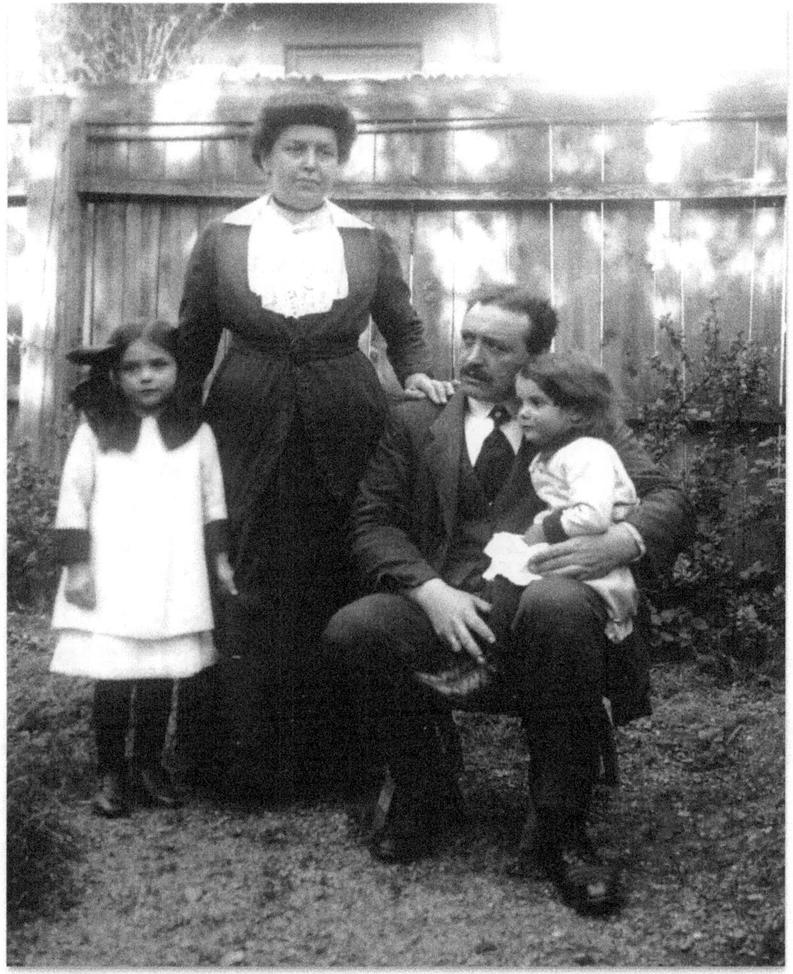

Anna, Carlotta, Luigi e Ida Bella

Io ero incantata a sentire la mamma recitare i famosi brani di <u>Macbeth,</u> la <u>Partita a Scacchi</u> del Giacosa e le <u>Cantiche dell'Inferno</u> di Dante Alighieri. Era fantastica e recitava tutto a memoria. Era anche molto brava in disegno e acquarello. Finiti gli studi di maestra ottenne la posizione d'insegnante nel Comune di Appiano dove venne a conoscere mio padre.

È sempre stato un gran piacere sentire la storia romantica di come i miei genitori si erano incontrati. Per me, era simile alla storia drammatica della <u>Iliade</u> di Omero quando il principe Paride di Troia offre ad Afrodite una mela d'oro in modo che potesse lasciare Sparta con la bella Elena, che infine provoca la guerra troiana. Ma la storia d'incontro dei miei genitori non si concluse con una guerra, bensì con un atto d'amore.

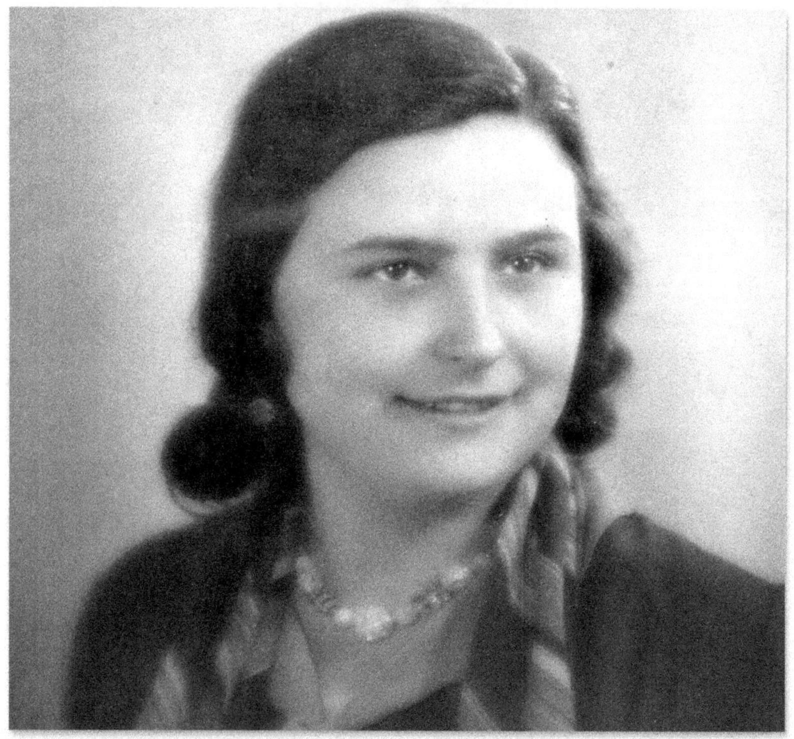

Anna Bella

Tutto inizia quando Annetta e la sua collega, avendo ottenuto il posto di maestre in paese stavano cercando una camera. Nell'ufficio della banca locale c'era un bel giovane impiegato e trentenne, che sentendo il discorso delle due maestre, offrii loro in affitto una camera nella sua casa ad Appiano.

Nel dolce clima di quell'anno scolastico le maestre trascorrevano molte sere sulla grande terrazza della casa, e spesso anche il giovane Gilli si fermava con loro a conversare e suonare la chitarra. E chi mai preferisce delle due donzelle? Non si capisce affatto, finché nel mese di ottobre quando il raccolto delle mele tiene tutti occupati fino a sera, Gilli bussa alla loro porta tenendo in mano una gran bella mela per offrirla…a chi? Annetta è la favorita che accetta la mela e anche l'invito alla prossima danza nel paese.

E il 21 marzo del 1933 Annetta celebra le nozze con Vigilio Gilli Carli e diventa persona amata e rispettata anche in paese.

Poiché era stata insegnante e un'amante di letteratura, dell'arte e del teatro, mia madre veniva sempre chiamata ogni volta che c'era un visitatore illustre in città. Per esempio, se veniva annunciata la visita del vescovo, o un nuovo parrocco, o un magistrato, era mamma che preparava la poesia per il saluto ufficiale.

Quando il medico condotto, dottor Hans Nicolussi doveva fare una piccola operazione nel suo ambulatorio chiedeva a mamma di assisterlo. Ella andava a visitare le persone ammalate nelle loro case e portava ai bambini delle figurine di bimbi e animali ritagliati in carta che lei disegnava. Ricordo come spesso mi diceva che avrebbe voluto diventare un medico o un' infermiera.

Mamma riusciva a stringere amicizie con tutte le autorità del paese per cui imparò a parlare il tedesco, ossia il dialetto di Appiano. Il suo non era puro tedesco; mamma lo variava con i suoi termini ed errori grammaticali, ma si faceva capire.

La cosa strana era che alla fin fine erano gli altri che cercavano di imitare il suo parlare, e con la sua cara amica Bianca Dellagiacoma passava delle ore chiacchierando e ridendo, inventandosi sempre nuove parole. "Tutto fa buon umore, e che ci posso fare?" ripeteva.

Sapeva comunque intrattenere tutti con poesie e barzellette in lingua italiana e in lingua tedesca. La nostra casa era aperta a chiunque: parenti, amici e persino i venditori ambulanti che si fermavano da lei per sentire l'ultima barzelletta.

Non fu sorpresa quindi quando persino dalla Francia venne a trovarla una sua cugina, Antonia Bertolini, che era la figlia di Tonin, il fratello di Pia Bertolini Bella, la seconda moglie di mio nonno Luigi.

I genitori di Antonia erano emigrati in Francia dove Antonia era stata educata, e negli anni della sua adolescenza aveva imparato l'arte del canto e della musica, lavorando infine nei vari "night-clubs" di Parigi. La corruzione della vita notturna la lasciò perplessa e scoraggiata del suo lavoro, per cui si ritirò in un convento e divenne suora.

Ma dopo dodici anni di vita claustrale, disincantata dalle regole dell'Ordine, decise di fondare un'Ordine Religioso basato su vera carità cristiana, e in segreto studiava il modo di farlo. Le sue varie manovre e imprese vennero scoperte, e lei venne espulsa dal convento e dalle suore di quel Ordine. Fu allora che decise di dedicarsi alla musica e di ritornare alla vita privata.

Ancor da giovane aveva letto libri di chiromanzia e astrologia, e riteneva che le forme, le linee e i monti della mano presentassero un quadro del carattere di una persona, per cui il leggere le mani divenne la sua nuova professione.

Con la chiromanzia ebbe modo di avvicinare molte giovani che senza scopo nella vita, vagavano tristi e scoraggiate per le strade di Parigi. E quando questo studio della mano, iniziato da Desbarrolles e d'Arpentigny, venne riconosciuto in Francia come scienza, Antonia abbracciò con fiducia questa nuova professione.

La sua visita in Italia ebbe un gran successo, e noi tutti volevamo farci leggere la mano. Le ragazze della mia età erano curiose di veder svelati i loro segreti d'amore ed ascoltavano attentamente le predizioni di Antonia, mentre le persone più adulte offrivano la loro mano senza preamboli anche se non totalmente convinte. Anch'io lasciai la mia seduta con gran interesse e da quel giorno mi misi a leggere i libri della chiromanzia praticata in India, in Francia e in Italia.

Un'altra cugina da Hamburg in Germania, venne a trovare la zia Idotta, sorella della mamma. Erano tanti anni che la guerra le aveva separate, ed ora volevano conoscere le loro famiglie e raccontarsi le esperienze avute durante il lungo periodo di lontananza. La mamma introdusse me, Lidia e Bruno, e zia Idotta introdusse i suoi due figli, Paolo e Anna. Poi nei giorni seguenti ci radunammo per fare delle fotografie da portare in Germania.

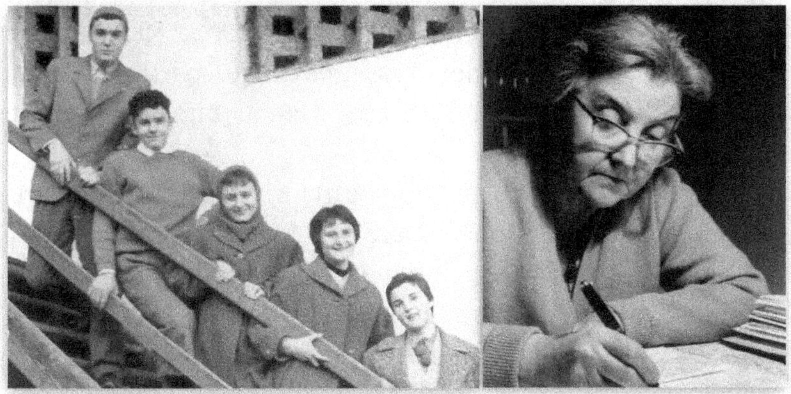

Paolo Rizzi, Bruno, Lidia, Carla, Anna Rizzi   *Zia Idotta*

A quindici anni, avevo appena finito tre anni di avviamento commerciale al Giardino di Maria, una scuola di suore Cistercense. Il loro convento era collocato sopra una collina di S.Paolo in Appiano.

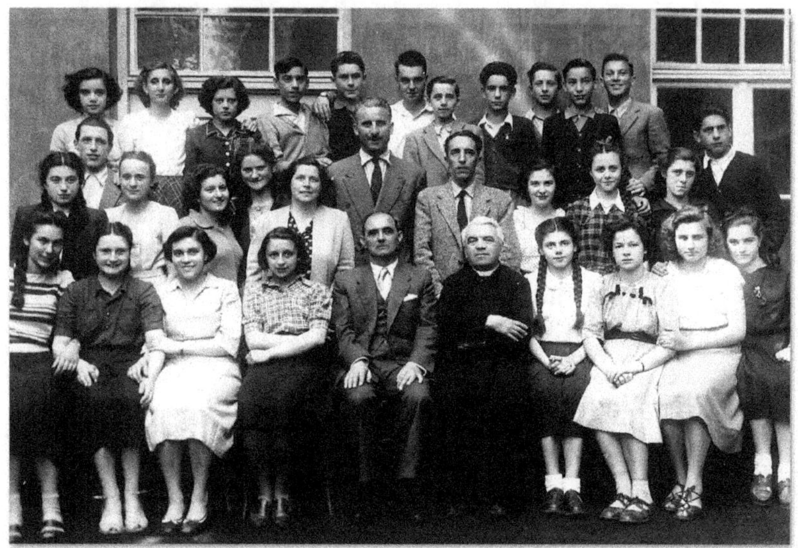

Classe di Computista Commerciale, Carla—seconda in prima fila (1950)

Durante le vacanze estive solevo andare in montagna con un gruppo di giovani. Avevamo formato un piccolo teatro e davamo rappresentazioni di farse e brevi commedie nella sala della nostra parrocchia. Ricordo che mamma, come direttrice, assegnava le parti, e Lidia accompagnava al pianoforte tutti i canti che noi ragazze cantavamo in coro.

Ero sempre super entusiasta dopo ogni rappresentazione. Il poter stare sul palco di fronte ad un pubblico era per me esilarante, e mi sentivo importante quando qualcuno si congratulava con me e mi diceva che ero senz'altro una "seconda Annetta."

Avevo forse il talento di mia madre? Avevo forse anch'io sogni e ambizioni per recitare commedie e diventare una figura distinta come mia madre? E c'era forse qualcuno che mi avrebbe offerto una mela?

I miei compagni di scuola mi trovavano simpatica per via della mia gioiosa spontaneità, ma io però non svelavo i miei sentimenti, e mi rendevo incomprensibile. Forse per questo ero attraente, chissà.

Era vero il fatto che ancora non mi ero innamorata di alcun ragazzo? Veramente, io m'ero innamorata…solo che avevo sempre e solo un ragazzo in mente e non pensavo a nessun altro, e questo rimaneva il segreto del mio cuore.

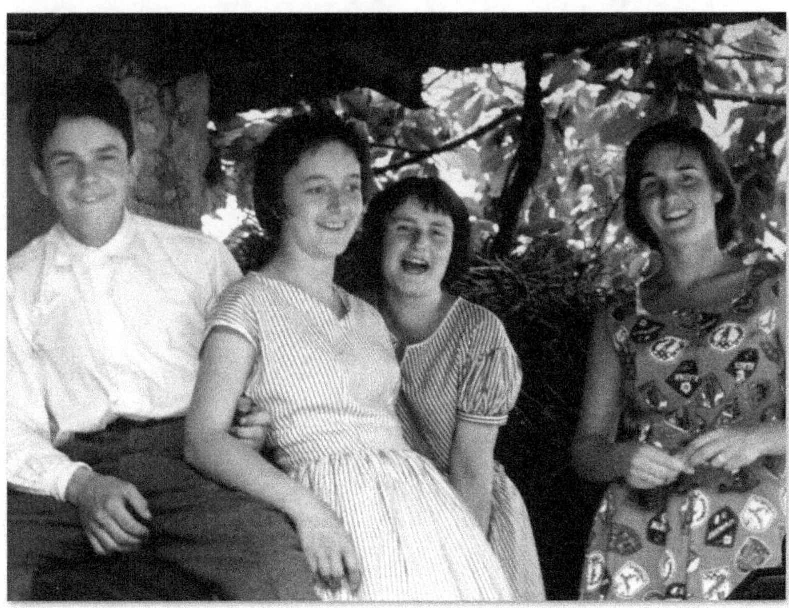

Bruno, Lidia, Carla e Anna Rizzi (c. 1950)

CAPITOLO 4
NONNO LUIGI BELLA

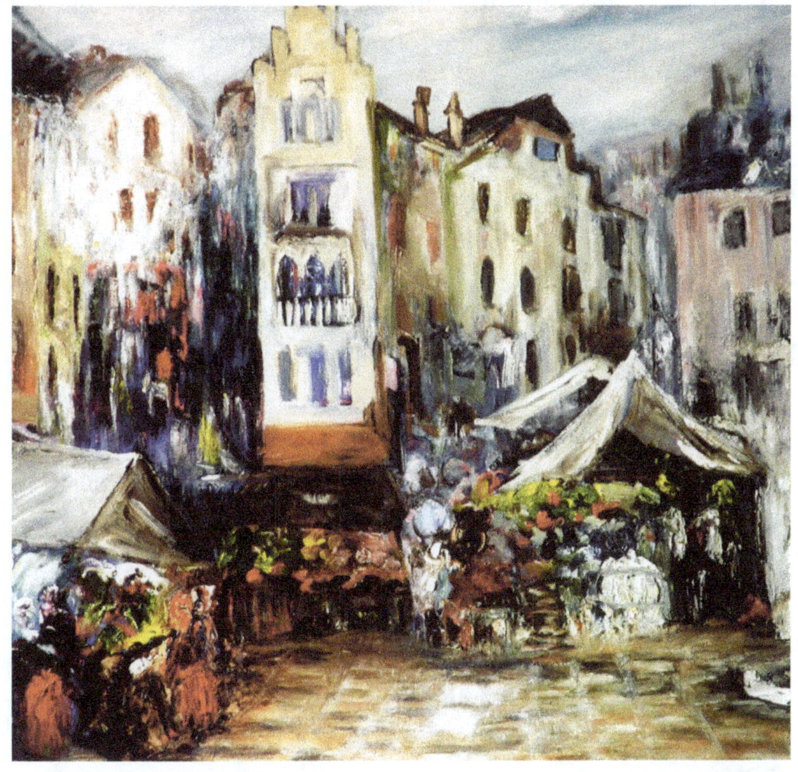

Mercato a Bolzano

Non moderare il tuo sogno per adattarlo alla tua realtà.
Ma conferma la tua convinzione per designare il tuo destino.

Stuart Scott

Per realizzare qualcosa non potevo solo sognare, ora dovevo agire! Lasciai Appiano per andare a vivere col mio nonno Luigi Bella nell'appartamento in via Zara a Bolzano. Mi iscrissi alla Scuola Tecnica Commerciale, che a quei tempi era in via Cassa di Risparmio. Il certificato di studi che avrei preso in due anni era quello di Computista Commerciale, ed era ben lontano da quello ch'io invece volevo studiare.

Il mio sogno era quello di seguire i passi di mia madre e frequentare una scuola che insegnava i classici, e non mi interessava l'indirizzo commerciale. Ma questo avveniva dopo una guerra quando le possibilità erano limitate, inoltre io avevo già studiato tre anni di commercio al Giardino di Maria.

Insomma mi trovavo sempre al posto sbagliato con studenti dai fini e desideri diversi dai miei. Per loro era importante finire gli studi per trovare un impiego, mentre io volevo studiare greco e latino ed infine seguire una carriera nell'arte.

Mio nonno era un uomo rinascimentale, e vivendo con lui per vari anni, imparai a perseguire gli scopi importanti della vita. Egli era un uomo alto di statura che camminava con una certa autorità. Non lo vidi mai ridere, ma sorrideva spesso.

Seguiva le notizie del giorno e poi le registrava in un quaderno, il suo diario. Aveva già riempito molti quaderni con gli eventi della sua vita, e sapevo che per i due anni ch'io stavo con lui a Bolzano, mi avrebbe benevolmente descritta…e mi avrebbe inserita tra le pagine del suo diario.

Quando non mi sentivo sicura di fare l'esame di chimica, egli si sedeva vicino a me e riandava le formule del libro spiegandomele tutte minutamente. Lo stesso sistema usava con le altre materie del mio studio. Inoltre conosceva a perfezione le leggi civili d'Italia, e portava in tasca un piccolo codice civile, un libretto che gli serviva quando amici e conoscenti venivano a chiedergli il favore di scrivere delle lettere per chiarire situazioni legali.

Di mente inquisitiva, nonno era rispettato per la sua intelligenza, ma anche per la sua umanità, e non si faceva prendere per il naso da nessuno. La sua apparenza autoritaria generava rispetto, quanto la sua generosità.

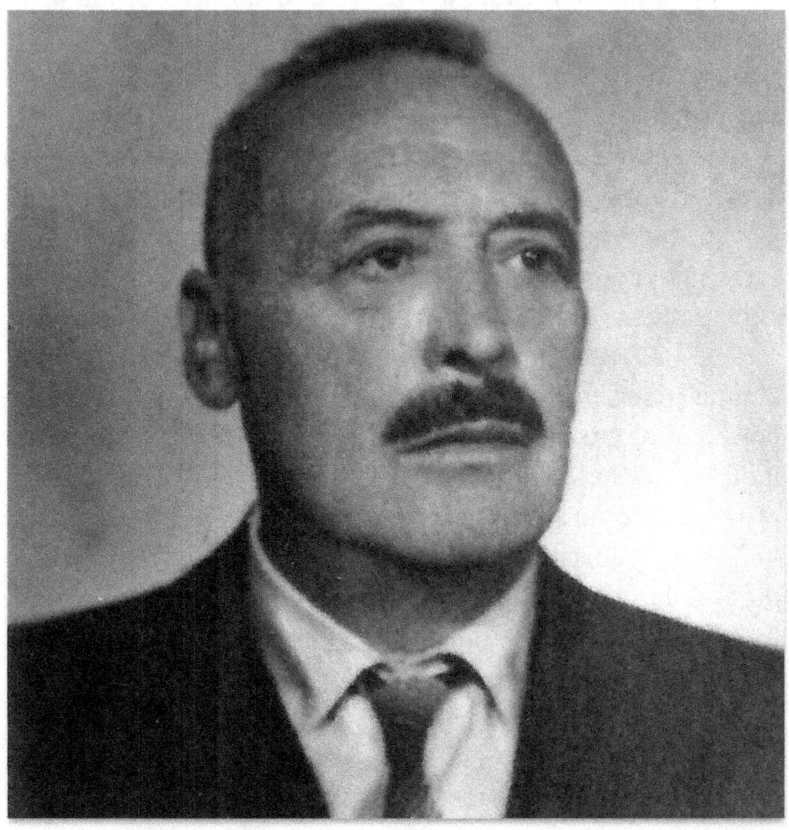

Luigi Bella

Conosceva perfettamente la lingua italiana, tedesca e francese, e spesso doveva usare anche l'inglese nel suo lavoro di direttore delle ferrovie Europee per il tratto tra Italia e Austria.

Durante le ore serali, seduti tutti e due al tavolo in cucina, io leggevo, e il nonno con la penna in mano scriveva il suo diario. Questa era del giorno l'ora preferita.

Il suo esempio mi ispirò allo studio, ed io sempre lo ricorderò come l'uomo più saggio e il nonno più affettuoso.

Finiti gli studi di computista commerciale ritornai a casa ad Appiano, dove Lidia aveva trovato un lavoro, ma dove c'erano poche opportunità per me. Bruno era entrato nel Seminario di Trento, una scuola per giovani avviati al sacerdozio.

Nonno Luigi si trasferì nella casa di Trento, che aveva comperato anni prima, e io lo seguii sperando di trovare lavoro in quella città. Chi avrebbe mai detto ch'io sarei nuovamente andata a vivere col nonno per altri due anni, e questa volta non più a Bolzano ma a Trento?

La casa di nonno a Trento era un edificio alto cinque piani con dieci appartamenti. La facciata aveva un bel poggiolo, e dietro l'edificio c'erano gli orti per tutti gli inquilini, e nel giardino c'erano due piante di cachi che producevano un frutto delizioso.

Il bellissimo palazzo non era stato bombardato durante la guerra, ma aveva bisogno di enormi riparazioni. Io abitavo nell'appartamento di nonno al terzo piano, e dall'altra parte del corridoio c'era l'appartamento delle sorelle di nonno, Ida e Dorothea (Retti). L'altra sua sorella, Massimiliana (Maxi) era morta prima che la incontrassi. Per noi erano le "vecchie zie", ma anche le più care e affettuose.

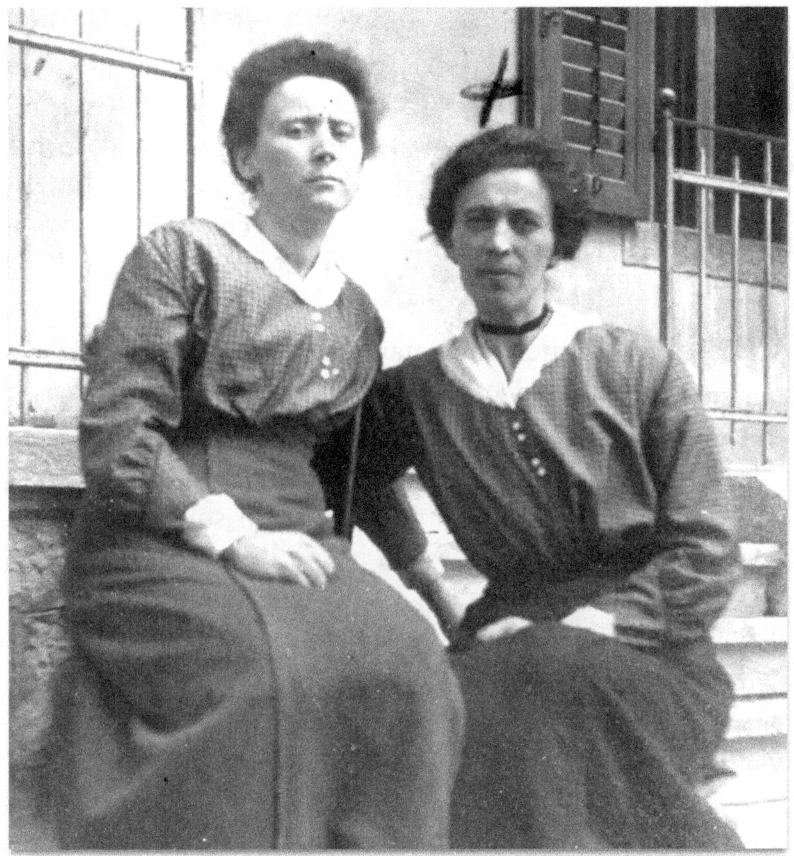

Zia Ida e Zia Massimiliana (Maxi) Bella

Infatti ricordo quanto bene volevo alla mia cara zia Retti. Ero stata affidata a lei per un mese quando la mamma era incinta del mio fratellino Bruno, ed io avevo poco più di tre anni.

Volevo sempre e solo la sua compagnia, sopratutto di notte, quando non volevo dormire senza la mamma, e lei mi faceva giocare inventando dei giochi. Zia Retti mi portava in cucina e per delle ore mi lasciava pesare i vasi di riso sulla bilancia: Un gioco che durava a volte fino al mattino.

Zia Ida invece esigeva disciplina, e il suo compito era di farmi obbedire senza capricci, di andare a far la spesa, e di apparecchiare il tavolo per il pranzo preparato da zia Retti. Zia Ida andava anche due volte al giorno dal fornaio per comperare il pane ancor caldo dal forno; ricordo ancora l'aroma di quel pane che profumava la cucina.

Ora, a diciassette anni, stavo cercando un lavoro che nonno era sicuro avrei subito trovato nella città di Trento. Ma il lavoro non lo trovai, invece andai a studiare lingue alla scuola linguistica del liceo "Prati" nel centro-città.

Nonno era felicissimo di vedermi studiare lingue e particolarmente il francese. Tra i suoi libri trovò la versione francese dell'<u>Orlando Furioso</u> dell'Ariosto, e con quel libro cercava di farmi capire i versi del grande poeta.

Nonno mi portò anche al teatro. Egli non apprezzava i film che secondo lui erano solo delle farse, mentre l'opera e il circo erano da ammirare e godere.

La sua teoria ebbe effetto su di me quando mi portò a vedere l'opera di Verdi, il <u>Rigoletto</u>. Solo occupare un bel posto nel palco del Teatro Sociale con tutto il fascino dell'opera, il canto, la musica, il dramma, lo sfarzo dei costumi e gli ornamenti del teatro stesso, mi trasportava in un mondo nuovo, e da quel giorno incominciai a leggermi i libretti delle opere più popolari e cantare le arie che venivano cantate nelle strade di Trento dopo ogni rappresentazione d'opera data al Teatro Sociale.

Il circo invece non mi interessava, ma a me piaceva andare al cinema e vedermi sopratutto i film americani.

Proprio in quei giorni nei cinematografi di Trento stavano presentando il film <u>Via col Vento</u>, e sapendo come nonno discreditava il cinema, gli dissi che andavo a fare un giro al parco vicino. Tutto andò bene fintanto mi vedevo il film in una sala interna e non mi rendevo conto che fuori all'esterno pioveva a dirotto per ben tre ore, vale a dire per tutta la durata del film.

Per nonno era facile capire che non ero stata al parco e che la scusa che gli avevo dato di essermi rifugiata alla casa di un'amica non era plausibile, ma egli non disse nulla. Io però sapevo che nonno senza dirmi parole di rimprovero aveva capito tutto. Non era stato un gran male, ma io ebbi rimorso per tanto tempo: Avevo mancato di sincerità al caro nonno.

Trento è una città meravigliosa con tanti monumenti da visitare ogni giorno. Passavo il tempo in piazza Dante vicino alla stazione ferroviaria, dove al centro c'e la grande statua di Dante Alighieri. La figura è posata con il dito puntato verso nord, un promemoria politico per il popolo austriaco che Trento fa parte dell'Italia. I patrioti irredentisti, Cesare Battisti e Fabio Filzi, erano convinti che parti italiane dell'Impero austro-ungarico dovessero essere unite all'Italia.

Il figlio di Zia Retti, Aldo, viveva con la madre e Zia Ida, e mi portava ogni domenica a esplorare la città di Trento, e mi spiegava la storia di tutti i vari luoghi che visitavamo. Conoscevo il significato di ogni monumento e l'importanza di ogni chiesa, di ogni piazza e famoso edificio situati all'ombra dell'opulento Castel del Buon Consiglio. Trento era, ed è tuttora, una città magnifica e ricca di storia.

Ad ogni angolo e sotto ogni arco, la vecchia città è piena di vita. Ricordo di essere arrivata la sera in Piazza del Duomo per ammirare la cattedrale e la fontana di Nettuno, e rimasi incantata. Le luci sugli edifici, l'acqua, le stelle nel cielo, quasi ogni pietra sembrava sussurrarmi storie di tempi antichi.

Però, c'è pure un episodio umiliante che preferirei dimenticare—il giorno che andai a tagliare le mie trecce di capelli.

La moda in voga era quella di avere capelli corti e ricciuti. Dopo una lunga decisione, finalmente andai dalla pettinatrice per farmi la permanente e accorciare i miei lunghi capelli neri. Ma che disastro!

Uscii da quel posto con le lacrime agli occhi e inconsolabile. Mi sentivo orrenda con quel corto ciuffo in testa, quei riccioli voluminosi e odiosi che rendevano la mia faccia ancor più quadrata di quanto lo era.

"Domani non andrò a scuola," mi dissi, "e nemmeno vi andrò nei giorni…fino a Natale". Mi sentivo miserabilmente brutta, ma anche se avevo qualche giorno di crisi, ero felice di avere persone che mi volevano bene.

Era un momento nella mia vita che sentivo di entrare in un nuovo mondo con nuove esperienze e vedevo per la prima volta nuove possibilità. Guardavo con grande speranza verso il futuro, e riflettevo sui momenti del mio passato che trovavo soddisfacenti.

CAPITOLO 5

LA CITTÀ DI TRENTO

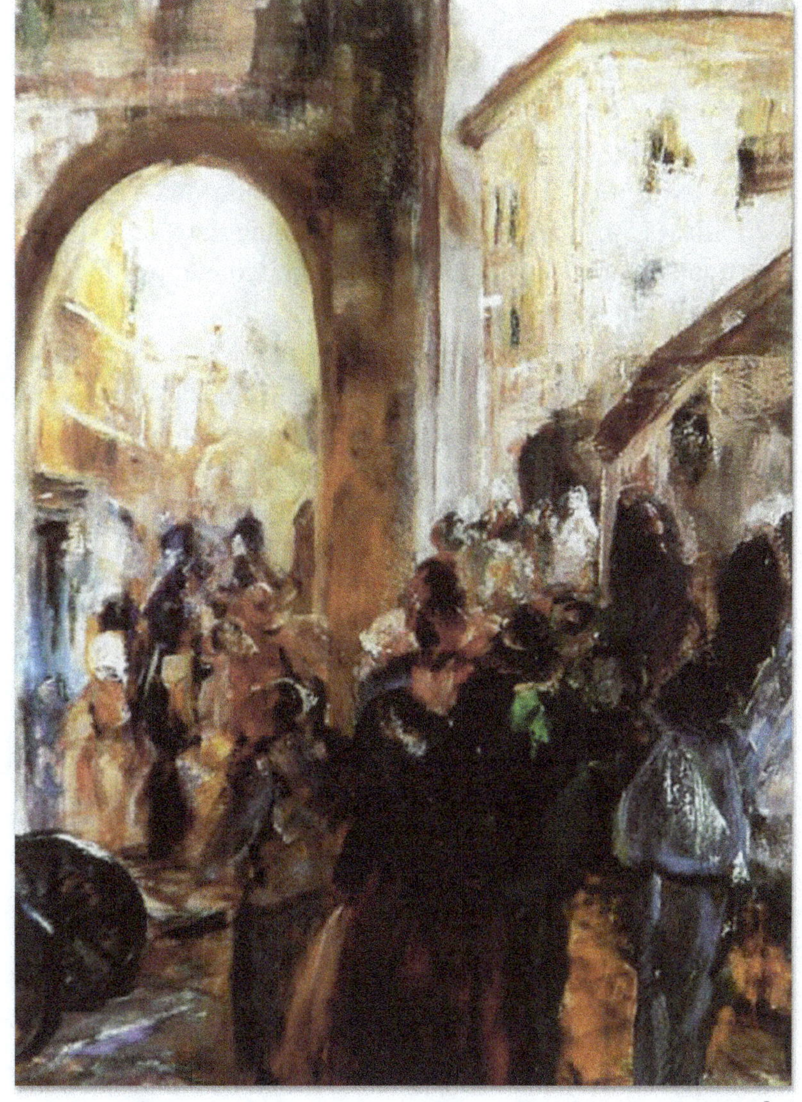

Ieri

Durante l'Impero Romano, Trento era un nodo centrale sulla strada tra Roma e l'Austria, l'unica città fortificata lungo l'antica Via Claudia Augusta tra Verona e Augusta (l'odierna Augsburg), capitale della provincia imperiale romana della Rezia.

Per otto secoli il Trentino costituì un principato nell'ambito dell'impero austriaco, retto da un vescovo-principe. Ed era l'imperatore che insediava il principe che, quale vescovo, dipendeva dal Papa di Roma.

Non a caso dunque Trento fu scelta quale sede del Concilio (1545-1563) indetto per fronteggiare la Riforma protestante. Così fu scelta Trento, città italiana, pur facendo parte dell'Impero germanico.

Dopo aver subito, dal 1796 al 1814, occupazioni napoleoniche e bavaresi, Trento tornò a far parte del Land Tirolo, provincia dell'Austria con capoluogo Innsbruck.

Nel 1914 scoppiò la prima guerra mondiale e il Trentino dal 1915 al 1918 fu terreno di guerra e oggetto di contesa: "Trento e Trieste italiane" era il motto degli interventisti italiani.

Il Trattato di San Germano (1919) segnò i confini d'Italia al Brennero, confermati anche dopo la seconda guerra mondiale (1939-1945): la minoranza tedesca in Alto Adige (Sud Tirolo), dove io sono nata, ottenne un'autonomia speciale, che fu estesa anche al Trentino.

Questo periodo é importante per la mia storia perché spiega la situazione politica della regione, e mi fa capire come la famiglia dei miei antenati era legata ai paesi di lingua tedesca.

Il mio bisnonno *Giovanni Bella* sposò *Monica Fichtner* da Monaco di Baviera, che diede alla luce tre figlie, Massimiliana (Maxi), Dorothea (Retti), Ida e un figlio, Luigi, il mio nonno. Tutti i suoi figli nacquero tra gli anni dal 1875 al 1885 quando il Trentino era sotto l'Austria. Maxi morí giovane, Ida rimase nubile, e Retti sposò un vedovo di nome Parmesani, il quale ebbe Costante e Olga dal suo primo matrimonio, e con Retti ebbe il terzo figlio Aldo.

Mio nonno e le sue sorelle parlavano perfettamente la lingua tedesca e vissero gran parte della loro vita nel Trentino dove due parlate antiche sopravvissero dopo la guerra: il ladino, che deriva dalle popolazioni pre-romane latinizzate all'epoca di Augusto, e si mantiene in tre grandi aree delle Alpi; e una parlata tedesca nella Valle dei Mocheni e a Lavarone.

Nonno Luigi Bella era nato a Weilheim in Germania l'8 marzo, 1883, e aveva sposato Carlotta Menapace proveniente da una famiglia di Rallo in Val di Non. Si stabilirono a Trento, dove poco dopo ebbero due figlie: mia madre Anna (Annetta), nata il 9 gennaio 1911, e Ida (Idotta), l'8 dicembre 1912. Carlotta morí quando mia mamma aveva solo otto anni. Io la conosco solo per averla vista in fotografia, ed era una donna dall'aspetto nobile.

Dopo la morte della sposa Carlotta, le due figlie Annetta ed Idotta passarono gli anni della loro adolescenza con le due zie, Retti e Ida Bella, e il cugino Aldo, che abitavano a Trento nella stessa casa del nonno.

Nonno si risposò con una vedova di Rovereto che portava molti nomi curiosi, tutti aggettivi di buon carattere, ossia Pia, Modesta, Amabile, Bella, Bertolini, vedova Magagna.

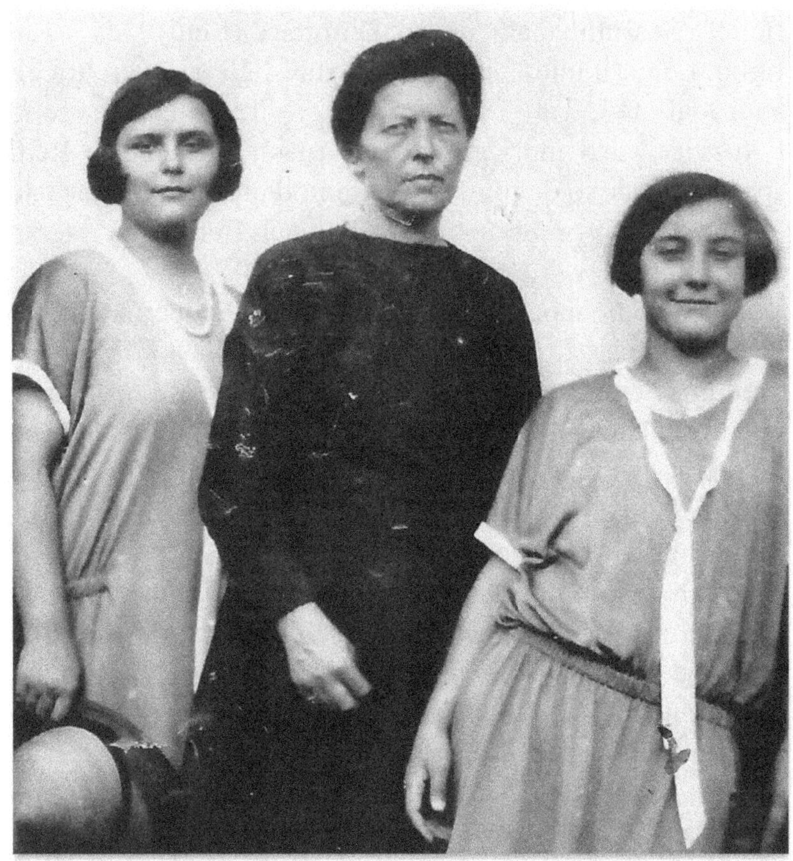

Anna (Annetta), Zia Massimiliana (Maxi) e Ida (Idotta) Bella (c. 1927)

Questa "storia di famiglia" è avvenuta quando il Trentino era ancora parte dell'Impero austriaco. In una terra che è stata passata avanti e indietro tra romani e austriaci, francesi e infine italiani, sono stata felice di scoprire la cultura e la storia incise in ogni angolo di Trento. Dopo aver trascorso la mia giovinezza nel piccolo paese di Appiano, Trento sembrava un mondo vasto e nuovo da esplorare; e sarei rimasta volentieri in quella splendida città per gran parte della mia vita.

Ma purtroppo l'autunno era diventato inverno. La salute di nonno Luigi si era peggiorata, e mentre sua sorella Ida e sua moglie Pia si prendevano cura di lui, nonno deperiva ogni giorno e stava perdendo tutte le sue forze.

Il dottor Carlucci veniva a visitarlo ogni settimana, e c'erano giorni buoni quando il cuore del nonno gli permetteva di passare del tempo con me a leggere o a raccontarmi episodi della sua vita. La sua voce però era fioca, le sue gambe quiete nel riposo, e il quaderno del suo diario rimaneva aperto e vuoto senza parole nuove.

In un giorno freddo di dicembre, le strade erano coperte di neve, e in casa zia Ida stava controllando le parti vitali del nonno. Era freddo nell'appartamento…mi sentivo però sollevata sapendo che mamma doveva arrivare col treno da Appiano per visitare il nonno e fermarsi per alcuni giorni.

Nonno rimaneva sempre a letto, aveva le gambe gonfie e il respiro affannoso. Era coricato con tre cuscini quando Annetta aprí la porta della stanza ed andò a stringersi al padre con affetto, e nonno la guardava con la gioia nel cuore. Egli ora sentiva che la sua vita era compiuta, come la sua missione in terra, e alzando le sue mani stanche ci diede la sua benedizione. Nonno era cosciente di morire ed era pronto fisicamente e spiritualmente. Quale ultimo saluto egli ci diede quel segno di pace.

Nonno morí a Trento il 15 dicembre del 1953. Aveva 70 anni.

RICORDI GIOVANILI

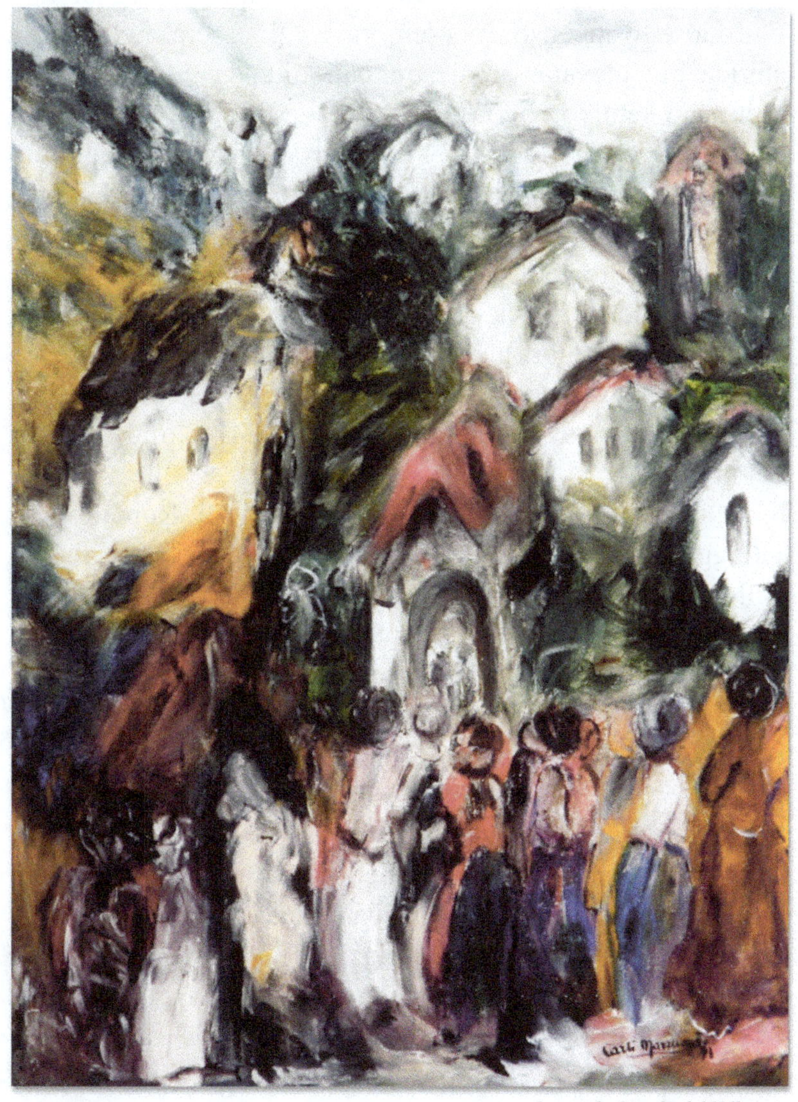

Lungo la Strada del Villaggio

Fede e Amore sono gli elementi importanti nello spirito di una ragazza di diciott'anni perché diventano il linguaggio del cuore.

Io ero tra le giovani del coro che cantavano nel palco eretto nel retro della chiesa. Tra la musica dell'organo e l'odore d'incenso mi sembrava di essere nella zona sferica più elevata, al di sopra di tutta la gente. In quel momento sentivo che la mia religione mi dava un senso di sicurezza e di identità, e non avevo alcun dubbio sull'esistenza di Dio o sullo scopo della mia vita. Per me, tutto era chiaro e saldo nella mia fede.

Durante il periodo dell'adolescenza passavo delle ore leggendo storie sacre di miti, leggende di sacri simboli, vite di santi, ed ora avevo anche l'occasione di imparare altri misteri religiosi da don Luigi Borghesi, cugino di mamma, che avevo appena incontrato a Trento al funerale del nonno.

A quel tempo, egli era parroco di Romallo, un villaggio della Val di Non, e sua madre Cunegonda fu una delle sorelle di mia nonna Carlotta Menapace, moglie di nonno Luigi Bella. Mia mamma aveva ancor molti cugini di quel nome che in gran parte risiedevano in Val di Non, ma don Luigi chiese a me di aiutarlo in parrocchia per sostituire la sua perpetua che andava in vacanza per un mese.

Ebbi così l'occasione di visitare una sacristia e quanto c'era oltre i primi banchi di una chiesa, e potevo partecipare ad una vita spirituale mai avuta prima. Don Luigi mi introdusse alla meditazione, le scritture religiose del canone quotidiano e le interpretazioni del catechismo, ed era divertente sentirlo raccontare brani del vangelo resi così vivi coi suoi esempi presi dalla vita quotidiana.

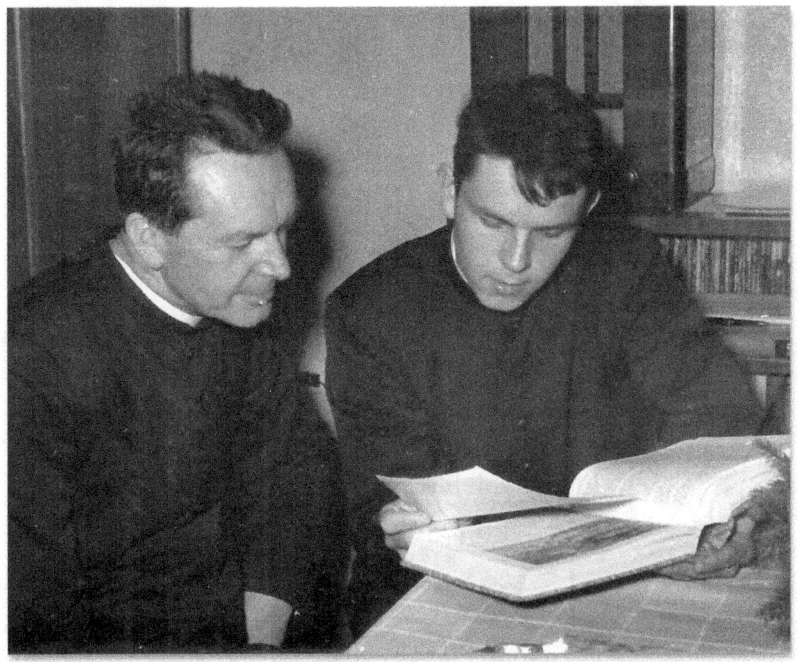

Don Luigi Borghesi e Bruno Carli

Egli era un uomo semplice e umile, un bravo uomo che in parrocchia era considerato il buon padre di tutti. Sapeva di non essere un dottore della chiesa, né un filosofo, ma le sue ambizioni erano vere ed oneste e incomparabili quando si prestava ad abbellire con lavori di architettura le case del Signore che si trovavano ovunque il vescovo lo mandava.

Nel visitare tutte le chiese dove egli aveva servito, vidi il nuovo altare nella chiesa di Romallo, i nuovi stalli nel coro della chiesa di Spormaggiore, la nuova porta d'entrata con sculture in bassorilievi nella chiesa di S.Michele all'Adige, e infine campane, finestre a vetro colorato, e campanili riparati.

Egli mi lasciò il ricordo di momenti preziosi e un libro in regalo intitolato "Intimità Divina", da usare in preghiera.

Altra persona che devo menzionare perché anch'essa ebbe grande influenza su di me, é la signora Zita Filippi, discendente da famiglia nobile russa che aveva sposato un signore dell'industria di Trento.

Egli aveva preso in affitto un castello ad Appiano circondato da un gran parco, dove la moglie Zita trovava fiori e verde da dipingere nei suoi quadri. Zita aveva anche dipinto i fiori in una cappella nella chiesa di S.Giuseppe, dove aveva incontrato mia madre.

Il giorno che anch'io potei visitare il castello e il suo parco, andavo a dirmi: "se anch'io potessi dipingere come Zita Filippi sarei la persona più felice del mondo". Pensavo che forse avrei potuto diventare un'artista anch'io, e perché no?

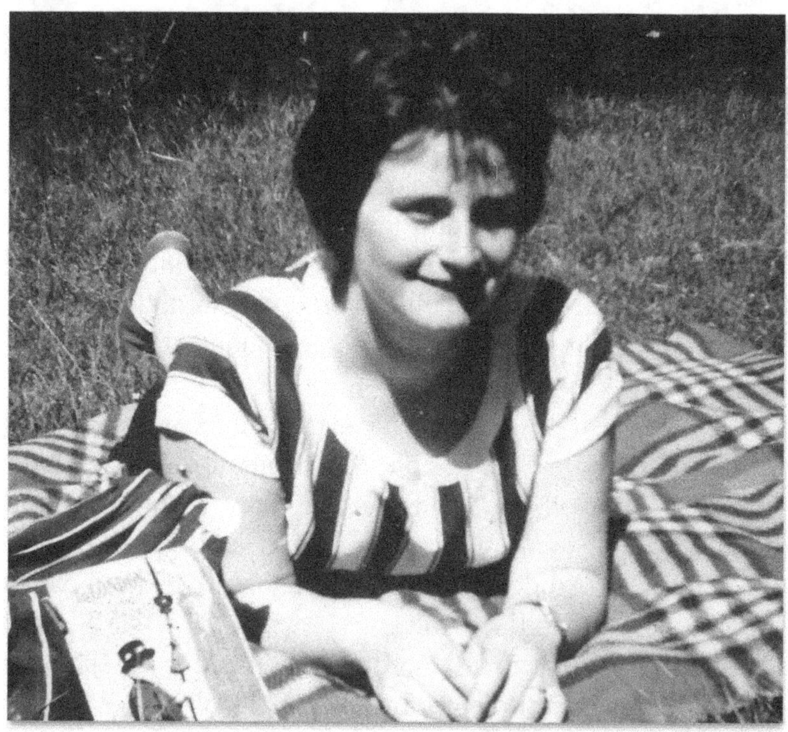

Carla Carli (c. 1954)

CAPITOLO 7

PERSEVERANZA

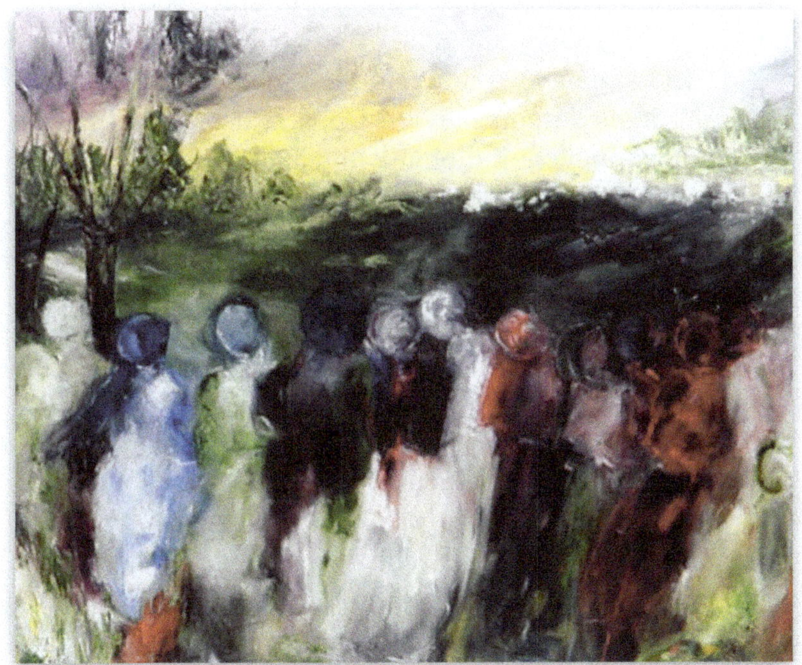

La mia Verde Valle

Se perseveri...hai una vera opportunità di ottenere quello che desideri. Certo, ci saranno tempeste lungo la via, e potresti non raggiungere subito il tuo obiettivo. Ma se fai del tuo meglio e tieni una vera bussola, arriverai vittorioso.

Edward M. Kennedy, <u>True Compass: A Memoir</u>

Dopo la mia permanenza con Don Luigi e una vacanza a Mocenigo in Val di Non, trascorsa con la famiglia del signor Luigi Marchesi, direttore della Cassa di Risparmio di Appiano, ritornai a casa con l'idea di trovare il mio primo lavoro e guadagnare quel po' di soldi per aiutare la nostra ormai piccola famiglia.

Lidia già aveva il suo impiego presso il Comune di Appiano, inoltre frequentava il Conservatorio di Musica a Bolzano per ottenere il diploma in pianoforte, uno studio di dieci anni. Mio fratello Bruno invece frequentava il liceo nel Seminario Maggiore di Trento.

Anch'io trovai finalmente lavoro come computista commerciale presso la Compagnia Forest di Bolzano, una ditta di trasporto legnami. Il suo direttore, Otto Kucera, era stato un vecchio amico di mio padre. Egli stava in Austria per la compera del legname e l'Ufficio di Bolzano mandava poi il cargo ai vari clienti nelle province venete e lombarde.

Io ero nell'ufficio di Bolzano assieme al signor Schnidder, un berlinese che parlava solo la lingua germanica. Mi dettava le lettere che io traducevo e indirizzavo ai clienti in Italia. Oltre a questa corrispondenza dovevo anche sbrigare la contabilità della ditta. Le ore d'ufficio erano dalle otto del mattino fino alle sette di sera, ma durante quelle ore avevo poca contabilità da fare; e di conseguenza passavo ore di tedio senza far niente.

Finalmente arrivata la sera, io prendevo il treno per tornare a casa, e sul treno incontravo amici e amiche che avevano il lavoro a Bolzano e come me prendevano il treno. Era un breve tragitto di solo mezz'ora, e sempre mi divertivo in compagnia di Bruno Cemin, Leandro Trentini, Romeo Soppelsa e le mie amiche Ines Cemin, Olinda Martini ed Erica Tatz, il nostro bel gruppetto di amici.

Non rimasi molto tempo alla ditta Forest, e nemmeno continuai a prendere il trenino, perché il mio nuovo posto di lavoro era ad Appiano. Lidia si ammalò di ipo-tiroidismo e dovette lasciare il suo impiego al Comune di Appiano per andare a curarsi in un ospedale di Levico.

Io presi il posto in un altro reparto del Comune, e mi trovai nuovamente in un lavoro che non mi piaceva, ma che per la mia mamma era prestigioso e a solo pochi passi da casa.

Io continuai gli studi per cercarmi un'altra carriera non quella dell'impiegata comunale. Studiavo greco e latino e molte altre materie classiche, ed ero curva sui libri fino a tarda sera.

I miei anni di scuola, mi fanno ricordare i vari metodi d'insegnamento che usavano i professori, e che a volte mi davano panico.

Il professor Leoni ci interrogava in matematica e fisica. In ogni lezione selezionava i nomi di due studenti, e poi, davanti a tutta la classe, quegli studenti venivano chiesti di risolvere una formula scritta alla lavagna.

Siccome né la matematica né la fisica erano il mio forte, sono sempre stata umiliata dal Prof. Leoni. Gli piaceva proclamare che ero stupida come un'oca tirando a lungo il suono della vocale nel mio nome e chiamandomi o-o-ca-ca-car-li.

Non così terribile, ma altrettanto imbarazzante, era quando il mio insegnante di ragioneria, il professor Esposito, ci faceva scrivere alla lavagna tutti gli errori che avevamo fatto agli esami per mostrare a tutti quanto eravamo stupidi.

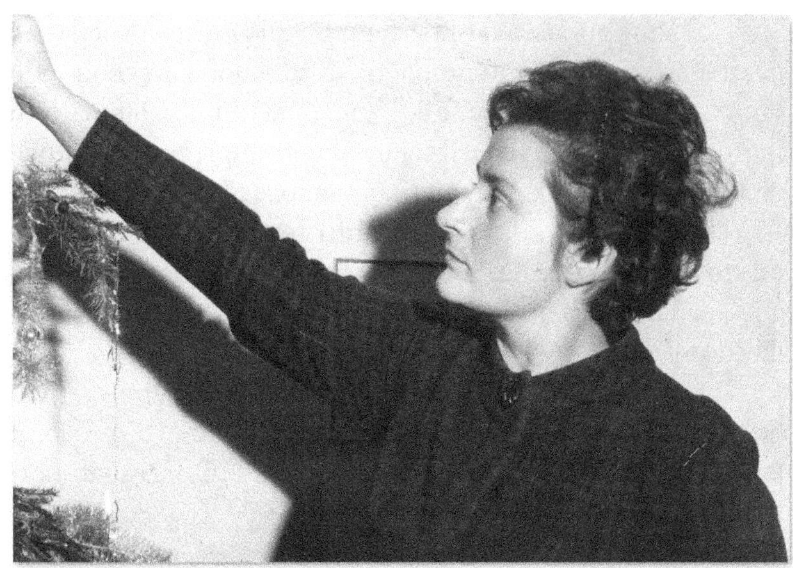

Carla Carli (c. 1955)

Avevo pertanto deciso di avere una carriera senza tanti numeri o contabilità, forse continuare gli studi al Liceo Classico, ma come fare?

Dato che avevo frequentato una Scuola Tecnica Commerciale, dovevo fare i corsi e gli esami richiesti dal Liceo Classico, e completare un nuovo curriculum cercando di comprimere cinque anni di studi in solo due. Con l'aiuto di Madre Sofia, una suora che conoscevo fino dagli anni di scuola al Giardino di Maria, iniziai a studiare latino e greco. Le mie serate le trascorrevo nella soffitta di casa mia, studiando indisturbata al lume di candela.

Quando finalmente potei iscrivermi al Liceo Classico, ero l'unica tra i venti studenti della mia classe arrivata al Liceo studiando privatamente, e sapevo che per quanto avessi studiato, ero molto indietro negli studi rispetto agli altri studenti.

Il professor Paduano, l'insegnante di lingua greca, stava seduto comodamente aspettando che tutti gli studenti si accomodassero nei loro banchi, prima di venire a una recensione. Da dietro la sua scrivania, si mise a esaminare la lista dei nomi degli studenti e selezionarne uno per interrogarlo, e…disgraziatamente scelse il mio nome.

Il mio cuore si sprofondò… ancora una volta sarei stata umiliata di fronte alla mia nuova classe nella mia nuova scuola. La mia padronanza del greco era poca e sicuramente sotto il livello di tutti gli studenti che avevano studiato la lingua da anni nei loro studi classici, mentre io avevo imparato solo quello che avrei potuto imparare in una sola estate.

Mi alzai, e coraggiosamente chiesi se poteva darmi un mese di tempo prima di interrogarmi…

Il prof. Paduano sembrò sorpreso, ma poi, dopo aver ricontrollato l'elenco delle sue classi e aver visto che praticamente avevo imparato da sola senza alcuna istruzione formale, senza aggiungere altro, voltò la pagina e chiamò un altro studente. Io mi sedetti con la faccia rossa dall'imbarazzo, ma il mese successivo io mi ero preparata per le sue domande.

La professoressa Lidia Menapace è stata la mia insegnante di latino e letteratura. Era una donna con un viso tondo e occhi luminosi e vibranti che mi davano coraggio. Era una superba conferenziera non solo nel campo dell'educazione, ma anche nelle discussioni politiche.

Le sue lezioni in classe erano uniche; ella approfondiva lo studio paragonando il tempo recente a quello passato, confrontando le opere degli scrittori moderni con quelle dei poeti antichi, e spiegava in profondità le cantiche di Dante, le poesie romantiche di Giacomo Leopardi, di Giosuè Carducci e di altri autori. Quando è morta, il 7 dicembre 2020, molto è stato scritto della sua vita professionale e della sua conoscenza in politica italiana e internazionale.

Il professor Pastore insegnava filosofia e aveva circa sessant'anni. Era alto con i capelli bianchi e da vero filosofo vagava per le strade parlando da solo ad alta voce perso nei suoi pensieri. Nella mano sinistra portava una pila di fogli arruffati e un libro ben letto, e nella mano destra teneva un bastone di legno per camminare a passo lento e senza fretta.

Era un uomo simpatico, sempre con un sorriso gentile sul viso amichevole, e creava un ambiente di apprendimento perfetto per i suoi studenti, anche se a volte si dimenticava di interrogarli fino alla fine del semestre.

Io arrivai ad amare la filosofia, e col tempo ripassai quanto avevo imparato dal professor Pastore, che fu un vero maestro nel dare lezioni di filosofia e lezioni utili per l'avvenire.

Lo studente può essere influenzato dal maestro nel scegliere la sua carriera, e riceve da lui i giusti consigli per sormontare le difficoltà che si hanno nella vita. Io passai gran parte del mio tempo libero sui libri, e anche se la maturità classica era stata estremamente difficile, sapevo che mio nonno sarebbe stato orgoglioso. Lo sforzo a cui mi ero sottoposta ebbe effetti strani e persistenti, come incubi e paure: nei miei sogni dovevo sempre fare esami o essere interrogata in materie che non ero preparata.

Ma sembra che le distrazioni ci siano sempre. Avevo l'età in cui la maggior parte delle ragazze si sposano, e così avvenne che anche a me arrivassero alcune proposte di matrimonio.

Bruno Cemin è stato il primo dei miei amici a chiedere la mia mano. Rimasi un po' sorpresa, ma gli risposi che per il momento non ero interessata al matrimonio, ero occupata in altre cose… e troppo giovane per fidanzarmi e prendere impegni del genere. Ma segretamente avevo qualcun altro nel mio cuore.

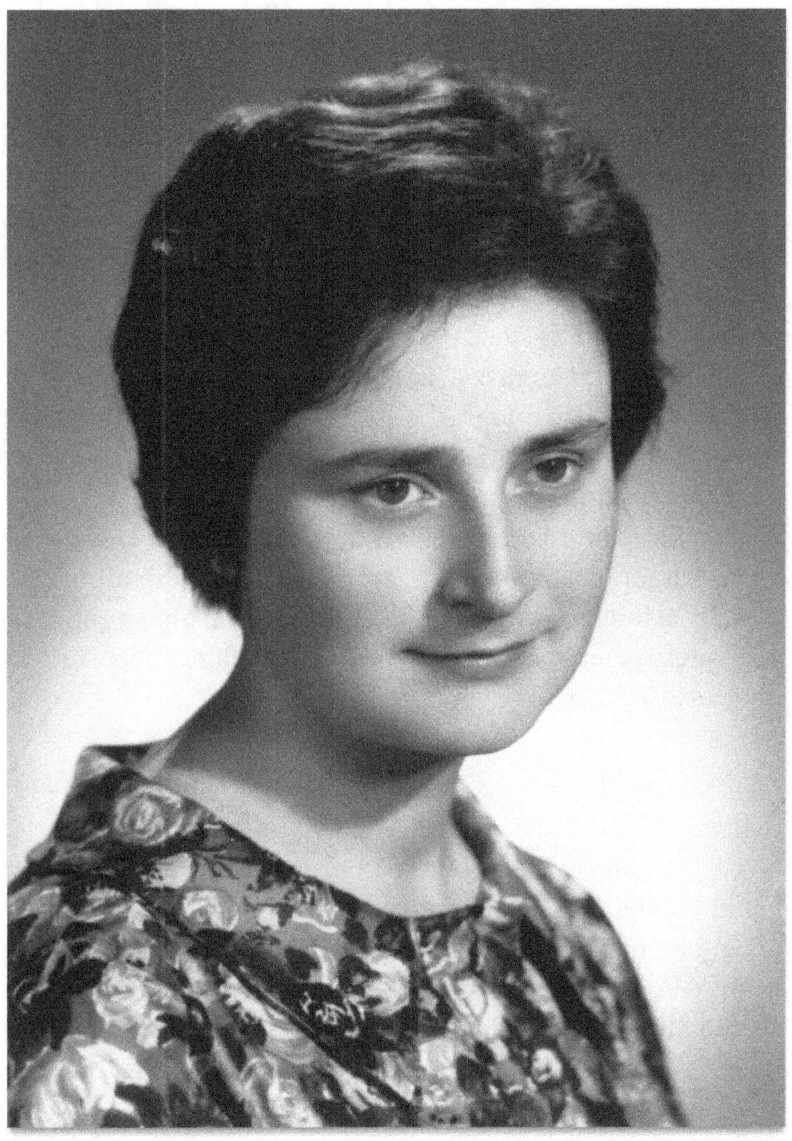

Carla Carli (c. 1957)

Quando un altro amico, Marcello Giuliani, mi fece la proposto il matrimonio, ho dovuto di nuovo spiegare che avevo altri progetti da completare. Marcello divenne un commerciante di successo ad Appiano, mentre Bruno si trasferì in Svizzera per lavorare nell'architettura fino a quando si ritirò nella sua città natale vicino al Passo Rolle nelle Alpi italiane.

Alcuni anni dopo ebbi un'altra proposta di matrimonio che veniva dagli Stati Uniti d'America da un giovane farmacista della città di Trenton nello stato del New Jersey. Lidia stava a Levico per continuare la sua cura e venne a conoscere la zia di questo giovane italiano-americano. Egli aveva dato alla zia la difficile incombenza di trovargli una ragazza italiana, educata e attraente e di poterla vedere in fotografia. Lidia le fece vedere una mia fotografia e tutto si concluse con una proposta di matrimonio fatto per procura.

Sarebbe stata una grande avventura il lasciare il lavoro in un piccolo paese per arrivare sposata in altra terra grande e lontana. Ma né Lidia, né io, eravamo pronte di fare questo cambiamento, e concordi abbiamo risposto con un grazioso "No".

Appena ebbi finiti gli esami di maturità classica, andai a registrarmi all'Accademia d'Arte Ca' Foscari di Venezia.

Andai diverse volte a Venezia per fare gli esami e venni ospitata da una coppia di anziani che avevano il loro appartamento nella Corte del Milione, nella casa abitata da Marco Polo, l'esploratore e avventuriero del tredicesimo secolo alla corte dell'imperatore della Cina Kublai Khan. E quando Marco Polo ritornò in patria scrisse le sue avventure nel libro <u>Il Milione</u>.

Ho un ricordo sgradevole dei giorni che rimasi all'Accademia, e non tanto per gli esami, ma per via delle strane tradizioni, a volte burlanti, che devono affrontare le giovane matricole nel primo anno d'iscrizione all'Istituto. Gli studenti maturi possono farsi gioco dei nuovi arrivati, con scherzi e maltrattamenti, e senza pagare conseguenze.

Il giorno prima dei miei esami andai a visitare la basilica di Santa Maria Gloriosa dei Frari per vedere la famosa "Assunzione" di Tiziano, un quadro che doveva essere sopra l'altare della chiesa; ma mi persi tra tutta la rete dei calli, le stradine così chiamate a Venezia, e mi fu impossibile trovare la piazza e la sua chiesa.

Il giorno dopo, avendo finito l'esame, pensavo di tornarmene a casa, ma invece venni assalita da quegli studenti malintenzionati. Fuggendo da loro mi misi a correre per tutti quei calli girovagando in giro, e mi trovai in una piazzola con di fronte la basilica di Santa Maria Gloriosa dei Frari, introvabile il giorno prima.

Che bella coincidenza, mi son detta, e con spirito rinvigorito entrai nella bellissima chiesa per vedermi il quadro di Tiziano che era sopra l'altare.

Nessuno può sapere cosa avviene nel futuro, e quando Lidia finalmente ritornò a casa sana da Levico ed io continuavo il mio lavoro in Comune, mamma incominciò a non sentirsi bene. Si sentiva abbandonata da tutti, sola e con memorie tristi, e sofferente di tanti dolori.

Venne pertanto ricoverata all'ospedale civile di Bolzano e sottomessa ad un'operazione per ernie inquinali. Lidia ed io passammo la notte con lei, e il giorno dopo l'operazione, mamma che aveva la mente lucida, parlava di continuo. Ringraziò il dottore che l'aveva operata, e gli disse che aveva fatto un capolavoro di operazione…ma poi aggiunse: "Ma io muoio lo stesso."

Mamma si spense quel giorno il 19 agosto 1959, aveva solo 48 anni.

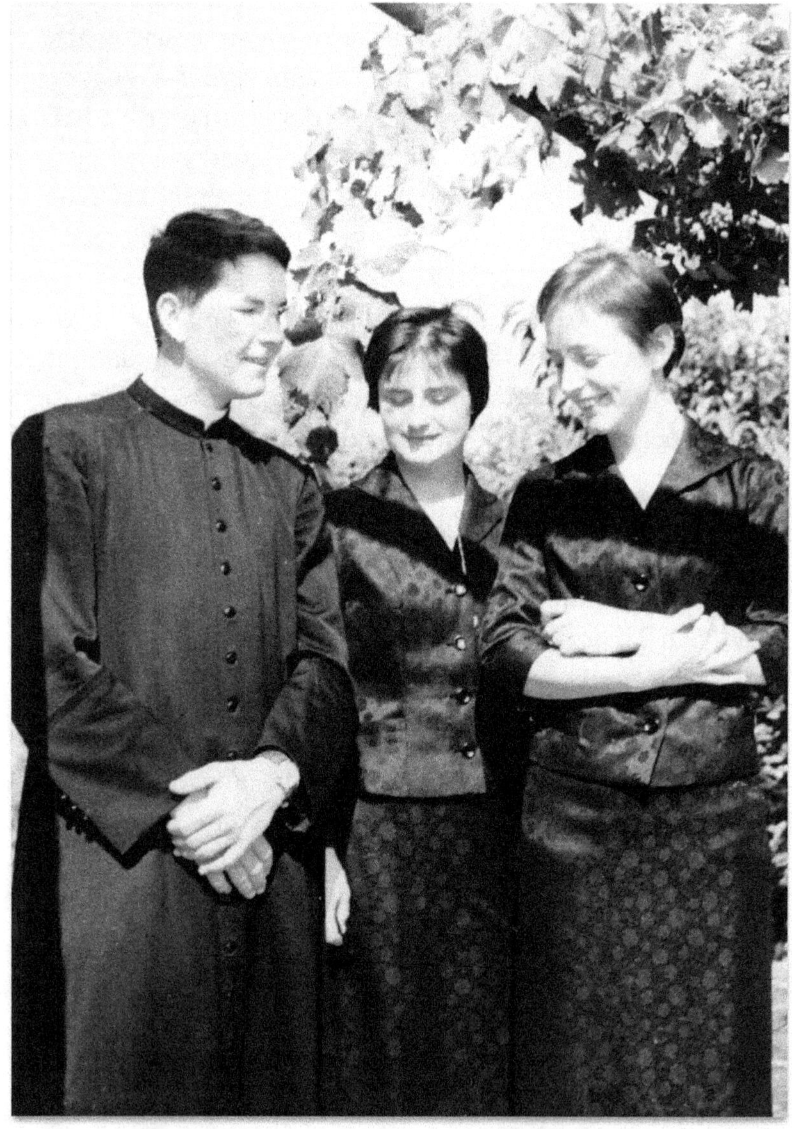

Bruno, Carla e Lidia (1959)

Molte parole di consolazione vennero dette a me e Lidia, e di come la morte fa parte della nostra esistenza umana…e parte della vita, ma io mi sentivo intorpidita e fredda dal dolore. Il pensare che la morte può dare significato alla nostra esistenza è troppo difficile da comprendere e accettare, ed ancor più difficile è credere che la sofferenza è una lezione che ci fa crescere—è tutto veramente ingenuo. Io rimasi in profondo lutto per un anno ed imparai ad accettare il dolore.

> *Perché t'abbatti anima mia?*
> *perché ti commuovi in me?*
> *Spera in Dio, perché Io celebrerò ancora;*
> *egli è la mia salvezza e il mio Dio.*

Salmo 42

CAPITOLO 8

GIUSEPPE

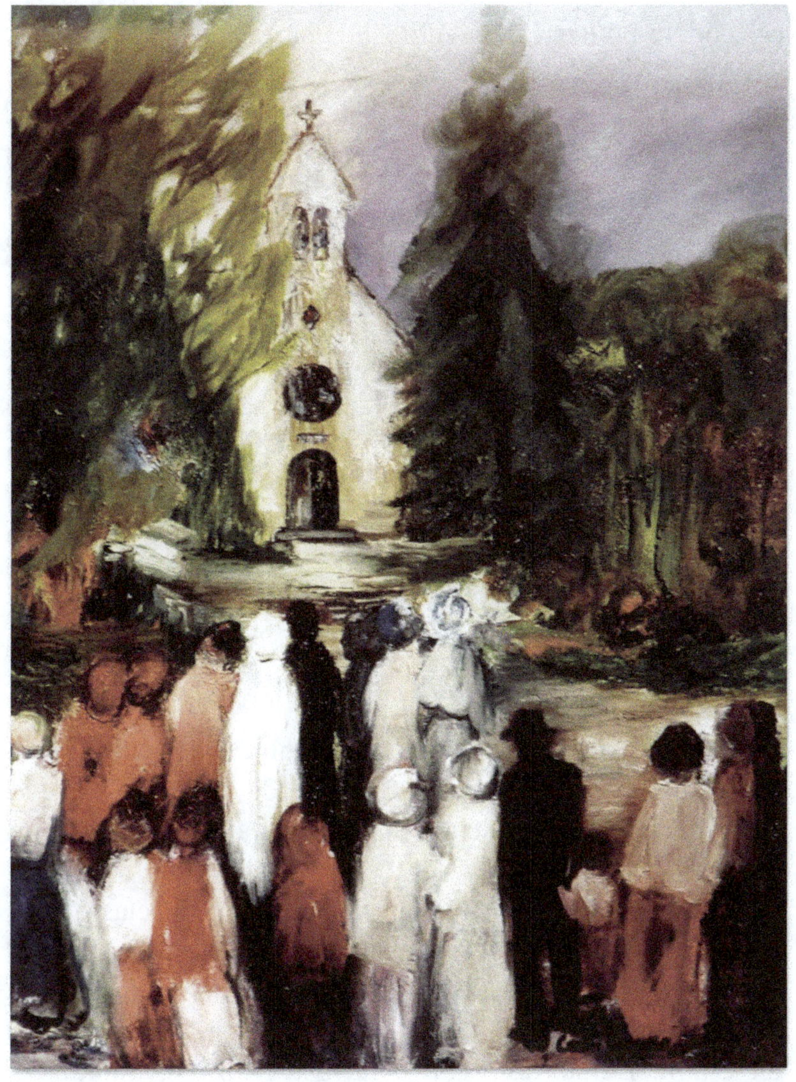

La Promessa

Col tempo si attenua il dolore, ed io incominciai ad essere me stessa: a sorridere quando mi sentivo triste, a ridere e piangere allo stesso tempo, a continuare il mio cammino ad ogni costo, e a riempirmi di speranza e di preziosa fede. Non la fede come un mezzo di salvezza, ma come una via per godere i misteri meravigliosi della vita.

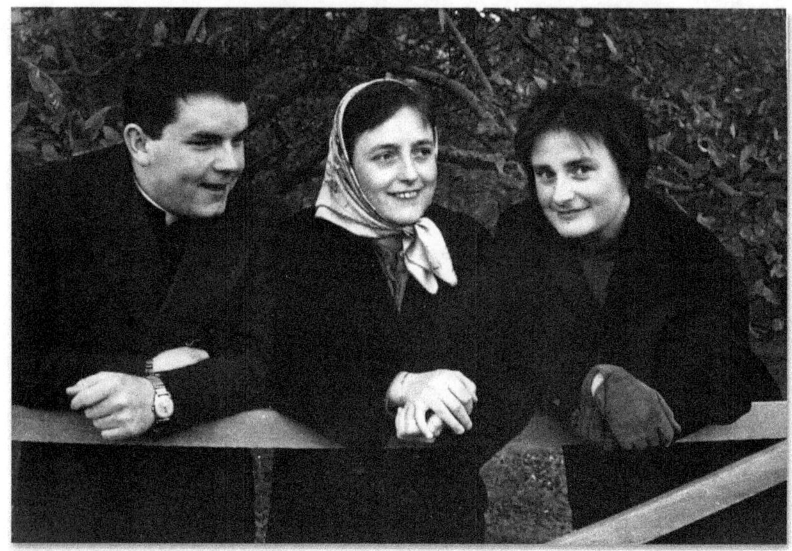

Bruno, Lidia e Carla (c.1960)

Dopo aver completato gli esami alla Ca' Foscari di Venezia, trasferii i miei studi all'Università Cattolica di Milano. Lavoravo ancora al Comune di Appiano, e avevo bisogno di trovare qualcuno disposto ad aiutarmi a studiare in privato.

Benito Mazzucato, un compagno di classe che studiava anche lui all'università, pensò di passarmi gli appunti che prendeva delle lezioni per i corsi che stavamo frequentando insieme, in modo ch'io potessi prepararmi per gli esami. La sua famiglia abitava a Bolzano, quindi era abbastanza vicino al paese di Appiano per venire a studiare con me.

Era una giornata invernale del dicembre 1960, e Benito ed io eravamo nel salotto a studiare quando mio fratello Bruno, a casa per le vacanze di Natale, ci informò che il fratello di Benito era arrivato con la sua macchina per dargli un passaggio e riportarlo a Bolzano.

Io rimasi sorpresa nel sentire che Benito aveva un fratello con un' automobile, e persino che questo fratello era venuto in Italia da Chicago...dagli Stati Uniti d'America.

Trovai Giuseppe Mazzucato che aspettava in cucina, seduto calmo e completamente a suo agio. Benito mi presentò brevemente, ma da come mi fu detto più tardi, feci una buona impressione a questo fratello.

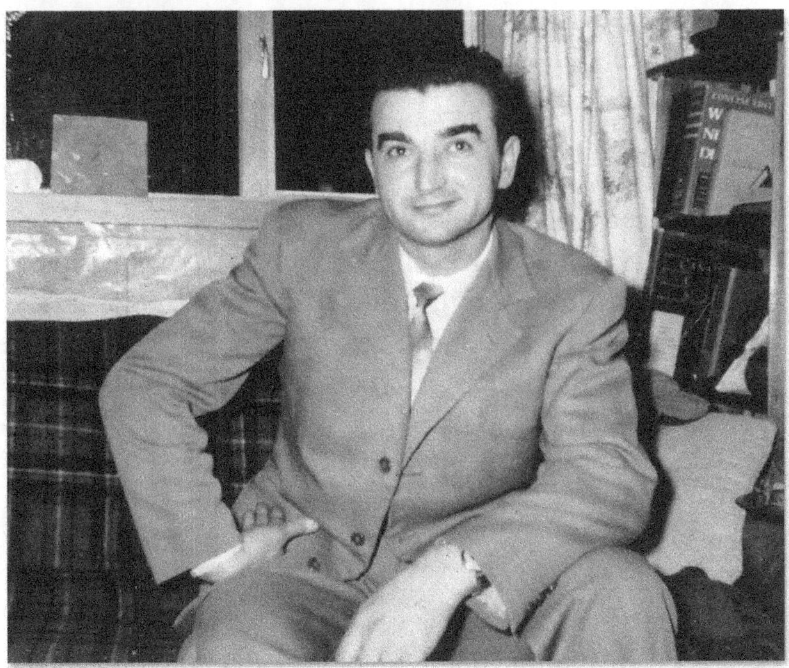

Giuseppe Mazzucato (c. 1960)

Ero ancora in lutto per la morte di mia madre e vestivo di nero come era consuetudine. I miei capelli erano corti, disordinati e certamente non acconciati, e avevo ancora i denti sporgenti. Dal momento che non avevo mai usato il trucco in vita mia, ero semplicemente…molto semplice e d'aspetto umile.

Alcuni giorni dopo la nostra "introduzione", ero in ufficio per il mio solito lavoro e mi fermai dai messi comunali per dare un'occhiata al giornale, e in prima pagina vidi la foto di una grande macchina Pontiac contro una piccola Fiat 600, e subito sotto lessi il nome di Giuseppe Mazzucato che era alla guida di quella grande auto americana.

Vedendo quel nome pensai di telefonare subito a Benito. Rispose la sorella Ottelma che mi disse che c'era stato un piccolo incidente, che tutti stavano bene, e che l'automobile di Giuseppe era già dal meccanico per la riparazione.

Il mattino dopo ero già in ufficio quando il signor Moscon, il nostro messo comunale, che sempre si faceva gioco di me per non avere ancora un moroso…e che temeva ch'io rimanessi zitella come le altre impiegate del Comune ancor tutte nubili, entrò d'improvviso nell'ufficio per dirmi che al telefono c'era una voce che sembrava proprio quella di un moroso, ed era la voce di Giuseppe che mi telefonava.

Giuseppe chiamò per ringraziarmi di aver telefonato e mi chiese molto educatamente, se poteva venire a trovarmi quando avrebbe avuto la sua macchina riparata. Naturalmente ero contenta di vederlo e gli dissi che poteva venire qualsiasi sera dopo le sei.

Pochi giorni dopo arrivò in paese con la sua macchina insieme alla sorella Ottelma, e abbiamo trascorso una serata in perfetta armonia con canti e musica. Lidia era al pianoforte mentre io cantavo; proprio come le serate che molti anni prima anche mamma e papà avevano avuto per accogliere amici e conoscenti. La fredda giornata invernale era diventata improvvisamente calda e tenera, e mi sono chiesta... è questo amore?

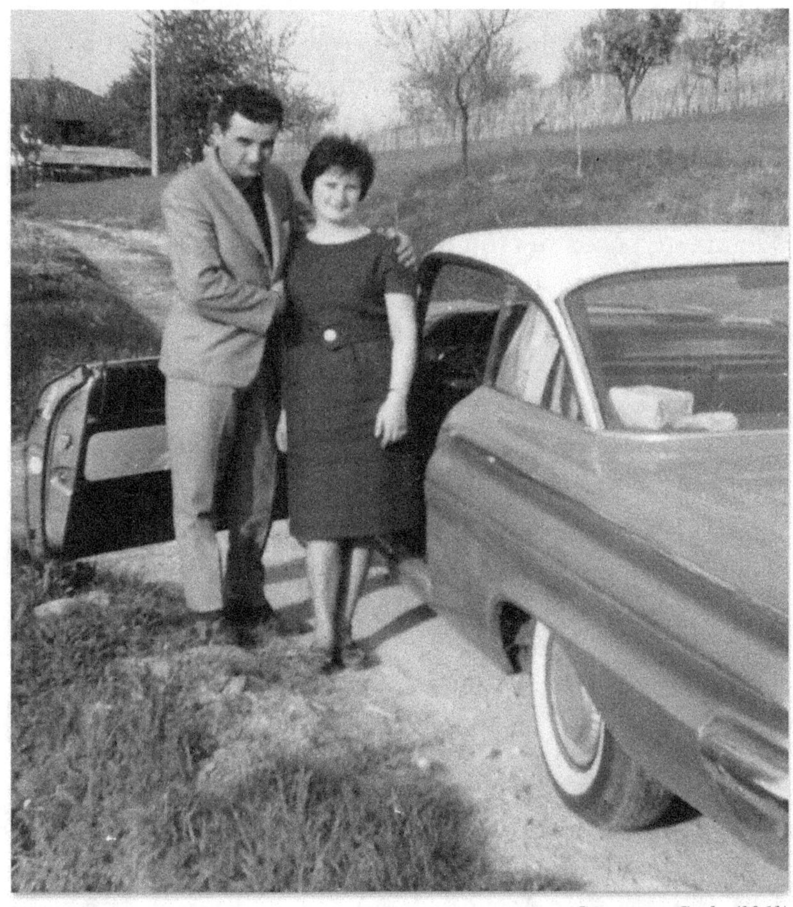

Giuseppe e Carla (1961)

E con l'inizio della primavera, Giuseppe mi portò con la sua macchina a fare molte gite in paesi e località vicine: Merano, Renon, Ortisei, Soprabolzano e le montagne del Passo Sella, arrivando fino a Trento per far visita a Bruno, che era ritornato in seminario.

Quella primavera abbiamo assistito alle nozze della sorella di Giuseppe, Ottelma con Remo Gaiba, un giovane di Bologna, ed io essendo stata invitata alla festa nuziale... quale fidanzata di Giuseppe, venni a conoscere la sua intera famiglia.

Su un bellissimo anello d'oro bianco che Giuseppe mi diede, aveva inciso il suo nome e la data, 28 gennaio 1961. Io gli avevo promesso che entro un anno avrei spiccato il mio primo volo per andarlo a trovare a Chicago, e che ero ormai certa che sarei rimasta con lui per adempiere la nostra promessa d'amore.

Nel mese di aprile, Giuseppe doveva partire per ritornare in America con la nave "Leonardo da Vinci" che partiva da Genova per New York. Non potrò mai dimenticare lo stato emotivo provato durante tutto il viaggio che feci assieme a Benito per accompagnare Giuseppe al porto di Genova.

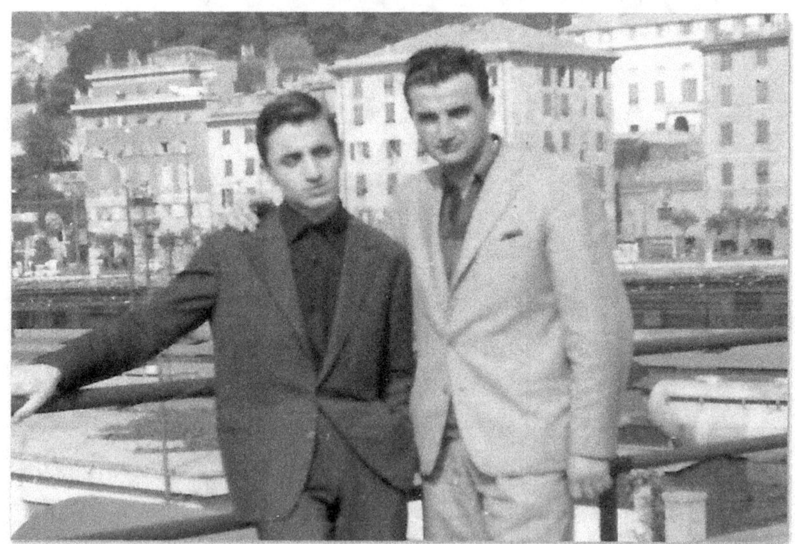

Benito e Giuseppe Mazzucato (1961)

Ero così innamorata di Giuseppe che la sua lontananza mi stringeva il cuore, e nel mio breve viaggio di ritorno a casa, seduta così sola sul treno diretto da Genova a Bolzano, non feci che piangere e asciugare lacrime amare.

Giuseppe ed io continuammo a scriverci per tutto l'anno successivo. Scriveva con sentimenti affettuosi e con la speranza ch'io non avessi cambiato idea di raggiungerlo in America dopo la nostra lunga separazione.

Ogni ansia che provavo si scioglieva in un sorriso la primavera successiva quando da Milano spiccai il volo per l'America. Dopo aver salutato la cara zia Idotta e zio Ugo, partita da casa, e accompagnata da Lidia, Bruno e Benito, arrivai all'aeroporto per il mio volo verso la terra lontana.

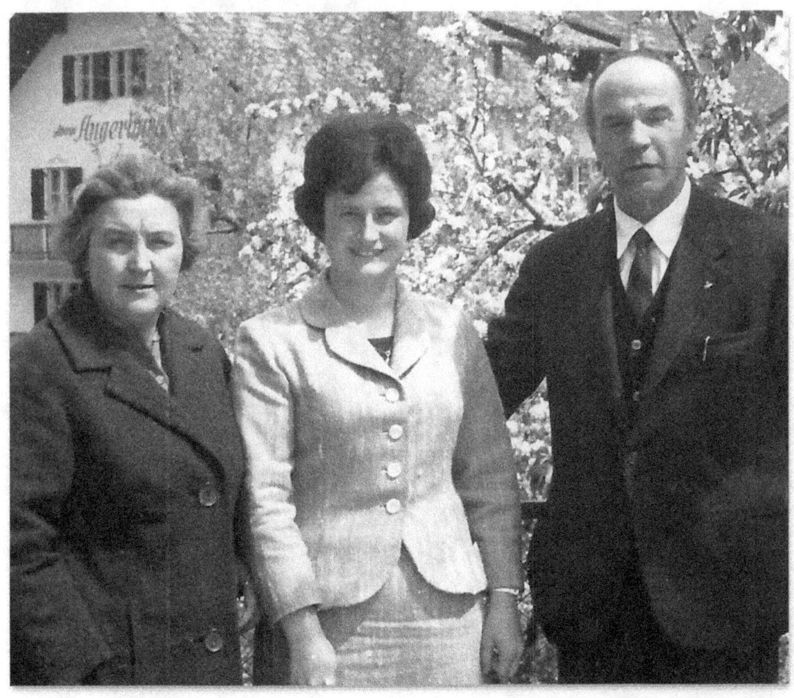

Zia Idotta, Carla, Zio Ugo Rizzi (1962)

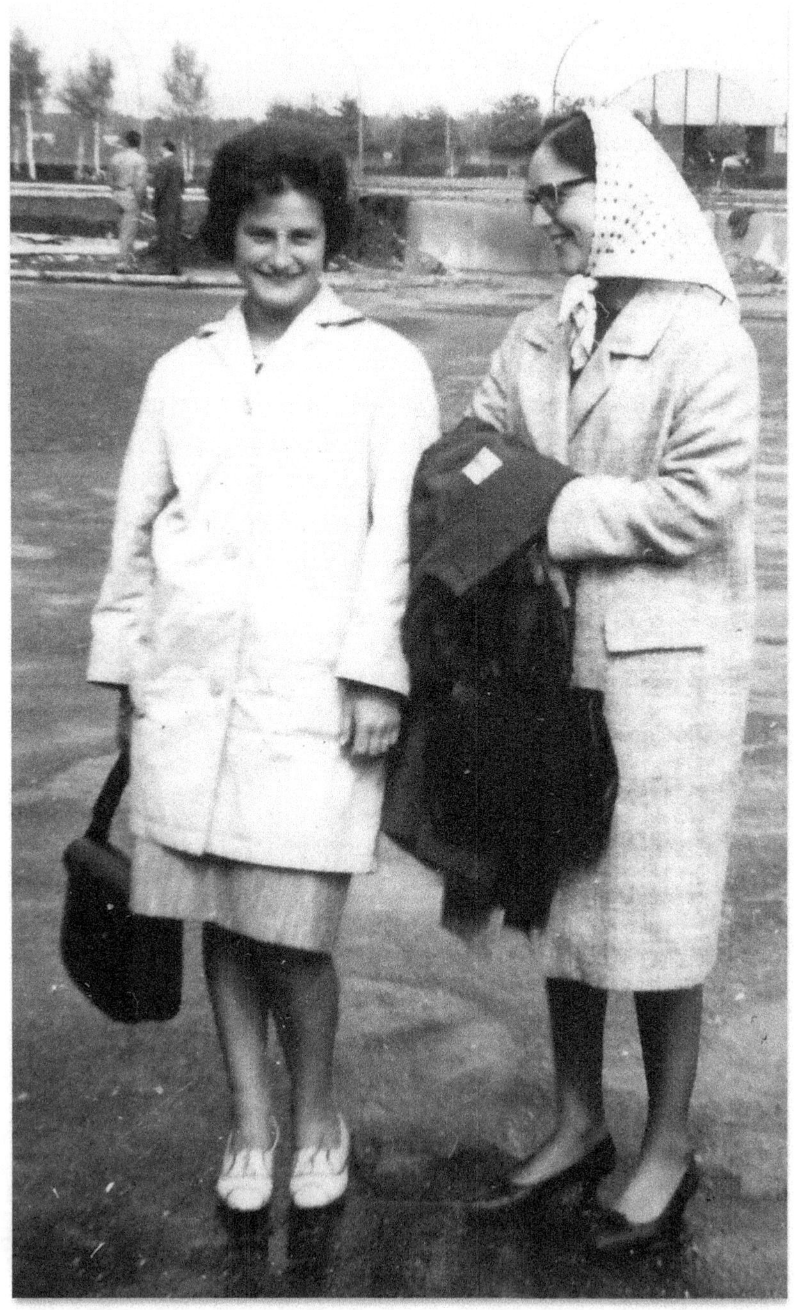

Carla e Lidia (1962)

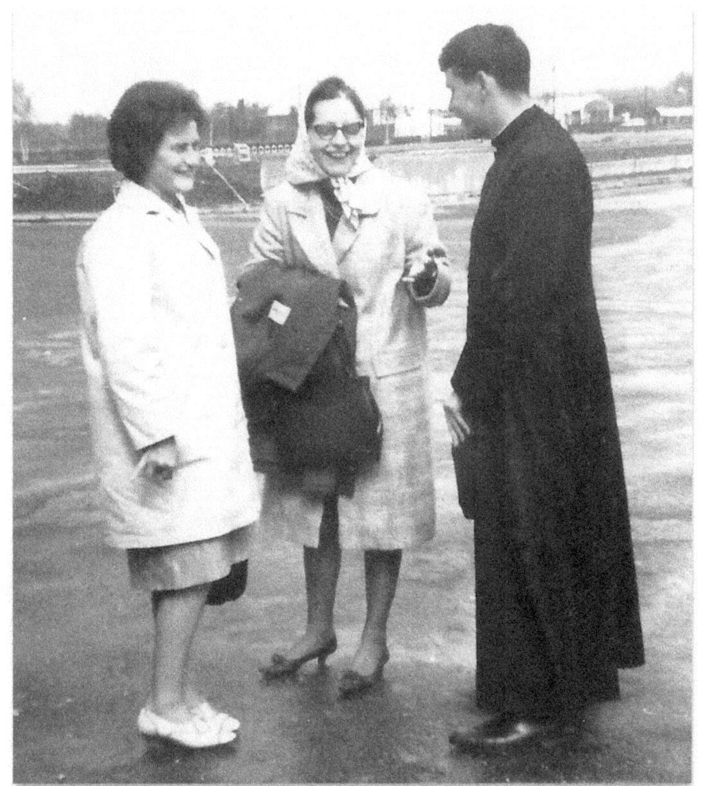

Carla, Lidia e Bruno Carli (1962)

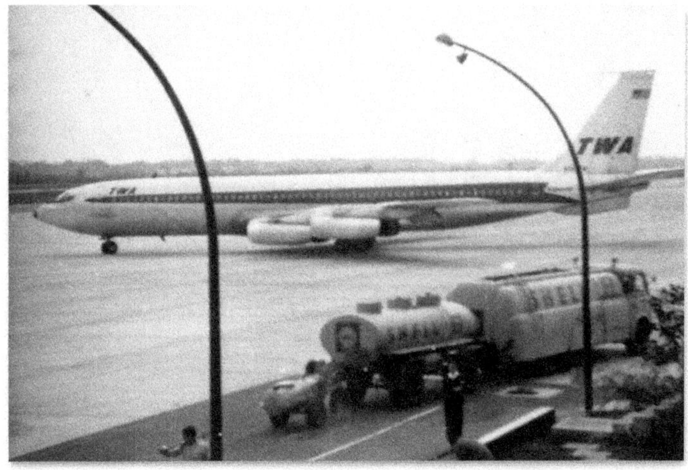

Volo per gli Stati Uniti (1962)

86

LA COSTA AMERICANA

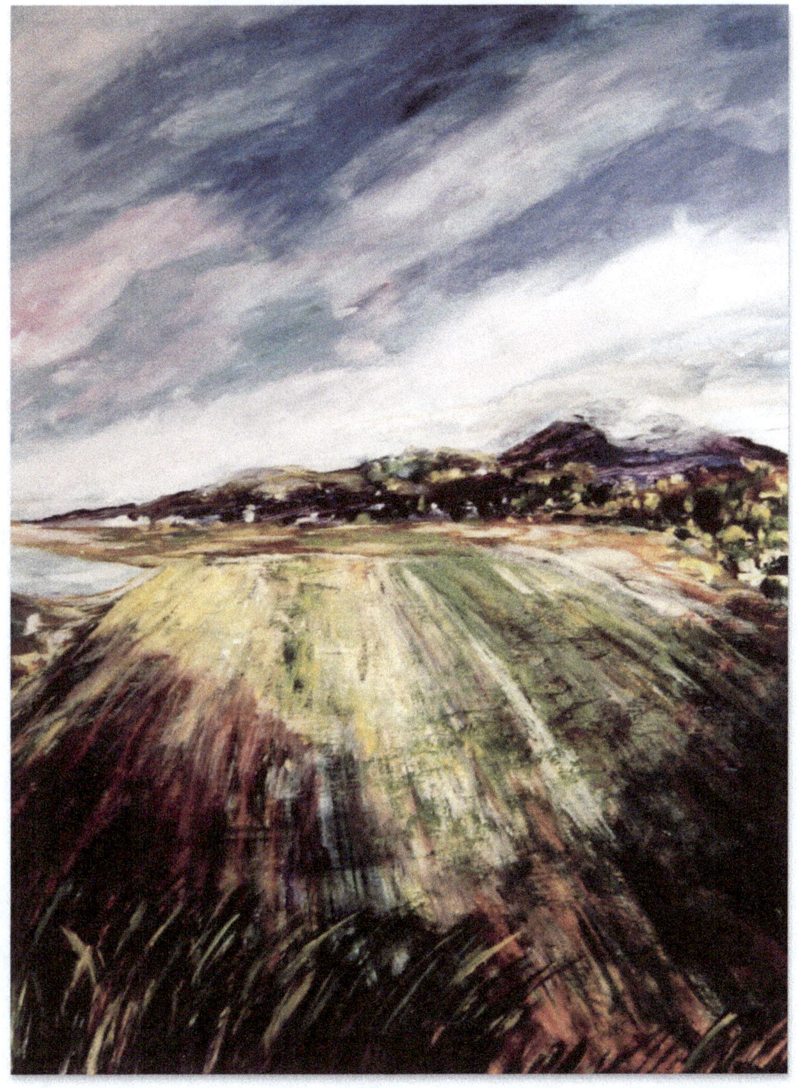

Cielo Azzurro

88

LA CITTÀ DI CHICAGO

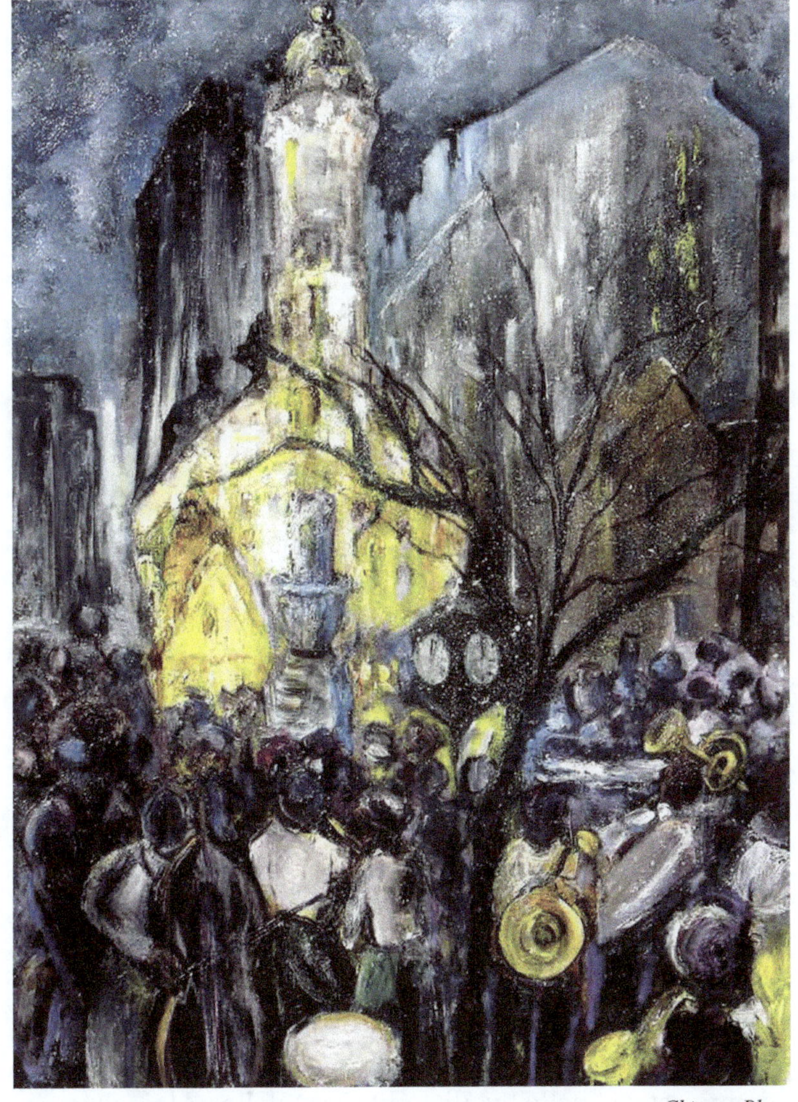

Chicago Blues

Sii forte, o mio Cuore!
Il giorno è luminoso,
E le stelle brillano nella notte.

Sii forte, o mio Cuore,
Guarda in alto, e vedrai
La luce delle stelle.

Adelaide Anne Proctor

Era il 4 maggio, 1962, quando in alto sulle ali di un aereo della TWA io lasciavo Milano e l'Italia per arrivare a Chicago negli Stati Uniti d'America. Guardavo in basso e vedevo la terra piana e spaziosa sotto di me. Sentivo un po' di inquietudine nel fare il primo volo, ma ero ansiosa di vedere Giuseppe. Stavo lasciando la mia famiglia e la mia patria per raggiungere l'uomo che amavo, a cui avevo promesso di ritrovarlo in quel nuovo paese e di iniziare con lui una vita nuova per me.

La lieve agitazione che provavo durante il viaggio mi fece avere una gran sete, e la hostess dell'aereo mi chiese quale bibita desideravo, elencandomi una lista di nomi a me sconosciuti; ma quando arrivò al nome coca-cola risposi subito che era la bibita che desideravo.

Il volo si fermò a New York dove si doveva cambiare aereo, e io volevo ritirare il mio bagaglio non sapendo che sarebbe arrivato direttamente a Chicago. Cercai di capire la situazione, ma non riuscivo a spiegarmi, e solo un giovane attendente, che capiva il tedesco, mi informò che tutto sarebbe arrivato alla sua destinazione. Mi calmai, e infine arrivai a Chicago assieme al mio bagaglio.

Mai avevo visto un sole ardente di fiamme e luce arancione come il sole che calava quella sera nel cielo dell'aeroporto O'Hare di Chicago. Fino allora io ero sempre stata nelle valli ombrose delle Alpi dove al tramonto il sole sembra quasi diminuire la sua forma calando dietro alle montagne.

Era una vista spettacolare che mi dava l'impressione che la terra si espandesse sotto i miei occhi, proprio come il mio cuore. Vedevo la terra, il cielo, l'aeroporto, le autostrade, espandersi e ingrandirsi come anche le case che erano sparse tra il verde degli alberi.

Giuseppe sembrava dimagrito dacché lo avevo visto un anno prima, ma per me aveva il sorriso più brillante e un ciuffo di capelli neri, che gli cadeva in fronte, rendendolo ancora più attraente.

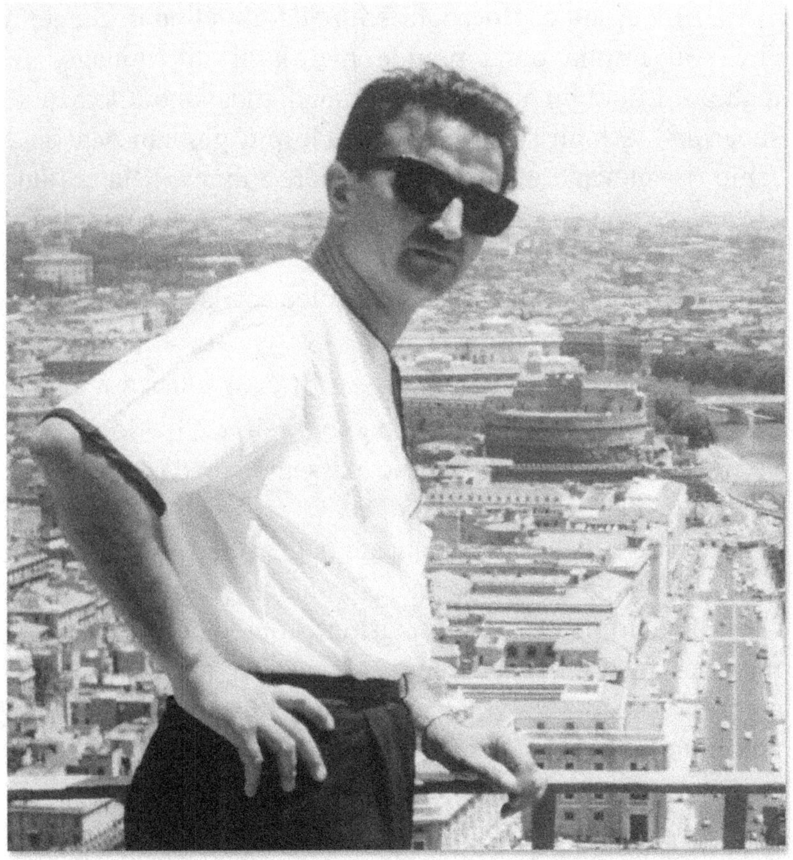

Giuseppe (c. 1962)

Egli si era accordato con la famiglia Boccagni di avermi ospite fino alla festa nuziale, per cui rimasi nella loro famiglia, la più cara e affezionata ch'io avessi mai conosciuta e con la quale strinsi una profonda amicizia.

Il giorno del mio arrivo venni accolta con un buon pranzo e un buon vino italiano, e Osvaldo, il capo famiglia, continuava a riempirmi il bicchiere che io bevevo per spegnere la sete che ancora mi era rimasta dal lungo viaggio. E così dopo un evviva dopo l'altro celebrai il mio arrivo in America con sempre più gioia, e ancor gioia... forse troppa gioia.

La casa dei Boccagni era nella cittadina di Steger a circa 30 miglia dalla grande metropoli di Chicago. Al mattino, i due giovani Enzo e Oriana andavano alle scuole superiori, le high schools, mentre le più giovani Marisa e Janie rimanevano a casa con la madre Franca. Ella era una sarta eccezionale, e durante l'intera giornata ritagliava e cuciva vestiti. Usavo dirle che aveva le mani di fata, ed ella accettava il complimento con un dolce sorriso.

Giuseppe aveva una stanza in affitto in una casa in via Phillips Road, e con lui potevo visitare il rione ogni pomeriggio, mentre il mattino passeggiavo da sola per le vie di Steger.

Le strade erano affiancate dagli alberi alti dell'elmo e dell'acero, e le case erano circondate da giardini senza siepi di confine. Mi sembrava tutto quieto e ordinato. Al mattino quelle strade erano calme, con poca gente che andava a piedi. Mi sembrava che tutti andassero in giro con automobili, e che i pochi pedoni che incontravo e che nemmeno conoscevo, mi salutassero ridenti... Hi!

Una cosa nuova per me era l'uso del "you", che veniva dato sia alla persona piccola, sia a quella grande, non c'era nessuna differenza; per cui tutto l'ambiente diventava amichevole, e mi sembrava di poter facilmente assimilare la nuova cultura.

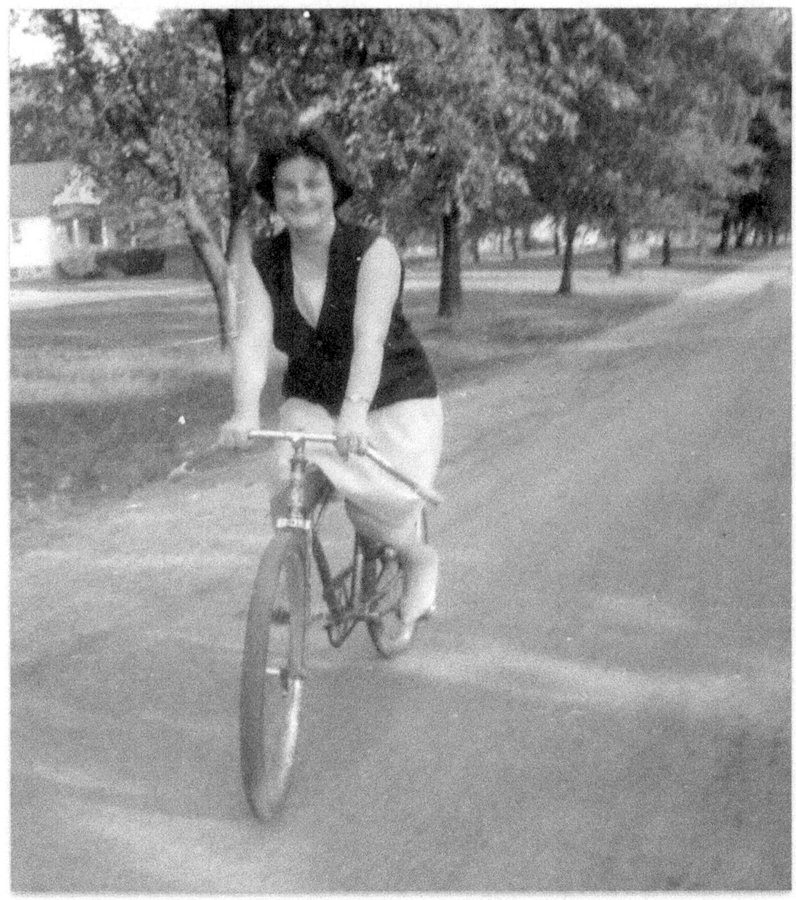

Carla, in bicicletta a Steger (1962)

Giuseppe sapeva ch'io scrivevo tutti i giorni ai miei cari in Italia, e per sollevarmi dalla nostalgia che ancora avevo, ogni fine settimana mi invitava a fare un giretto in macchina per andare e introdurmi ai suoi amici che erano quasi tutti immigranti italiani.

Venni a conoscere Gino e Maria Luisa Beatrici, Silvio e Carmela Ciscato, Mario e Anna Sauro, Luigi e Jeanine Fiorelli, Cesare e Hermine Salvatori, Al e Julia Lobbia, Berni e Maria Dalle Molle e un'altra ventina di coppie che Giuseppe aveva invitato alle nozze.

Conoscendo questi amici, compresi quanto rispetto tutti avevano per Giuseppe. Il suo nome in Italia tra parenti ed amici era Bepi, ma qui a Chicago lo chiavano tutti Joe. Mi piaceva quel soprannome breve e carino, e iniziai a usarlo anch'io, ciò che a Giuseppe non dispiaceva.

CAPITOLO 10
LE MIE NOZZE

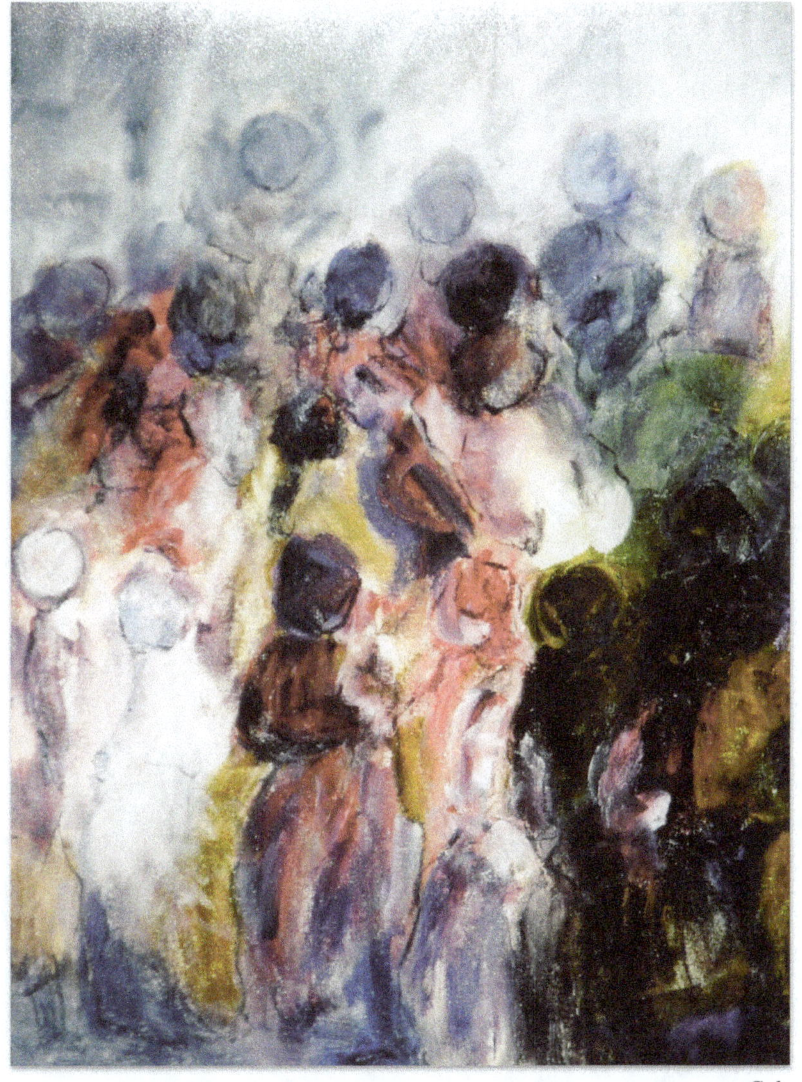

Gala

Prima del nostro matrimonio, c'erano alcuni appuntamenti che dovevamo fare. Più importante fu quella di andare all'ufficio dello stato civile di Chicago nella contea chiamata "Cook" per ottenere la nostra licenza matrimoniale, e la visita all'ufficio immigrazione per annunciare il mio arrivo.

Era pure richiesta una visita medica per assicurarsi ch'io non portavo delle malattie infettive entro lo stato dell'Illinois.

Per rimanere indefinitamente in America occorrevano i documenti d'immigrazione che un avvocato italiano, il signor Ciambrone, era incaricato di procurarmi, e che Joe veniva a pagare a caro prezzo.

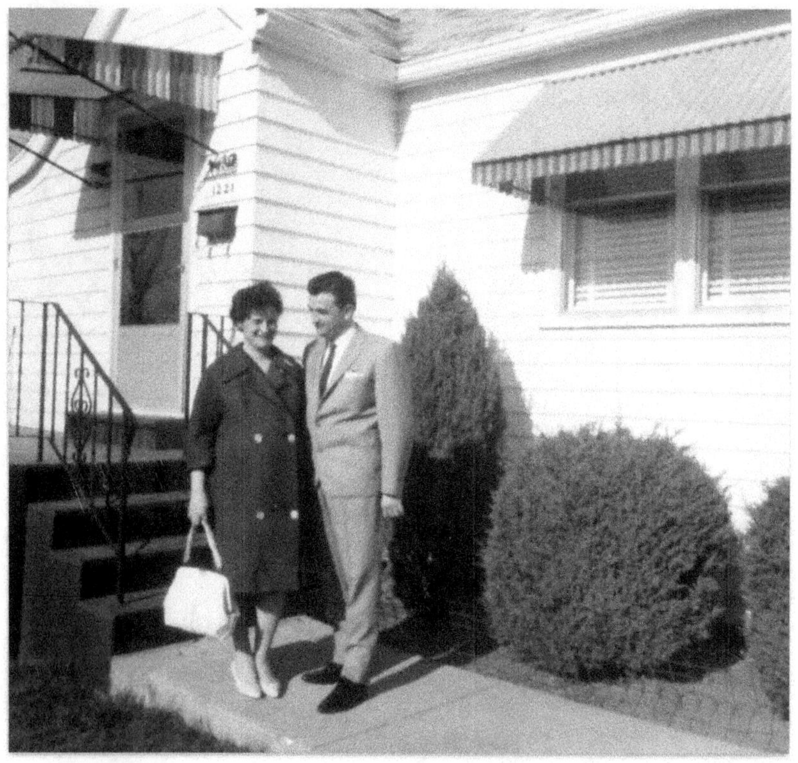

Primo Appartamento a Chicago Heights (1962)

Tutti gli uffici erano nel centro di Chicago, per cui vidi i grattacieli che finora avevo visto solo in cartolina.

Finalmente trovammo un appartamento nel sobborgo di Chicago Heights nella casa di Ennio e Olga Mazzocco in via Wilson Avenue numero 1221. Era piccolo, ma dopo il matrimonio sarebbe diventato la mia prima dimora con Giuseppe, quindi per me era un palazzo vicino alle stelle.

Le nostre nozze vennero preparate da Joe con l'aiuto dei Beatrici e dei Lobbia. Giulia Lobbia aveva un negozio con tutti gli oggetti da sposa, e fu il primo posto dove andai a comperare il mio bellissimo vestito di raso bianco. Franca fu la mia comare, e Osvaldo, nelle veci di padre, mi accompagnò all'altare. Gino Beatrici fu il compare di Giuseppe, e don Pierazzo il prete celebrante.

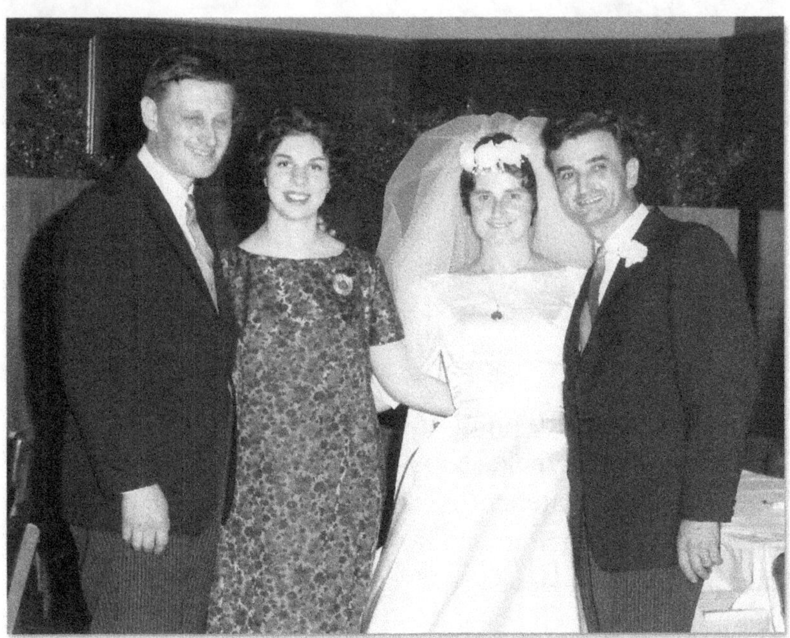

Gino e Maria Luisa Beatrici, Carla e Giuseppe Mazzucato (1962)

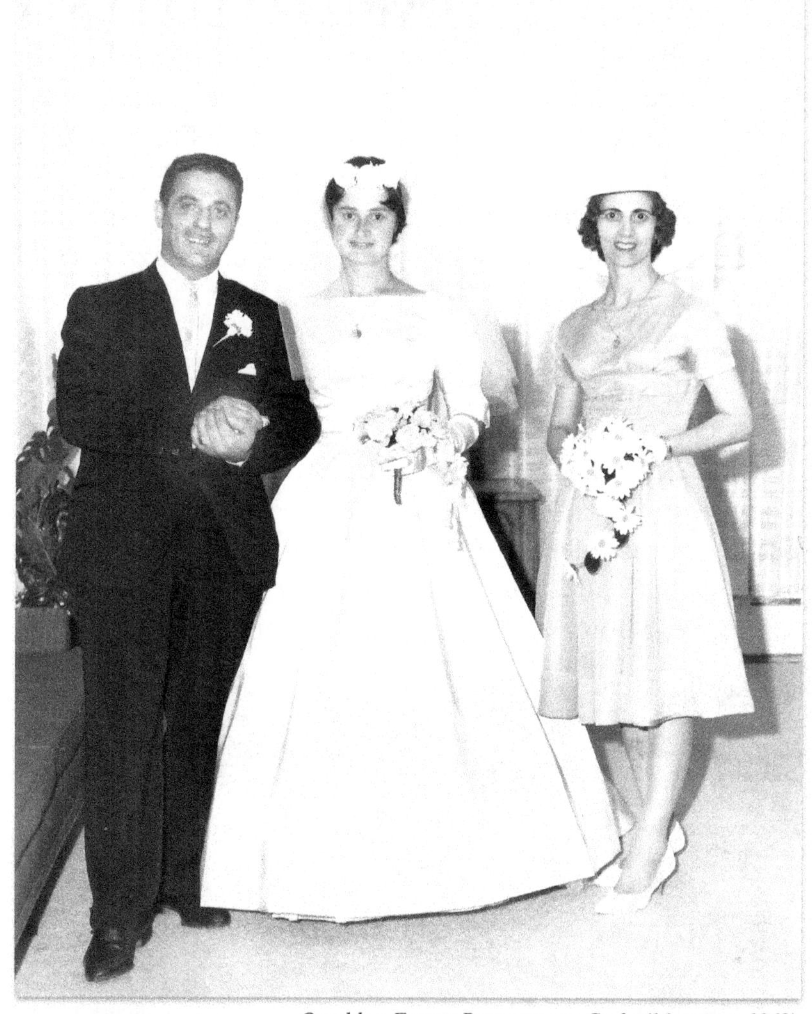

Osvaldo e Franca Boccagni con Carla (16 giugno, 1962)

Il giorno 16 giugno, 1962, nella chiesa di S.Antonio di Padova a Roseland, sobborgo di Chicago, lontana dalla mia patria e sentendomi sola tra tutta quella gente che avevo appena incontrato, ho fissato i miei occhi in quelli raggianti di Giuseppe e feci la mia solenne promessa d'amore.

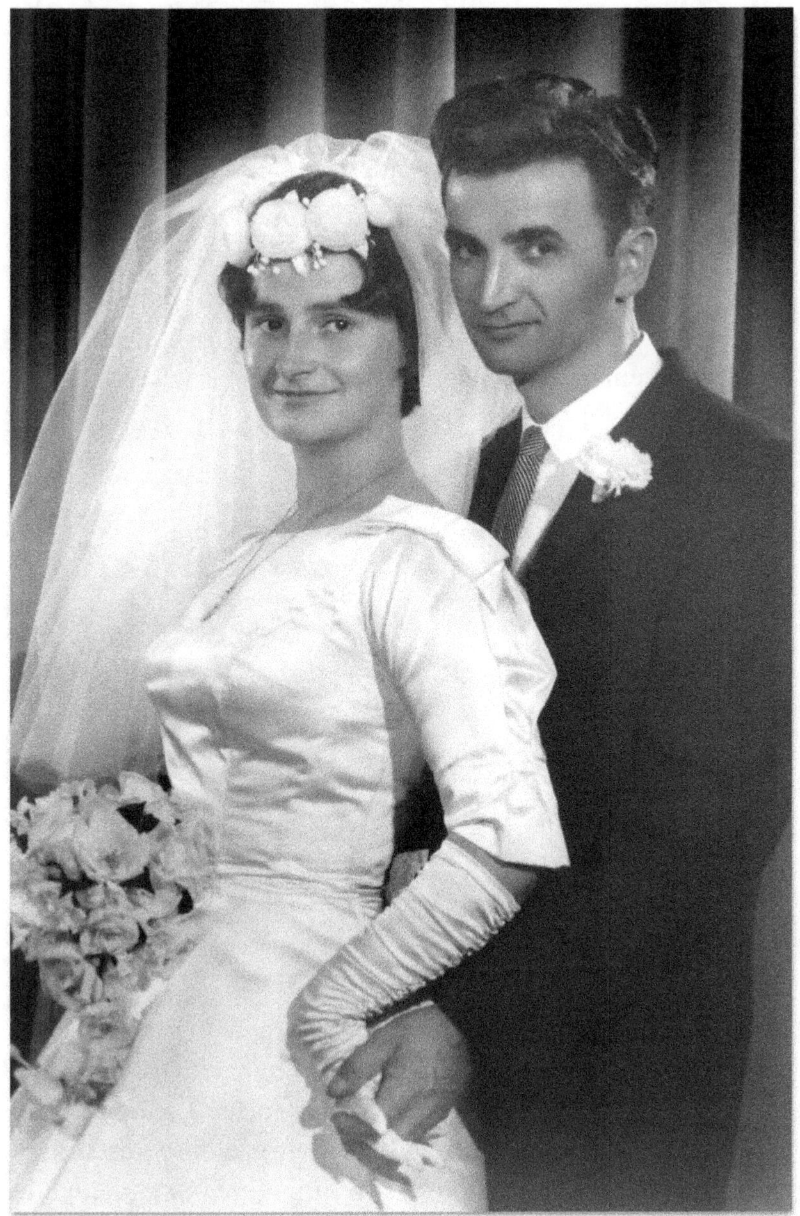

Carla e Giuseppe Mazzucato (16 giugno, 1962)

Dopo il nostro viaggio di nozze, una settimana alle Cascate del Niagara, incominciai la mia vita di giovane sposa piena di aspettative e promesse. Mentre Joe andava al lavoro io passeggiavo ogni mattina e andavo al parco vicino, e all'ombra di un albero leggevo e studiavo le lezioni d'inglese che la suora domenicana Janet, mi impartiva ogni settimana.

A poca distanza dal parco, c'erano pure Jeanine Fiorelli ed Anna Sauro, con le quali mi trovavo spesso e che poi divennero le mie preziose amiche.

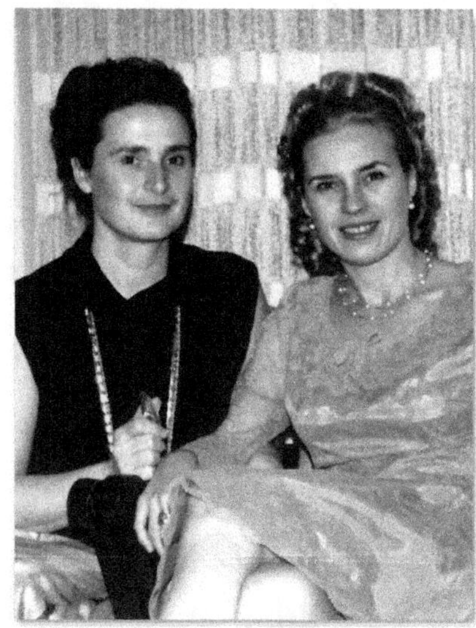 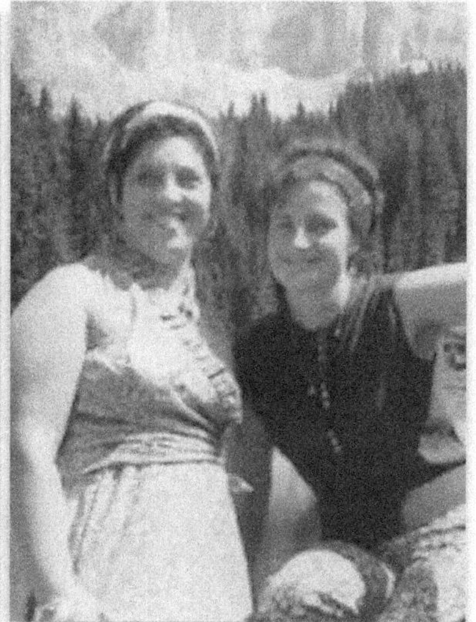

Carla e Anna Sauro   *Jeanine Fiorelli e Carla*

Anna era venuta in America durante la guerra. I suoi genitori erano dalla Germania e la Polonia, e avevano molte tradizioni simili alle mie. Con Anna parlavo tedesco, e ci trovavamo a lavorare a maglia, cucire, e fare biscotti di tutte le varietà. Era molto brava a dipingere le statuette allo stile Hummel, e assieme cantavamo le canzoni germaniche di quei tempi.

Durante la settimana, Joe ed io andavamo sempre a visitare i Boccagni, e le domeniche andavamo fino a Roseland per la Messa e poi a trascorrere l'intera giornata con Gino e Maria Luisa Beatrici.

Maria Luisa era una donna di grande educazione, e soprattutto conosceva e amava la sua città di Chicago. Le piaceva fare i programmi per visitare la città tutte le domeniche, e assieme si andava ai concerti al Grant Park, ai balletti, al cinema, ai musei e persino a High Park per sentire il concerto e la splendida voce di Luciano Pavarotti.

Era una donna di mente brillante, di viva personalità, di grande curiosità e amava tante persone. Divenne la mia più cara amica con la quale mi trovai spesso a scambiare idee e a filosofare. Era nata il 29 maggio lo stesso giorno di nascita del Presidente John F. Kennedy, una nozione che le piaceva menzionare poiché era orgogliosa di avere a Washington un presidente amato e rispettato. Che bel tempo era questo di vivere in America!

A luglio eravamo già sistemati a Chicago Heights nel nostro piccolo appartamento, ci mancavano solo i tocchi personali per trasformarlo completamente nella nostra casa nuova. Avevo lasciato l'Italia con pochissime cose personali, solo quelle che potevo mettere nella mia unica valigia.

Mia sorella Lidia aveva spedito un grande baule sulla nave Montrose con tutta la mia dote, i regali di nozze, i ricordi e le fotografie della famiglia e delle mie amicizie, i libri dei miei studi, e la mia dote di lenzuola e biancheria che mia madre aveva ricamato, e tutti gli altri vestiti. Ero molto felice quando abbiamo ricevuto la notizia che la nave Montrose sarebbe presto arrivata a Detroit.

All'alba del giorno dopo, Joe partì per Detroit, che era a cinque ore di macchina da Chicago, e quando ritornò la sera, ero ansiosa di vedere il baule con quanto di caro conteneva per me. Ma ebbi la terribile sorpresa di non poter vedere nulla... assolutamente nulla! Tutto il carico della nave Montrose, compreso il mio baule, era affondato nel fondo del fiume di Detroit.

Io non lo volevo credere! E insistevo col dire a Joe di non scherzare. "Io non ci credo" dicevo, ma invece era vero!

Era come se tutto il mio passato si fosse oscurato con quel colpo di sventura. Era questa una lezione da imparare? Di non attaccarsi a cose materiali e nemmeno rivangare il passato con dei ricordi tristi? E sempre guardare in avanti nel futuro? Ma come potevo?

CAPITOLO 11
MATERNITÀ

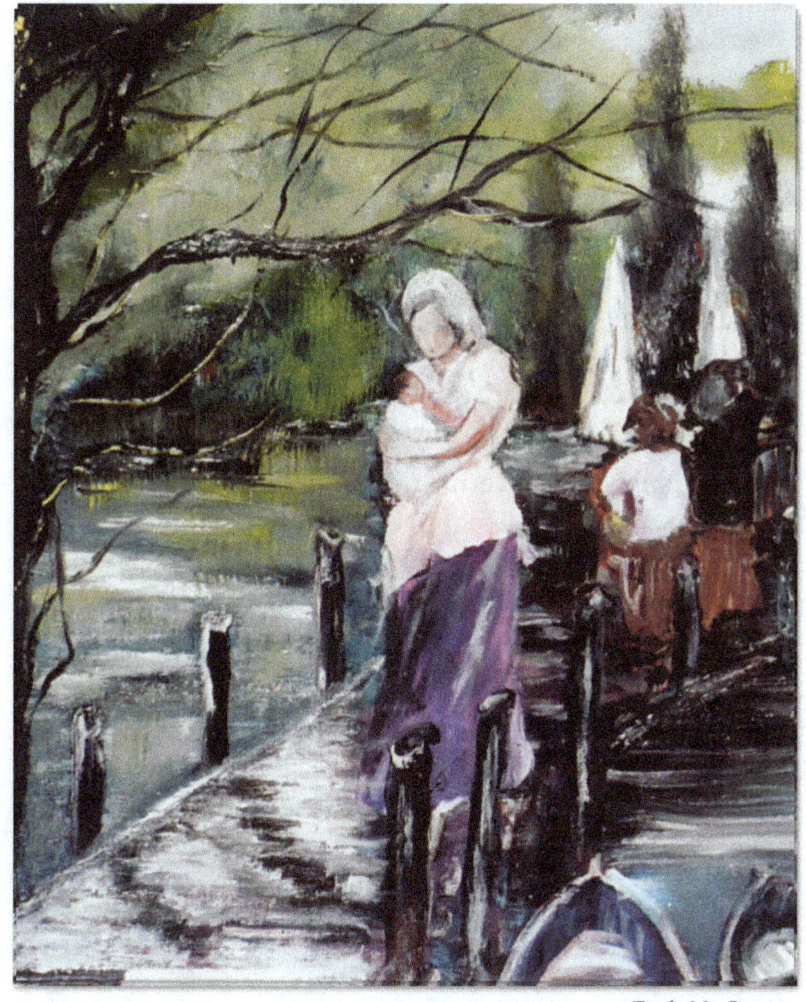

Tra le Mie Braccia

Cosa potevo pensare che già era passata una primavera e vedevo le stagioni e il passare del tempo—dall'estate all'autunno, poi dall'inverno alla primavera—e ancora ero in attesa? Ebbene ebbi la grande gioia quando appresi la meravigliosa notizia che in seno portavo il mio primo bambino.

La tristezza che avevo provato per le cose perdute in passato cedeva alla immensa felicità di sentire una vita nuova. Ora potevo passare il mio tempo nei preparativi per la nascita del bimbo o bimba, ed era un piacere il poter fantasticare e tenermi occupata a fare soffici magliette e camicette in colori delicati.

Giuseppe si rallegrava della notizia, ma in modo riservato, ed esprimeva la sua gioia rendendosi ancor più tenero e caro verso di me.

Comunque non tutto era facile durante la gravidanza, perché verso il settimo mese incominciai a perdere sangue da dovermi ricoverare all'ospedale per una settimana. Ero piena di paura di perdere il bambino e avevo tristi ricordi di come tutti e due i miei genitori non erano più ritornati dall'ospedale.

Ma devo dire che all'ospedale S.Francis di Blue Island, dov'ero ricoverata, mi diedero ogni cura possibile, e venivo continuamente incoraggiata dalla signora che aveva il letto vicino al mio, la quale aveva già avuto cinque figli maschi, e che sperava di avere una bambina. Ella aveva tanta confidenza nella capacità delle suore infermiere che l'avevano assistita molte altre volte.

Purtroppo, anche col sesto parto ella ebbe un altro maschietto. Mi confessò che era invidiosa di me quando io diedi alla luce una dolce e tenera bambina di sette punti di peso, che aveva una testina piena di capelli neri e due grandi occhioni, e…non c'era dubbio…assomigliava al suo papà.

Olga, la mia padrona di casa, quando la vide pensò di darle subito il nome di "Piccolo Joe". Ma il nome datole era Anna per ricordare mia madre, e Virginia per ricordare la nonna paterna.

Il giorno 27 aprile del 1963 alle ore 18 era nata Anna Virginia.

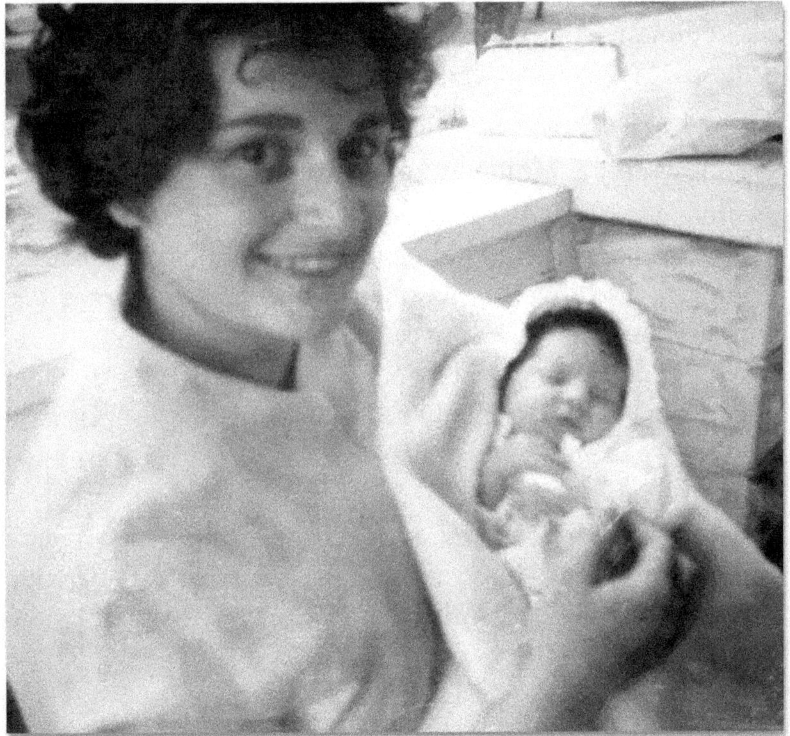

Carla e Anna Virginia Mazzucato (aprile 1963)

Una nuova bimba in famiglia cambia la tua vita. Ora il tempo per leggere libri era limitato per me, dovevo invece scattare fotografie di continuo perché Anna Virginia voleva farsi fotografare ad ogni smorfia che faceva.

In quei primi giorni avevo molta nostalgia di mia mamma e di Lidia; sentivo la loro assenza per non poter mostrare loro quel tesoro di bambina. Comunque alla prima visita dal pediatra, dottor Sesking, ebbi il più gran complimento quando mi disse che la mia bambina era perfetta, sana e vivace. Con quei detti non mi sentivo sola e lontana dai miei cari, io avevo con me un nuovo mondo.

Un'altra espressione inglese che era nuova per me, una che avrei sentito spesso quando Joe ed io uscivamo di casa con la nostra piccina, era che la nostra bambina era un "cute-pie" (più dolce del dolce).

Mentre ero chiusa in casa piena di gioia nel curarmi della piccina, e nello studiare la nuova lingua inglese, fuori casa i giornali riportavano quotidianamente i disordini politici. La maggior parte di ciò che stava accadendo passò per me inosservato... fino al 22 novembre 1963.

Quel giorno, la terribile notizia dell'assassinio del presidente John F. Kennedy scosse il mondo intero. In tutto il paese il tempo sembrava essersi fermato, e in quel momento tutto si cambiò.

Il signor e la signora Mazzocco e tutti i nostri vicini erano rannicchiati in strada, la maggior parte piangendo increduli. Maria Louisa, così orgogliosa del suo compleanno condiviso con il presidente Kennedy, rimase sbalordita in silenzio. Joe era al lavoro quando la tragedia venne trasmessa dal telegiornale, ed io non facevo altro che abbracciare la mia piccina per provare una certa misura di conforto.

L'incredibile era accaduto. Sembrava che un membro della famiglia fosse stato ucciso e una nuvola oscura si fosse posata sull'intero continente.

La nota centrale della breve presidenza di Kennedy era la sua intelligenza, e con essa, stile e grazia in azione. Edward Kennedy ricordando il fratello scrisse:

"Egli era un erede di ricchezze che aiutava i poveri. Egli era un grande oratore che parlava per chi non aveva voce. ...Egli era un uomo con una grazia speciale che voleva aver cura di chi era ritardato o handicappato. Egli era un eroe di guerra che combatté per la pace. Egli era un uomo di parola e di azione."

Il presidente amava la poesia e la usava spesso nei suoi discorsi. Scriveva:

"Quando il potere conduce l'uomo verso l'arroganza, la poesia gli ricorda i suoi limiti. È nella poesia che si trova la ricchezza e la diversità della nostra esistenza. Quando il potere corrompe, la poesia purifica".

Un mese prima del suo assassinio, l'Amherst College osservava come il presidente Kennedy aveva citato il grande poeta Robert Frost: *"La nostra forza nazionale è importante, ma lo spirito che informa e controlla la nostra forza altrettanto importante."* Credeva che *un "grande artista è...una figura solitaria"* e l'arte è *"una forma di verità"* che doveva *"nutrire le radici della nostra cultura"*, perché nel servire quella *"visione della verità, l'artista serve al meglio la sua nazione."*

Non avrei potuto sapere allora come queste parole avrebbero influenzato la mia vita, ma alla morte del presidente Kennedy, ho sentito che una grande forza per il bene in America si era estinta, e che potevo rivolgermi solo alla mia piccola famiglia per avere conforto.

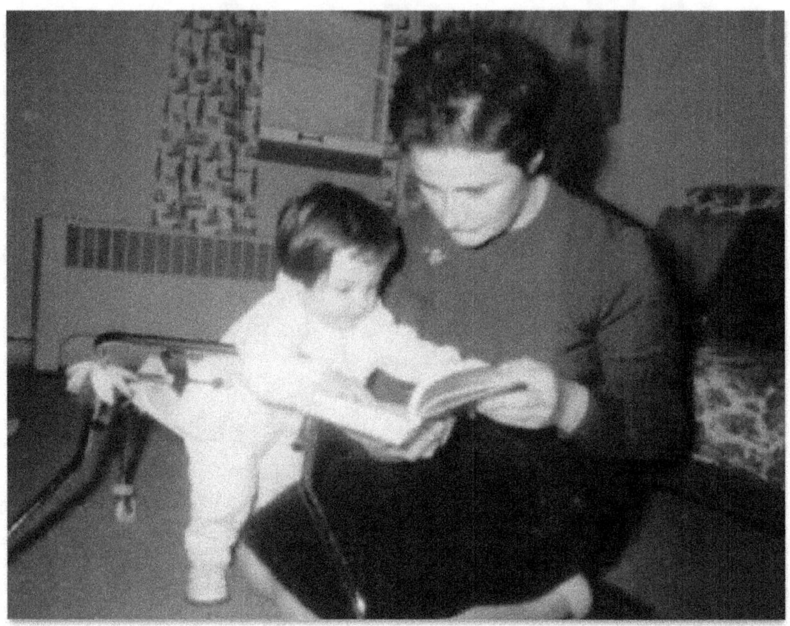

Anna e Carla (1964)

Anna ha fatto i suoi primi passi a undici mesi, e d'allora in poi non è mai stata ferma; andava dappertutto. Aspettava che suo padre si inginocchiasse per potersi arrampicare sulla sua schiena, e lui faceva da cavallino per portarla in giro per il soggiorno. Joe era devoto alla sua bambina anche se doveva strisciare per terra dopo una lunga giornata di lavoro.

E quando Joe arrivò a casa con un nuovo giradischi e l'album con la musica del film "The Sound of Music" e quello di Mozart "Eine kleine Nachtmusik", Anna voleva ballare e far finta di essere una cantante-ballerina girando attorno a noi come una trottola.

Per quanto espressiva fosse con me e suo padre, era piuttosto timida con le altre persone. Ad una festa a casa della famiglia Dalle Molle, Anna si era spaventata vedendo tutta quella gente rinchiusa in casa a fare rumore con mille voci e cantate chiassose, e Joe aveva dovuto portarla all'aperto, e rimanere con lei nel giardino per tutta la serata.

Negli anni seguenti, ho dovuto lasciare Anna due volte da Franca Boccagni e andare d'urgenza all'ospedale per avere avuto due nascite immature. Anna era ancora piccola per capire cosa era successo, per cui si sentì abbandonata e offesa, tanto da rifiutare il mio abbraccio quando tornai a casa.

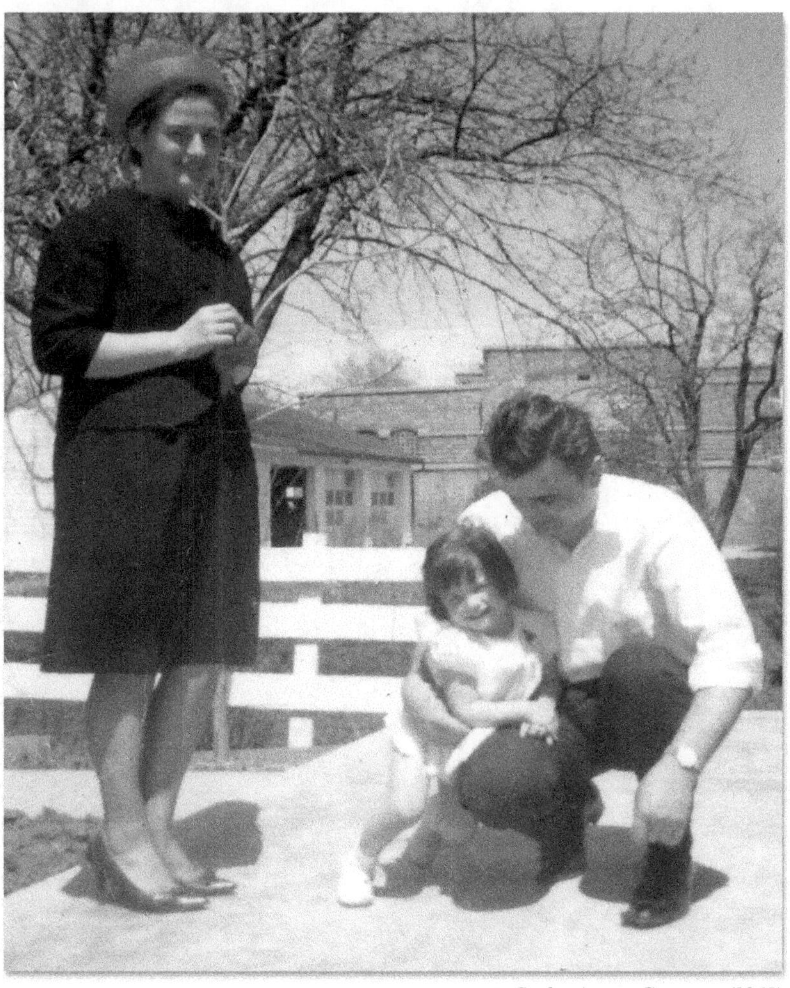

Carla, Anna e Giuseppe (1965)

Joe invece cercò di assicurarmi che mi amava ed era molto felice anche con la nostra piccola famiglia; ma senza mia madre che mi aiutasse a superare le mie paure e i miei sensi di colpa, io soffrivo in silenzio.

CAPITOLO 12
IL WEST

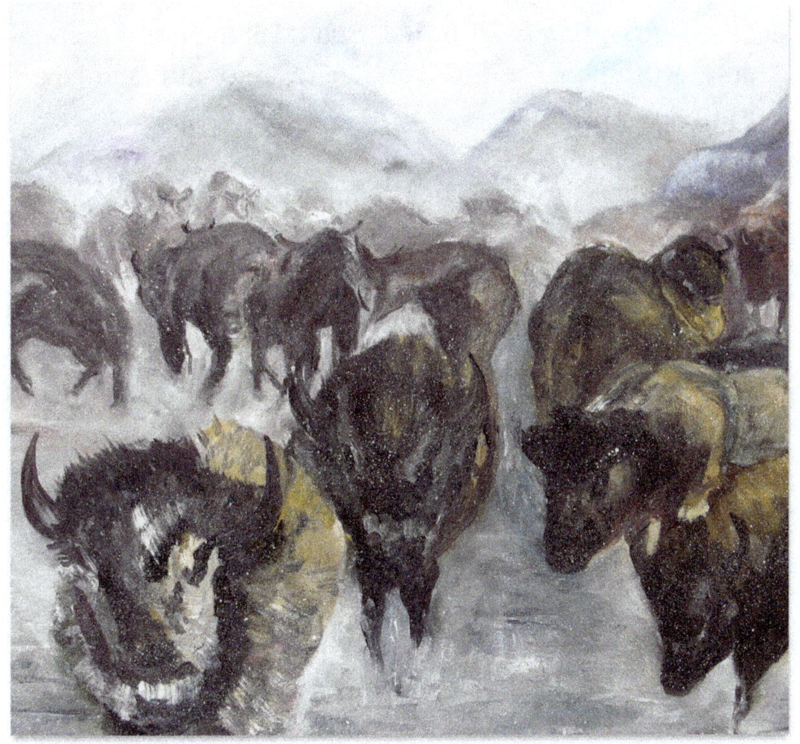

Dove Vagano i Bisonti

Sto sulla riva di un mondo che cambia,
dove ogni pietra girata può rivelare una nuova vita.
E io tocco la terra
ogni momento di ogni giorno.

dalla poesia "Ogni pietra" (Every Stone) pvm

Nell'estate del 1964 Joe decise di portarci a fare un viaggio per vedere il "West", ossia l'Occidente. Neanche lui era mai stato ovest di Chicago, ed ora voleva portarmi oltre le vaste pianure per visitare le montagne delle quali avevo una gran nostalgia.

Il giro che avremmo fatto in macchina avrebbe attraversato i *Black Hills* del Sud Dakota per vedere il Monte Rushmore, e poi continuare fino alle montagne Rocciose del Colorado.

Nel retro sedile della macchina fece una specie di letto per Anna, e dopo aver riempito il bagagliaio con le cose necessarie per il viaggio, si partì per il West. Ad Anna piaceva sempre fare il giretto in macchina per arrivare fino alla casa di Franca, o alla chiesa, o alle spiagge vicine, ma questa volta il giretto non finiva più, e dopo lunghe ore di viaggio, era esausta e non smetteva di piangere finché non si era addormentata.

Era triste per me sentirla piangere così, ma per Giuseppe era necessario il viaggiare ogni giorno determinati miglia per arrivare a destinazione seguendo un suo itinerario preciso.

Non c'era poi tanto da vedere lungo l'autostrada, solo il sole cocente e l'orizzonte lontano. Fu solo allora ch'io realizzai quanto infinitamente vasta era questa America. Era una terra in cui l'orizzonte si estendeva sempre più davanti a te ad ogni miglio percorso: ampia prateria in basso e infinito cielo azzurro in alto. Ogni tanto, dei piccoli paesi apparivano lungo l'autostrada e definivano per un momento lo spazio, per poi scomparire di nuovo, e la strada continuava senza fine.

Attraversammo i Badlands National Park ossia le Colline Nere del Sud Dakota. Erano dei colli ondulati e brulli, non certo le montagne ch'io avevo in mente. Era però interessante vedere, per la prima volta, i bisonti che vagavano per le pianure simili a onde nere.

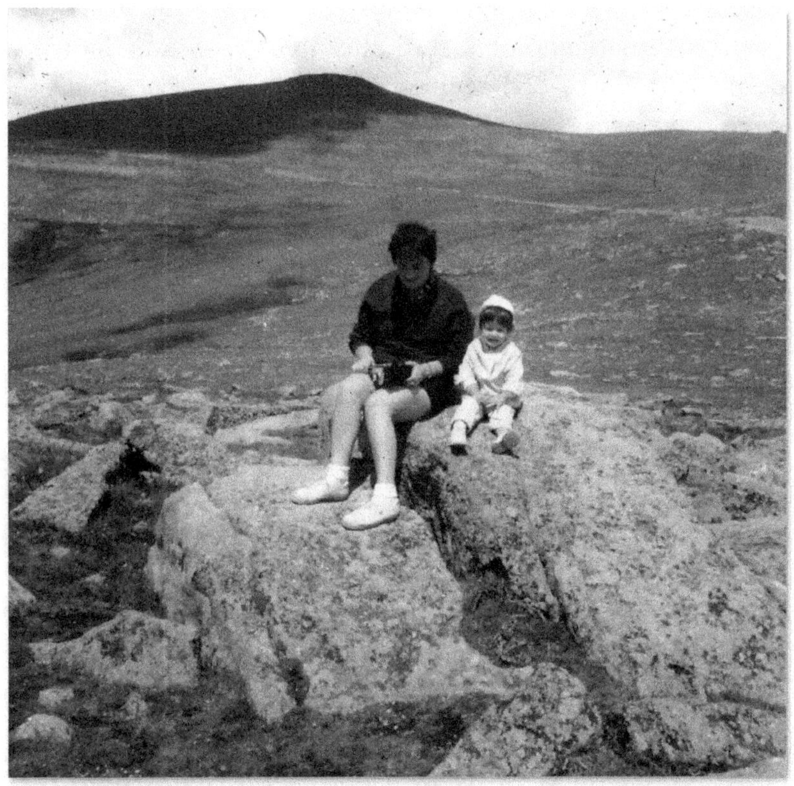

Carla e Anna (1964)

A Rapid City, abbiamo trascorso la prima notte in un motel vicino ai *Black Hills*, dove ci è stato detto che Crazy Horse e Sitting Bull, i grandi capi dei Sioux Indiani, dopo una serie di rivolte, erano riusciti vittoriosi nella battaglia di Little Big Horn nel 1876.

I Sioux Lakota, e le tribù di Teton Dakota erano cacciatori e guerrieri che seguivano le mandrie dei bufali. Essi si unirono al capo Sitting Bull e finirono per firmare un trattato che garantiva loro i diritti delle Colline Nere, una zona sacra per loro. Ma quando l'oro fu scoperto nel territorio, i coloni bianchi li costrinsero ad andarsene.

Nel 1890, nella battaglia di Wounded Knee, l'esercito americano massacrò oltre trecento Sioux, un triste esempio di come con la guerra volevano estirpare tutto un popolo. Questa è stata l'ultima, grande battaglia tra i nativi americani e il governo degli Stati Uniti. Molti sono i monumenti e i luoghi che commemorano questi tristi eventi.

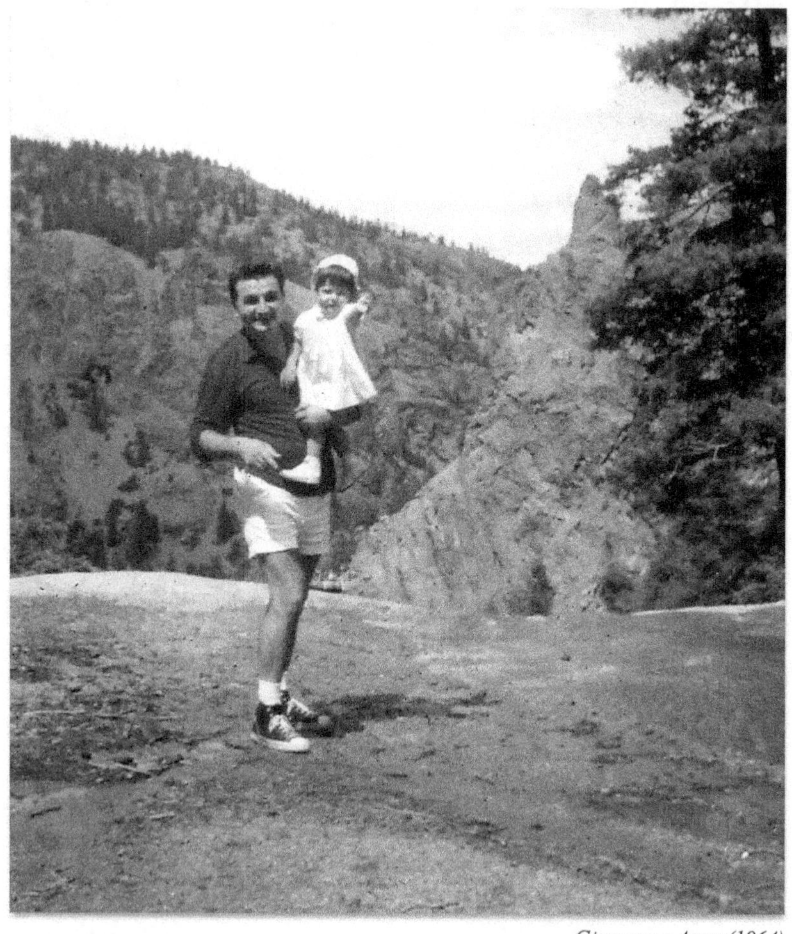

Giuseppe e Anna (1964)

Poco lontano da Rapid City c'era il parco nazionale di Monte Rushmore, dove vidi la più grande scultura scolpita in una montagna con le teste maestose dei quattro presidenti d'America: George Washington, Thomas Jefferson, Theodore Roosevelt e Abraham Lincoln. Era impressionante vedere quel bianco granito scintillare sotto un sole ardente con le quattro facce che ci squadravano da un balcone di rocce.

Siamo stati accolti poi da un nativo americano vestito con abiti tradizionali dei Sioux, e con una penna nera infilata nei suoi lunghi capelli. Egli era seduto da solo e fumava una lunga pipa, pronto per farsi fotografare con noi. Era un incontro affascinante, ma Anna non la pensava così, e non volle nemmeno stringergli la mano.

Le quattro figure dei presidenti americani ci guardavano dall'alto della roccia, e il fumo della pipa dell'indiano mandava una nuvola di fumo verso il cielo.

Continuammo il nostro viaggio lasciandoci alle spalle le cime montuose di Rushmore, e nell'attraversare lo stato del Wyoming il cielo era già coperto da una massa di nubi.

A un certo punto, ricordo di aver sentito un rombo che sempre più si avvicinava. Era una mandria di bufali che scendendo la prateria calcavano e pestavano il terreno: Era un'immagine bella e potente.

Eventualmente, guidando l'automobile in salita e verso le Montagne Rocciose, raggiungemmo lo stato del Colorado. Dette montagne sono così diverse dalle Alpi; sono infatti desolate, con cime brulle e senza sentieri per raggiungerle a piedi. In effetti, abbiamo attraversato la maggior parte del Parco Nazionale senza mai mettere piede a terra.

Arrivati a Colorado Springs prendemmo in affitto un appartamentino, e il primo giorno visitammo le Sette Cascate, chiamate così perché formate da sette corsi d'acqua pioventi all'interno di un grande canyon tra due rocce torreggianti chiamate *Pillars of Hercules* (Colonne d'Ercole). Per quanto impressionante fosse, Anna era affascinata dai piccoli scoiattoli che amavano avvicinarsi ai visitatori e dai quali ricevevano manciate di noci.

Poi venne l'ascesa in montagna per arrivare sul *Pikes Peak*, la cima più alta del Colorado di oltre 4,200 metri e raggiungibile in macchina. L'aria era talmente sottile per via dell'altitudine che vidi un giovane svenire e cadere a terra proprio al mio fianco.

Il giorno seguente abbiamo visitato il *Garden of the Gods* (Giardino degli Dei) dove le montagne di arenaria sono state sollevate dai movimenti della terra e scolpite dal vento e dall'acqua in formazioni intricate che torreggiano a centinaia di piedi nell'aria. Le montagne, ombreggiate in arancio e rosso, sono sacre al popolo Ute dei nativi americani, la cui tradizione orale sostiene che l'uomo sia stato creato per la prima volta tra le rocce di quel giardino.

Abbiamo anche visitato le antiche dimore rupestri del popolo ancestrale dei Pueblo a Mesa Verde, dove gli antichi Pueblo vennero ad abitare nell'interno delle grotte scavate sotto affioramenti rocciosi.

Era pomeriggio quando siamo arrivati a quelle grotte e un gruppo di ragazzi nativi-americani stavano mostrando una danza tradizionale. Anna restò incantata, e si avvicinò al gruppo senza paura. Questo per lei divenne il momento più interessante di tutto il nostro viaggio nel West, e alla fine senza timidezza ella si mise a ballare con quei ragazzi indiani che danzavano al ritmo dei tamburi.

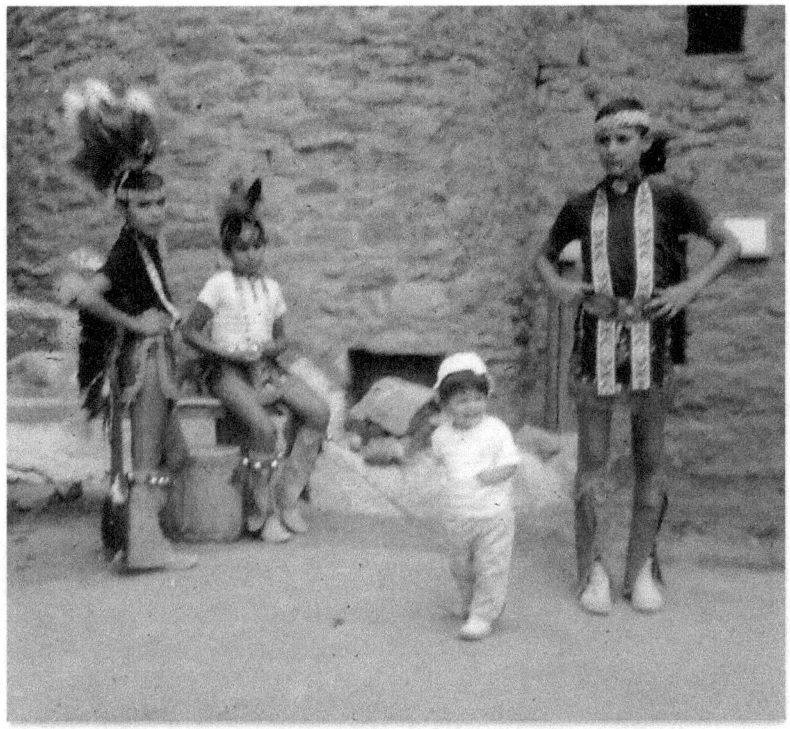

Anna e i ragazzi nativi americani (1964)

Al ritorno visitammo Denver, la capitale dello stato del Colorado, e poi attraversando altri stati si arrivò alla città di Hannibal nel Missouri, e al maestoso fiume del Mississippi. Era così vasto, immenso e senza confini, che a me sembrava di vedere il mare Adriatico. Nuovamente percepivo l'enorme vastità degli Stati Uniti.

Era la fine del nostro viaggio nel West, ed eravamo contenti di arrivare a casa a Steger, Illinois. Mesi prima delle nostre vacanze avevamo lasciato il nostro piccolo appartamento nella casa dei Mazzoco, e ci eravamo trasferiti nella piccola casetta dietro quella di Osvaldo e Franca Boccagni.

Ero così felice di abitare a pochi passi da Franca e di averla vicina; era come fosse mia mamma, ella aveva la pazienza di insegnarmi tante cose utili per la mia famigliola.

Questo in particolare era il momento che avevo bisogno dei suoi consigli perché ero in attesa di un secondo bambino; e Franca mi diceva di essere prudente e di non affaticarmi.

Tutto procedeva bene con la mia nuova gravidanza fintanto venni avvertita che quel giorno, il 6 febbraio 1966, Joe aveva avuto un incidente. Egli stava lavorando nell'officina meccanica di Osvaldo Boccagni quando una pressa meccanica che aveva riparato il giorno prima era stata ricalibrata da un altro operaio. Quando la macchina si bloccò di nuovo, Joe andò a vedere cosa c'era che non funzionava, ma la macchina si sbloccò improvvisamente, fracassando a Joe il dito medio della mano destra fino alla prima nocca.

Io corsi all'ospedale per vederlo: Era pallido... e livido. Se l'altro operaio non avesse toccato la riparazione che Joe aveva già fatto, non avrebbe perso il dito. Aveva insistito più volte che la macchina da stampa che stavano usando era usurata e doveva essere sostituita, ma non era stato fatto. Joe decise, in quel momento, che non sarebbe tornato a lavorare nella officina di Osvaldo.

Anche se dovevo partorire il 12 febbraio, la paura dell'incidente di Joe sconvolse il mio sistema. Andai in ospedale prima del previsto, ancora una volta temendo di perdere il mio bambino. Ma l'8 febbraio 1966, alle 14, diedi alla luce un bambino bello e sano.

Paolo Vigilio pesava otto libbre, misurava 21 pollici e aveva occhi nocciola con un tocco di azzurro. Che grande gioia... e sollievo. Avevo avuto paura di non poter avere un altro bambino, ma eccoci qui, Joe ed io potevamo abbracciare il nostro neonato tenendolo teneramente tra le nostre braccia.

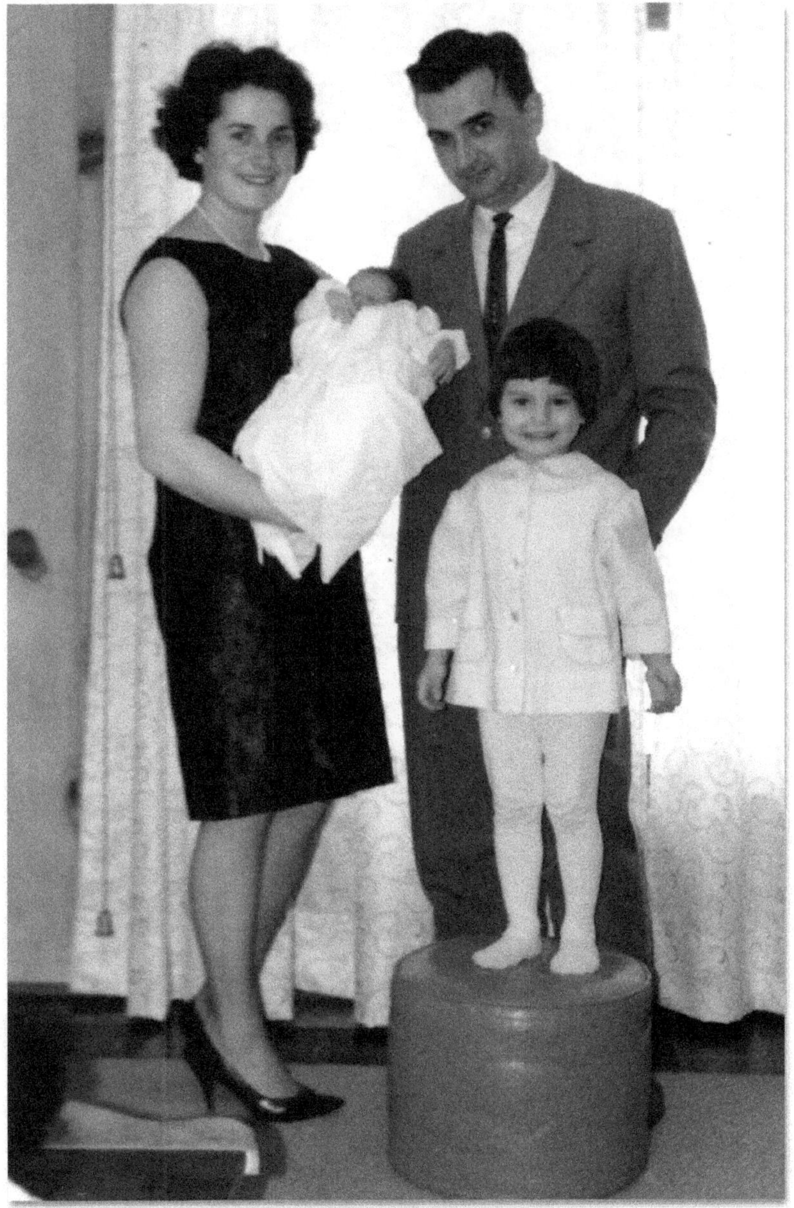

Carla, Paolo, Giuseppe e Anna Mazzucato (Feb. 1966)

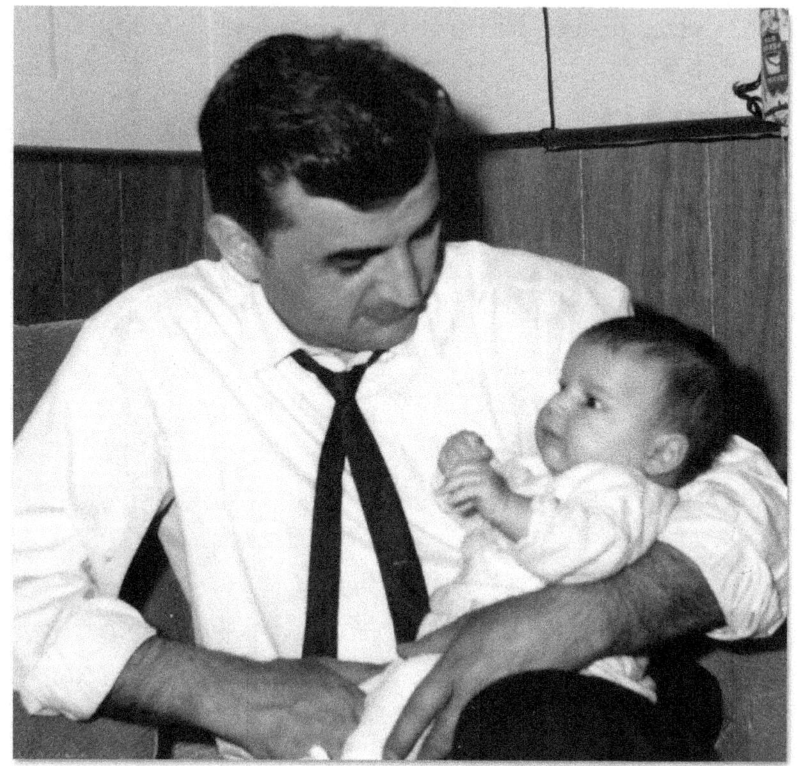

Giuseppe e Paolo (1966

VITA IN MICHIGAN

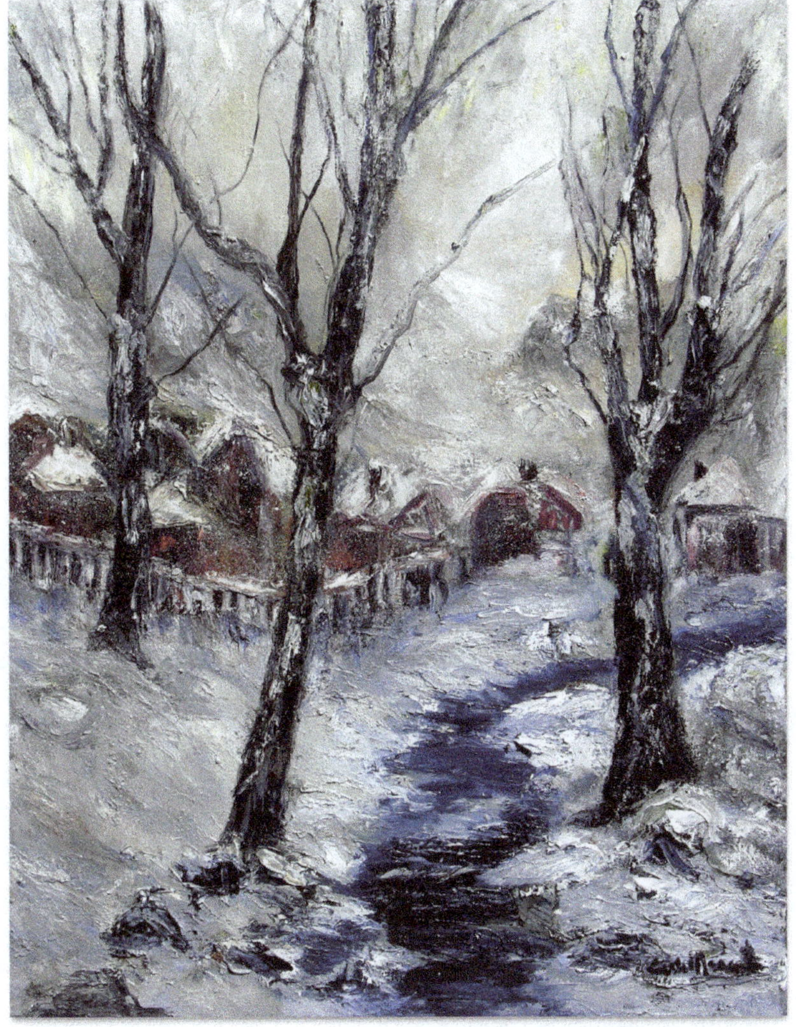

Nel Silenzio d'Inverno

Joe rimase a casa per tutto il mese di febbraio mentre si stava riprendendo dall'incidente. Poi, a marzo, il suo amico Luigi Fiorelli, vedendo l'opportunità per Joe di andare a lavorare in un nuovo stabilimento, lo chiamò, e Joe pensò di andare a esplorare la possibilità di lavoro al posto di stampaggio della Ford Motor Company a Woodhaven, nel Michigan, a sud di Detroit. Dopo aver incontrato le persone dell'impianto Ford, accettò l'offerta di lavoro; e la nostra famiglia doveva ora spostarsi dall'Illinois per fare un viaggio di 250 miglia e trasferirsi in un nuovo appartamento in Michigan.

Lo spostamento divenne una cosa complicata perché c'erano due bambini piccoli e il trasporto si faceva in macchina con attaccato un rimorchio che trasportava mobili e tutto il nostro avere. Joe aveva ben chiesto l'aiuto di Fernando, il figlio di Mario Sauro, tuttavia era un vero problema essere ristretta per delle ore in una macchina e dover allattare il bambino.

Lo stress subìto mi causò problemi nel poter continuare ad allattare Paolo, che non accettava più il mio latte. Provai a dargli altre formule, ma non riusciva a digerirle, e finì con l'avere una terribile eruzione d'eczema. Alla fine il dottore mi convinse di lasciare Paolo in ospedale per un giorno e una notte per curare il suo eczema.

Al nostro ritorno a casa, il ciclo del sonno di Paolo era stato invertito, quindi dormiva durante il giorno e stava sveglio tutta la notte. Joe aveva iniziato il suo lavoro all'impianto Ford e faceva il turno di notte, quindi anche il suo sonno era sconvolto. Cercando di gestire tutto dal nostro piccolo appartamento in affitto a Riverview, nel Michigan, lontano da famiglia e amici, mi sentivo sola ed esausta.

Avevo scatole su scatole che coprivano il pavimento dell'appartamento che dovevano essere aperte, ma non trovavo nemmeno il tempo per aprirle e metterle a posto. Non riuscivo ad organizzare la mia giornata in quel posto che non mi piaceva affatto.

Avevamo deciso di comperare una casa, ed iniziammo pertanto la nostra ricerca nei pressi del quartiere chiamata Bretton Woods nella città di Trenton. Era una zona con viali alberati e singole case tutte in mattoni.

Mi piaceva molto la casa in stile Tudor che occupava un angolo tranquillo della strada, e che veniva venduta per trentaduemila dollari. Sarebbe stata perfetta per la nostra piccola famiglia, ma venne venduta al signor Gelina per trentacinquemila. Il Sig. Gelina, trasferendosi in quella casa, lasciava libera la sua, anch'essa situata in un angolo accogliente. Dopo tre mesi la famiglia di Joe, Carla, Anna e Paolo poteva entrare nella loro bella casetta in Michigan, nella cittadina di Trenton, in via Lenox n. 2605.

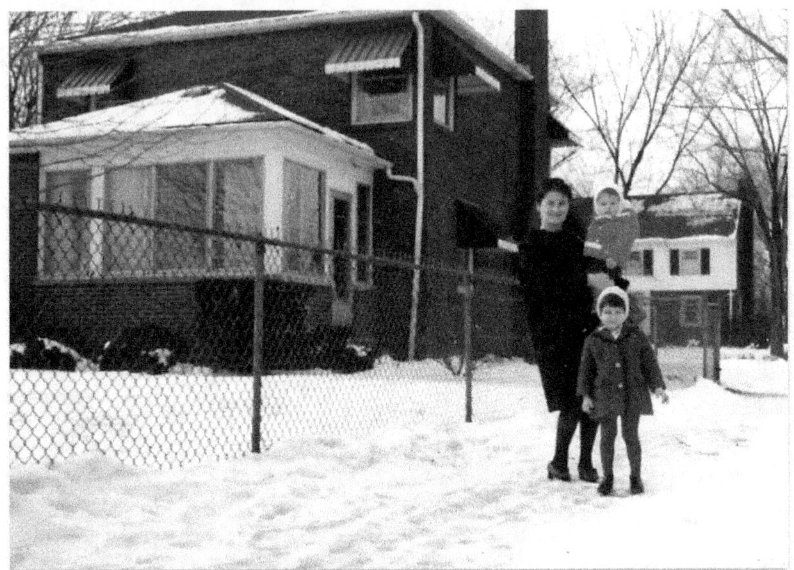

Carla, Paolo and Anna - 2605 Lenox Road (1966)

IL RITORNO

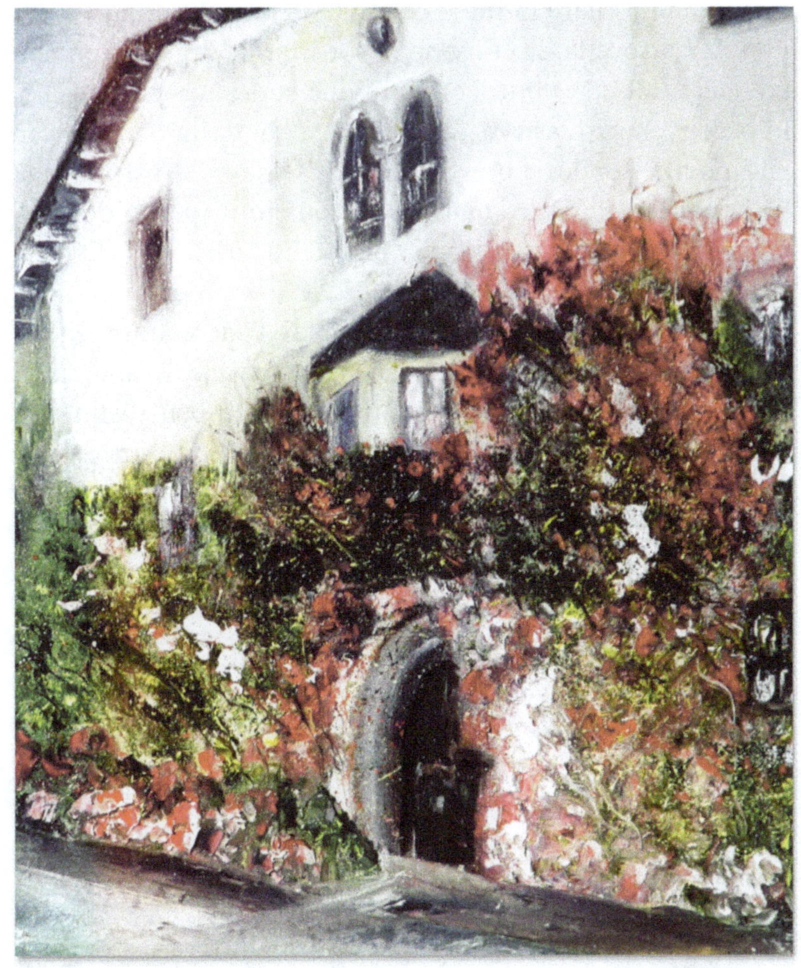

Fioritura in Appiano

Avevo lasciato l'Italia tutta sola, ma dopo quattro anni, nell'estate del 1966, ritornavo in patria, non più sola, ma con un marito e due figli.

Il nostro volo partiva da Toronto in Canada per arrivare direttamente all'aeroporto di Fiumicino a Roma. Che gioia ritornare in Italia con tutta la mia famiglia!

La sorella di Giuseppe suor Maria Virginia venne a prenderci all'aeroporto con altre due suore per portarci nel loro convento. L'arrivo di una intera famiglia tra loro era una novità per le suore di S.Paolo; esse ci offrirono una bella camera da letto, una buona cena, e il giorno dopo la colazione col latte fresco per dare a Paolo la sua bottiglietta.

Anna Virginia era contenta di vedere tutte quelle suore vestite in bianco che la circondavano e alle quali doveva ripetere il suo nome in tre parole ben distinte, e cioè: "Anna…Virginia…Mazzucaaaaato." Che strano che Anna avesse perso la sua timidezza in suolo italiano, e non si stancava di ripetere il suo nome ogni qualvolta la zia Maria Virginia la presentava a tutte le suore.

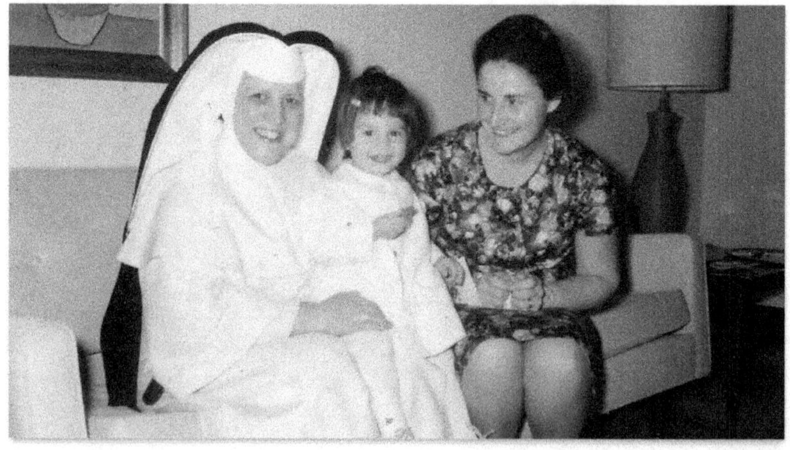

Anna … Virginia … Mazzucaaaaato

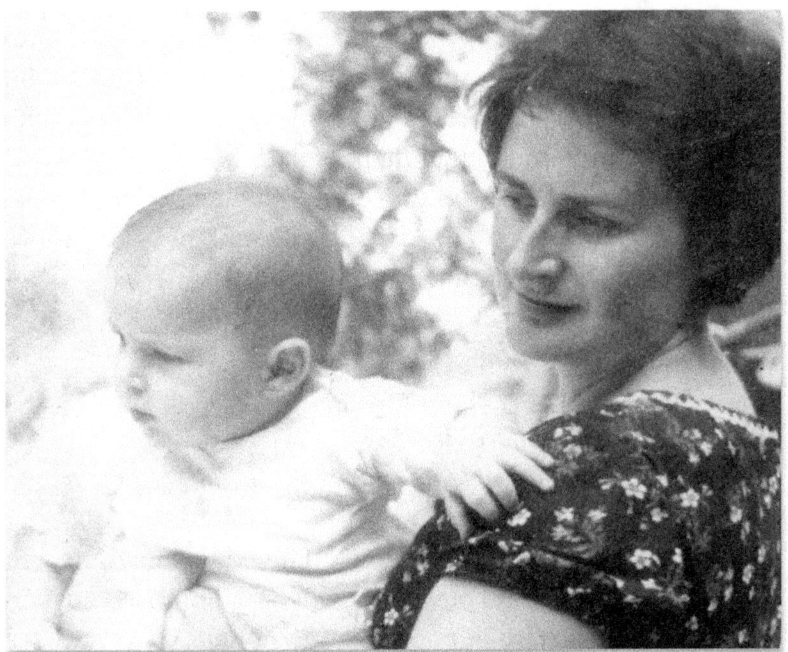

Paolo e Carla (1966)

Il giorno dopo continuammo il nostro viaggio per arrivare a Bolzano dopo otto ore di treno da Roma. Appena intravidi le pre-Alpi a Verona il mio cuore incominciò a battere forte, e mi prese una certa ansietà mista di gioia. Non ero più quella stessa ragazza che aveva lasciato anni prima quei dolci colli, quelle montagne solenni, quelle case e strade conosciute e percorse tante volte, e quella stazione a cui ora stavo per avvicinarmi.

Dal finestrino del treno intravidi mio fratello Bruno e mia sorella Lidia col marito Sergio, che stavano aspettando sulla piattaforma del terzo binario della stazione di Bolzano. Quando il treno si fermò Bruno non poteva aspettare che noi scendessimo tutti assieme dal treno, e volle che Joe gli consegnasse il piccolo Paolo attraverso il finestrino, prima ancora ch'io scendessi dal treno con Anna, Joe e tutto il bagaglio.

Era stato un lungo viaggio, eppure io ero ansiosa di rivedere la mia casa paterna. Trovai che ogni camera mi sembrava molto più piccola di come la ricordavo, erano trascorsi quattro anni dalla mia partenza.

La sera quando ci radunammo in cucina per la cena, chiedemmo ad Anna di dire la preghiera che aveva imparato, e con una vocina dolce disse:

"Benedite Signore per il cibo
che stiamo per prendere,
Onde mantenerci in vita,
E potervi santamente servire."

Semplici parole, che recitate da Anna, fecero commuovere Bruno. E maggiormente si commosse quando Anna riuscì a recitare la poesia che la nonna Annetta aveva composta per quando noi tre fratelli eravamo piccoli, poesia che faceva parte del libro di famiglia:

Volete sapere di chi sono io?
Io sono di babbo e di mamma mia.
Vedete questa manina?
È proprio tutta della mammina.
e quest'altra, eccola qua...
è proprio tutta del mio papà.
Così le mani, così gli occhietti,
le paroline e i sorrisetti,
sono divisi tutti a metà,
tra la mia mamma e il mio papà.
Non può nessuno portarmi via,
io son di babbo e di mamma mia.

Anna Carli

Il giorno seguente andammo alla Messa nella chiesa dei Domenicani dove solevo andare ad ogni festa, ma questa volta non potei elevare il mio spirito in preghiera nemmeno per un secondo perché mi sembrava di avere tutti gli occhi addosso…c'erano in chiesa le amiche cui avevo dato il mio addio anni prima e con le quali avevo condiviso anni gioiosi di amicizia.

Una tradizione che rinnovai quel giorno, fu quella di raggrupparsi davanti al portone della chiesa alla fine della Messa per raccontarci tutte le avventure passate. Questa volta c'era molto da raccontare. E dopo aver salutato le mie amiche ad Appiano, andai a Bolzano per visitare i parenti Mazzucato.

LA FAMIGLIA MAZZUCATO

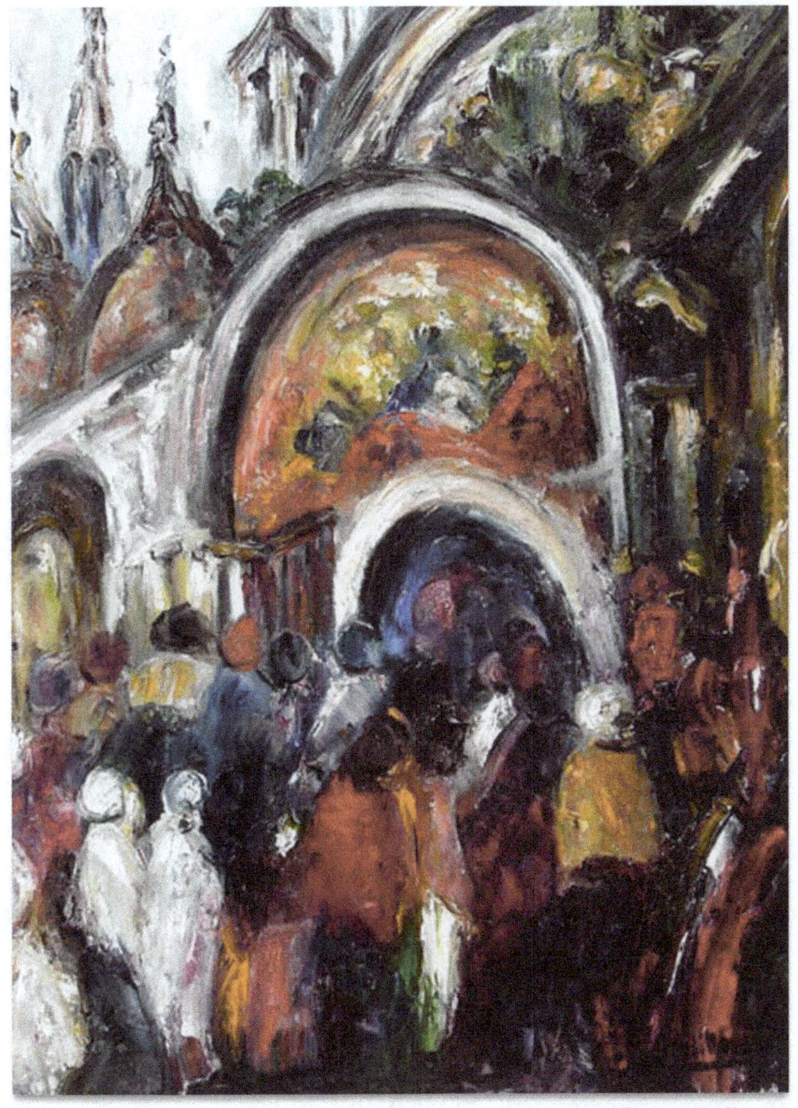

Tramonto a Venezia

Giuseppe è nato a Pontelongo, in provincia di Padova, nel 1925, secondogenito di Romano Mazzucato e Virginia Rocca e in una famiglia di nove figli: Tarcisio, Giuseppe, Luigi, Maria, Ida, Ottelma, Vito, Benito e Antonio.

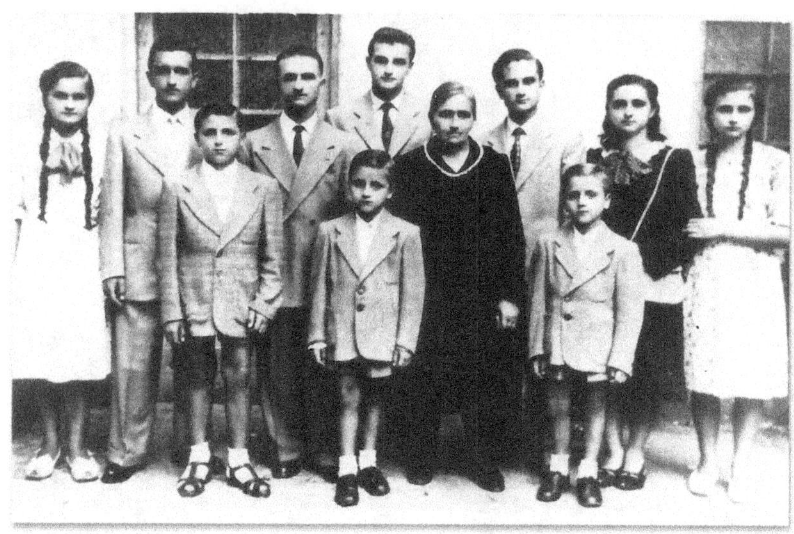

(fila posteriore) Ottelma, Tarcisio, Romano, Giuseppe, Virginia, Luigi, Maria, Ida,
(prima fila) Vito, Benito, Antonio

La famiglia Mazzucato occupava la casa di un proprietario locale al quale coltivava i terreni, e com' era consuetudine a quei tempi, riceveva in cambio una parte del raccolto. A quattordici anni Giuseppe lavorava a fianco del padre nei campi, ed aiutava a provvedere per la famiglia.

Anche se molto occupato, Giuseppe trovava sempre il modo di distrarsi durante il suo tempo libero. Luigi, che era tre anni più giovane, amava raccontarmi tutte le marachelle fatte da suo fratello "Bepi". Erano ancora piccoli, ma già davano un sacco di preoccupazioni alla madre Virginia. Luigi si accodava sempre a Giuseppe e lo esortava a stare attento ogni qualvolta che si immischiava in avventure troppo rischiose e pericolose.

Una volta erano andati a pescare in un torrente, e Giuseppe cadendo, venne quasi travolto dall'acqua, ma riuscì a tirarsi fuori aggrappandosi ad un ponte. Vedendo che il suo amico era ancora rimasto nell'acqua turbolenta, il nostro Bepi venne in suo soccorso gettandosi ancora nell'acqua e con le sue gambe allungate nella corrente riuscì a tirare fuori il compagno. Nessuno dei due sapeva nuotare.

Altre volte Giuseppe si era messo nei guai ritagliando e mangiando la polpa dei meloni, lasciandoli poi a marcire nel campo. Riusciva inoltre a intrappolare i polli del vicino che vagavano nei terreni lavorati dal padre, e quando quei polli scomparivano, il vicino imparò finalmente a tenersi i polli nella sua proprietà.

La mamma Virginia era sempre preoccupata che Giuseppe venisse castigato dal padre, che era un uomo severo; ma Giuseppe riusciva a scappare per evitare di essere punito, facendosi un corridore velocissimo.

Giuseppe conosceva molto bene i campi dove lavorava, e all'imbrunire poteva evitare i fili quasi invisibili che erano tesi tra i pali lungo i filari delle piante, mentre il padre che lo inseguiva si inciampava quasi sempre in quei fili.

Un'altra volta Giuseppe scappando di nuovo dal padre, balzò da una finestra del secondo piano e rimase nascosto in un tubo di scolo fino dopo il tramonto. Non volendo preoccupare sua madre, s'era accordato con lei che dopo ogni avventurosa fuga le avrebbe fatto un fischio per segnalarle che era al sicuro.

Nonostante tutte queste marachelle, il padre era orgogliosissimo di suo figlio.

Dopo che la famiglia si era trasferita dal Veneto alla città di Bolzano, Giuseppe trovò lavoro nell'officina automobilistica della Lancia, dove imparò il mestiere di meccanico, diventando uno dei migliori macchinisti dell'azienda. Con la sua qualificazione, venne reclutato per andare a lavorare in Canada e infine negli Stati Uniti.

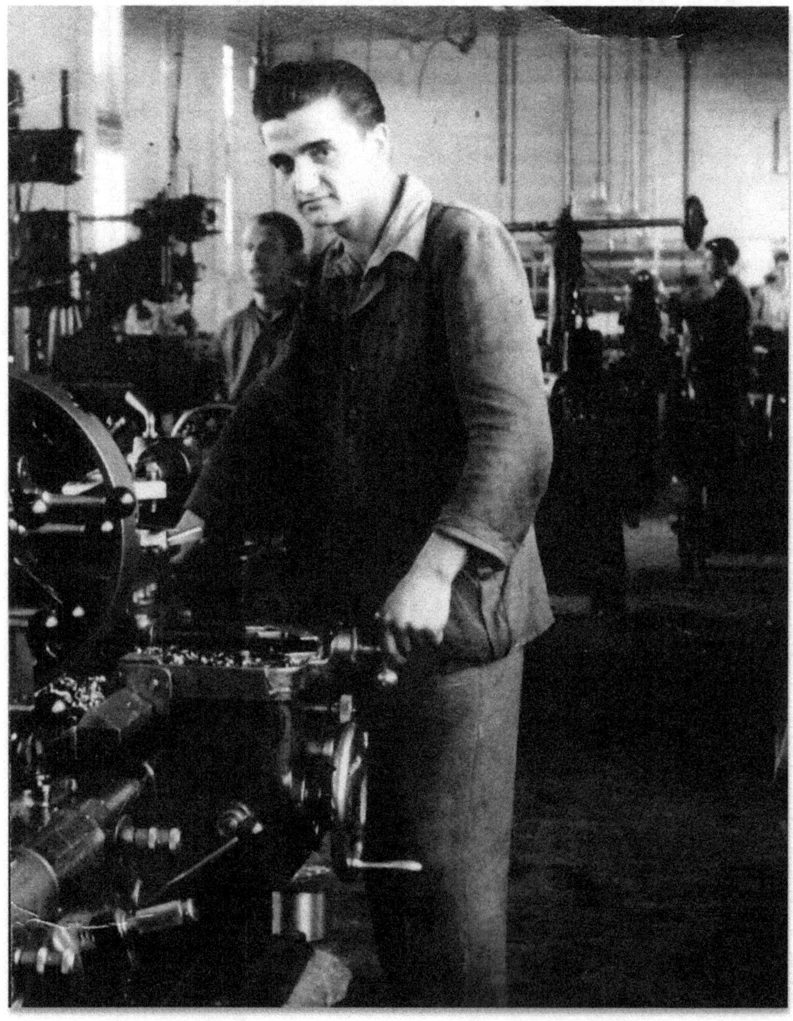

Giuseppe alla Lancia (c. 1941)

Fu ai tempi di Benito Mussolini che Giuseppe fece lunghe ore di lavoro alla Lancia, ma era anche obbligato di partecipare al "sabato fascista", per una mattinata di esercizi fisici, di canti e di marce. Egli si era presentato per le prime volte, ma poi decise che dopo una lunga settimana di lavoro si meritava una pausa, e smise di andarci per sempre.

Nella settimana in cui si era constatata la sua assenza, Giuseppe aveva deciso di andare a pescare. Ma sotto il fascismo, l'obbedienza era ordine del Duce e se non la eseguivi andavi incontro a gravi conseguenze. Giuseppe venne arrestato e accusato di diserzione. Questo avvenne nel luglio del 1943 quando alla fine di quel mese, Mussolini venne deposto e arrestato. Ancora una volta il nostro "Bepi" sfuggì ad una punizione severa.

Giuseppe aveva evitato il servizio militare sotto Mussolini, comunque non era protetto dalla legge quando l'Italia si arrese e l'Alto Adige passò sotto il controllo di Hitler; ma poiché era un abile macchinista, il suo servizio militare fu differito. Altrimenti avrebbe dovuto presentarsi al servizio della divisione per la quale era stato selezionato, e che era il secondo reggimento di riserva delle Waffen-SS di Hitler.

Tarcisio, che non era sfuggito al servizio di combattimento sotto Mussolini, era stato inviato a combattere con l'esercito italiano in Etiopia dove rimase prigioniero fino alla fine della guerra. Quando fu rilasciato se ne andò in Argentina con la moglie Elena e la figlia Bianca Rosa, e ritornò in Italia dopo dieci anni.

Giuseppe continuò a lavorare alla Lancia fino alla sua partenza per il Canada nel 1959, mentre Luigi si recò all'estero per cercare lavoro in Australia dove rimase per cinque anni. Maria e Ida entrarono nel convento delle suore

Paoline, e Ottelma si sposò con Remo e si trasferì a Bologna. Vito era diventato un abile sarto che lavorava alla Marzotto, una ditta di abbigliamento, fino a quando egli stesso aprì la propria sartoria. I due fratelli gemelli Antonio e Benito andarono a studiare al seminario di San Paolo ad Alba, una città del Piemonte.

Arrivati in Italia nel 1966 per le nostre vacanze estive, la famiglia Mazzucato era sparpagliata ovunque: La madre di Giuseppe, Virginia, era morta nel 1950, e suo padre, Romano, viveva ora con Vito e sua moglie Guidana e il loro piccolo Romano, in un appartamento in piazza Matteotti a Bolzano.

Tarcisio e Luigi abitavano a Bolzano ed erano sposati rispettivamente con Elena e Marì; Maria e Ida erano in convento a Roma, e Ottelma viveva a Bologna con il marito Remo e figlia Silvia; Benito stava finendo gli studi all'Università Cattolica di Milano e suo fratello gemello, Antonio, stava a Roma per completare gli studi e diventare un missionario.

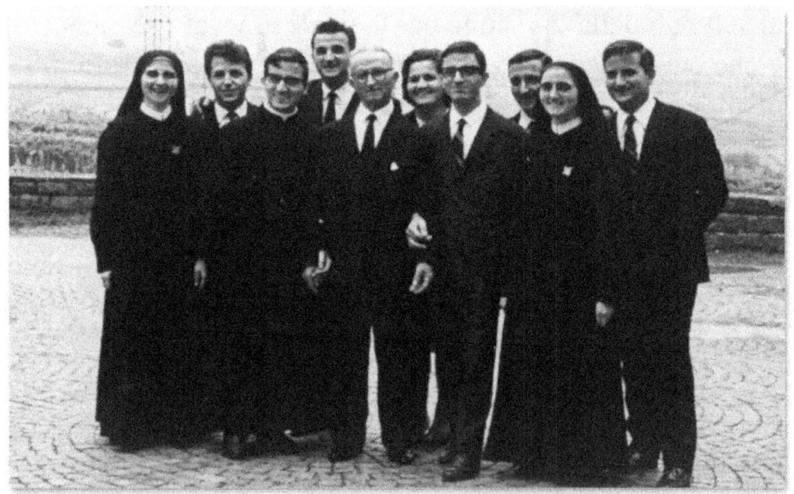

Ida, Vito, Antonio, Giuseppe, Romano, Ottelma, Benito, Tarcisio, Maria, Luigi

Abbiamo trascorso gran parte di quella vacanza partecipando ai vari eventi della famiglia Mazzucato, celebrando la laurea di Benito e la consacrazione al sacerdozio di Antonio, ma ad Appiano erano Anna e Paolo a diventare il centro d'attenzione.

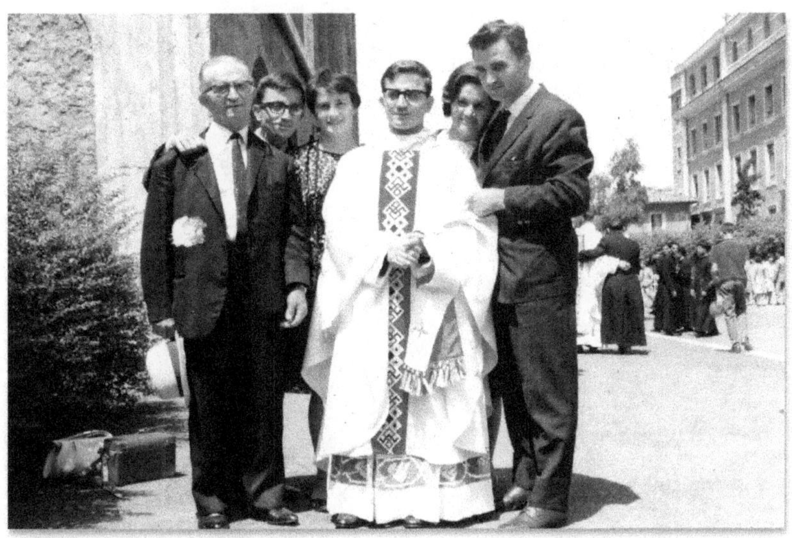

Romano, Benito, Carla, Antonio, Ottelma, Giuseppe (1966)

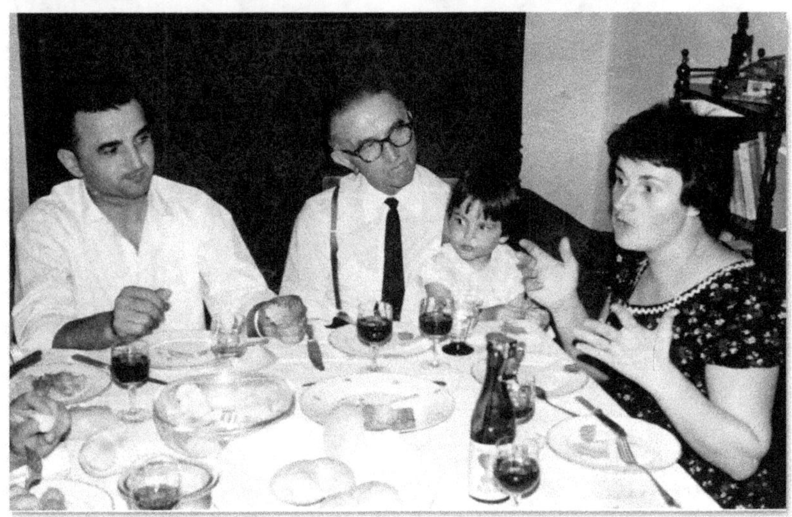

Giuseppe, Romano, Anna e Carla (1966)

Quasi ogni giorno mio fratello Bruno mi chiedeva di "prestargli" i miei figli per la giornata così da poterli sfoggiare agli amici in giro per la città. Era come se fossero i suoi stessi figli, e lui voleva trascorrere ogni ora con loro. Anche durante la notte, quando Paolo non dormiva e mi teneva sveglia, Bruno per farmi riposare, restava a giocare con il bambino fino al mattino.

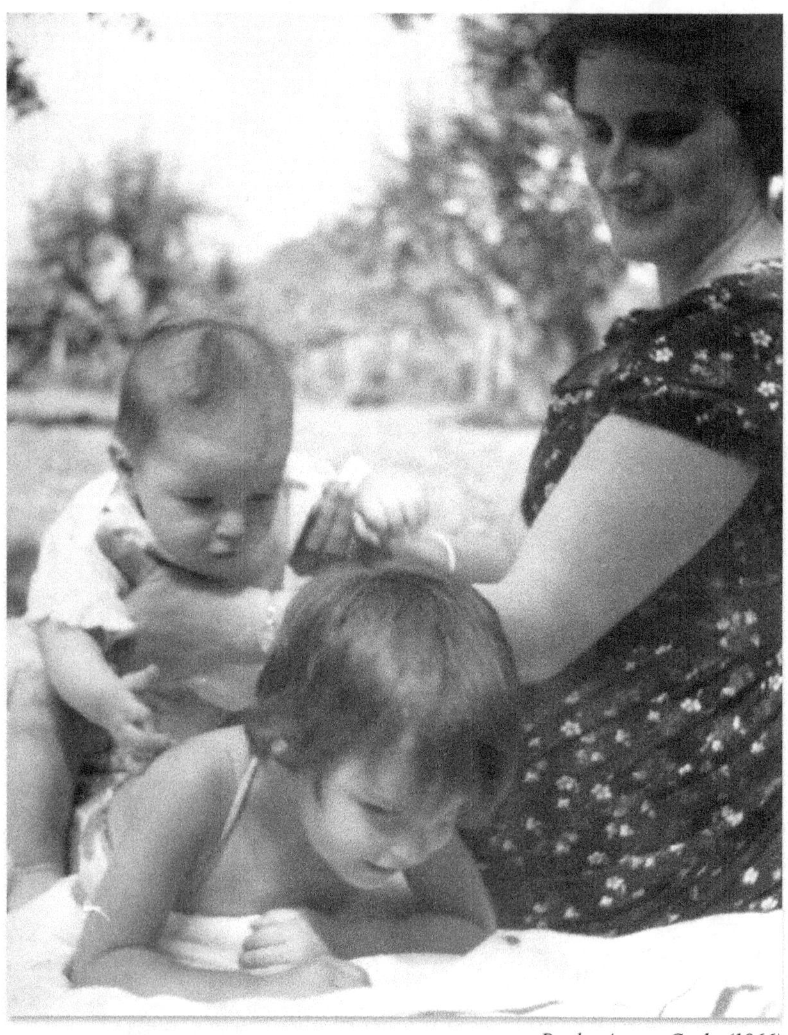

Paolo, Anna e Carla (1966)

Avendo una famiglia e tanti amici in Italia, pensai a quanto mi mancasse la loro compagnia quando sarei ritornata in America. Potevo uscire con zia Idotta, la sorella di mia madre e suo marito, Ugo, e i loro figli Paolo e Anna Rizzi con i quali avevo giocato da piccola; potevo trascorrere del tempo con mia sorella Lidia e il suo nuovo marito Sergio. Potevo camminare, come avevo fatto anni prima, attraverso i frutteti e i vigneti intorno alla casa di mio padre, e passeggiare lungo i sentieri boscosi delle montagne che circondano Appiano. Oppure starmene a casa con Anna Pingera, l'amica fedele che chiamavamo Peiga.

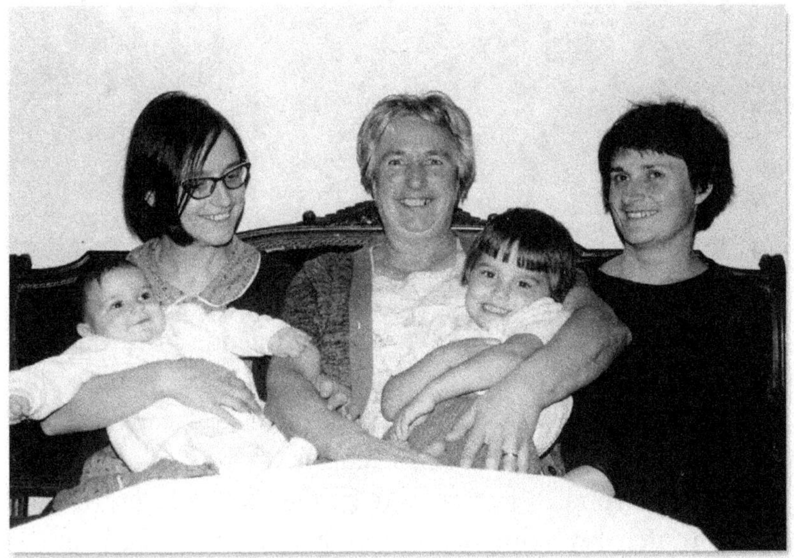

Paolo, Lidia, Peiga, Anna e Carla (1966)

Ma mentre le persone e i luoghi del mio passato mi riempivano di nostalgia, ero felice e orgogliosa di abbracciare la mia vita presente con i miei figli e con un marito tanto caro e buono. Con loro, io stavo attraversando una nuova primavera, una stagione che mi dava sicurezza e speranza in un futuro d'amore.

A settembre era ora di ritornare in America e raggiungere Giuseppe che era partito un mese prima. Alla mia partenza da Milano vennero all'aeroporto tutti i "religiosi" della famiglia: Antonio, Sr. Ida, Sr. Maria e Bruno.

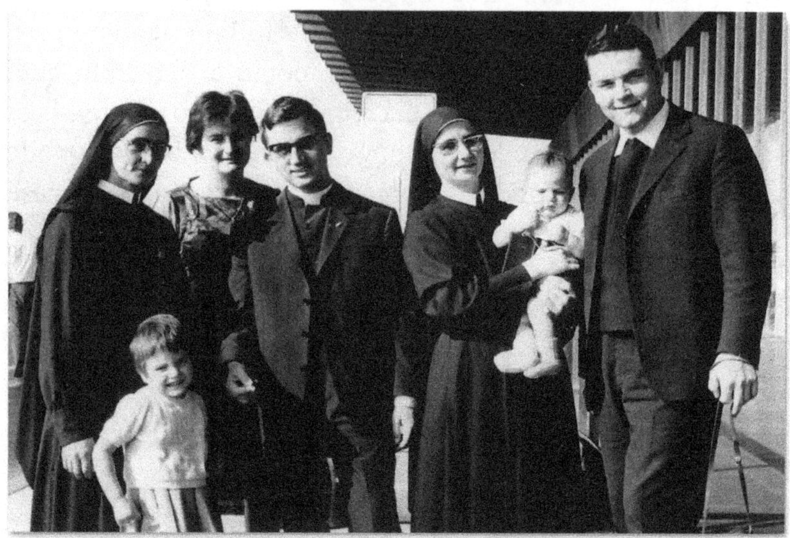

Maria, Anna, Carla, Antonio, Ida con Paolo, e Bruno

Il nostro volo doveva atterrare prima a Toronto, in Canada, poi proseguire per Windsor, e poi continuare fino all'aeroporto internazionale di Detroit. Ma a causa di una forte tempesta, venimmo dirottati a New York, dove si rimase in aeroporto per due ore prima di riprendere il volo per Toronto, dove rimanemmo nuovamente bloccati fino al mattino seguente avendo perso il nostro volo per Windsor.

Viaggiare da sola con i miei due bambini piccoli si trasformò in una notte stressante, ma la mattina dopo, quando arrivammo a Windsor, e vidi Joe che aspettava ansioso il nostro arrivo, svanì la stanchezza e rimase solo il ricordo della nostra meravigliosa vacanza.

CAPITOLO 16

NUOVA CASA, NUOVA NASCITA

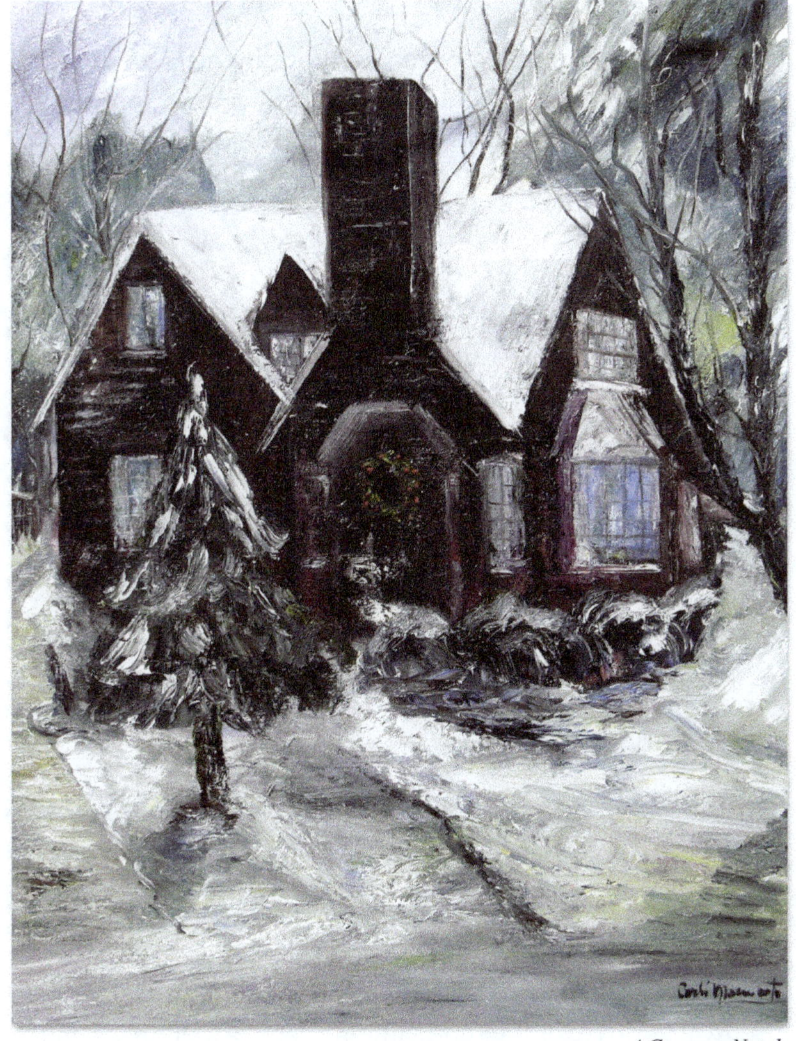

A Casa per Natale

Iniziavo una nuova stagione nella mia vita. Infanzia e adolescenza erano trascorse; ora ero una giovane donna e madre con due figli. Abitavo in una nuova casa spaziosa e bella che volevo adornare con la mia arte. Ma il gioiello più prezioso, bello, vivo e caro, arrivò il 30 agosto 1968 con la nascita di Daniela Maria Mazzucato.

Il parto era stato facile, con meno incertezze e preoccupazioni di quelle provate nelle mie precedenti gravidanze. Daniela pesava 6,8 libbre, era diciotto pollici di lunghezza, ed era pronta ad incantarci tutti con i suoi due grandi occhioni.

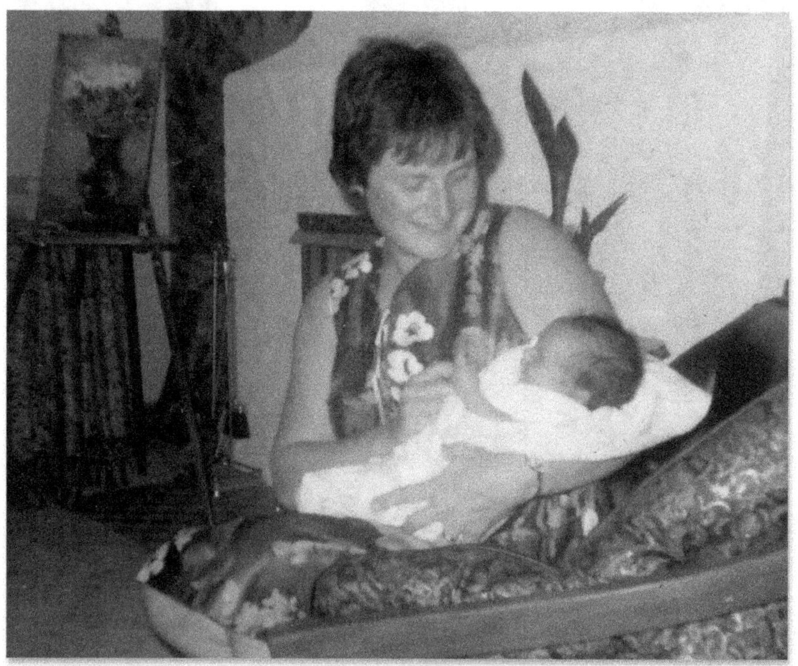

Carla e Daniela (1968)

Quando Joe venne a prendermi all'Ospedale "Seaway" dove era nata Daniela, fece aspettare Anna e Paolo nel corridoio, dove erano rimasti obbedienti, e vestiti negli abiti che Joe aveva scelto—magliette rovistate in fretta tra i loro vestiti con calze rosse di lana—ed era un caldo pomeriggio di agosto. Entrati nella stanza si accostarono alla culla per vedere la sorellina, e io commossa li abbracciai dicendo sottovoce un fiat: "adesso sono in tre."

Daniela si era rivelata la bambina perfetta. Seguiva un orario preciso, l'allattavo ogni tre ore e il resto del tempo dormiva, e si svegliava alle sei del mattino sempre con un grande sorriso stampato in faccia. Era così facile da accontentare e Anna era sempre felice di tenerla in braccio.

Paolo, invece, era un po' geloso di tutte le attenzioni che riceveva Daniela. Quando la tenevo in braccio e mi prendevo cura di lei nelle prime ore del giorno, Paolo a volte piangeva fino a mezzogiorno. Era una cosa estenuante …e cosa potevo fare per fargli accettare la sorellina?

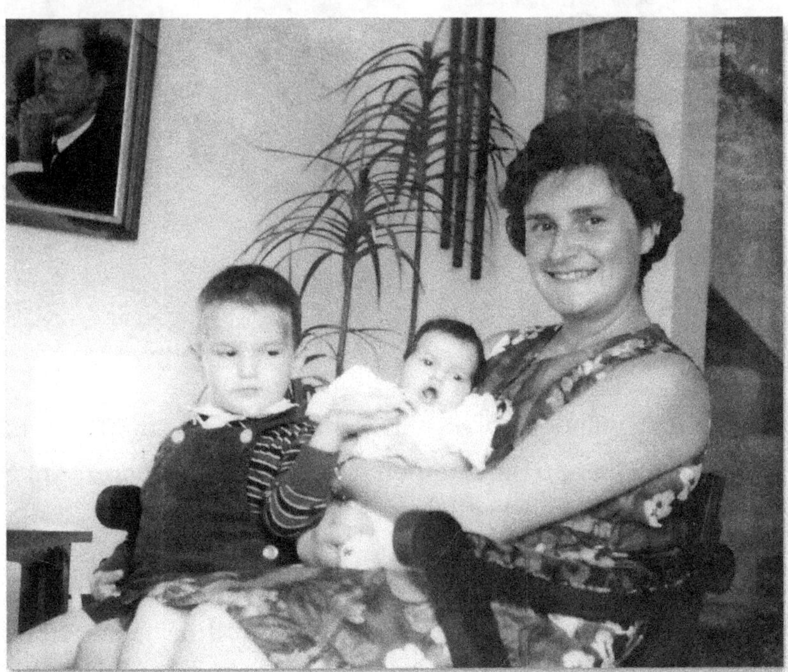

Paolo, Daniela e Carla (1968)

Quando mio fratello Bruno venne a trovarci negli Stati Uniti all'inizio di quell'anno, Paolo era rimasto per alcuni giorni da Jeanine Fiorelli. Bruno ed io avevamo portato Anna con noi per il breve viaggio a Washington, D.C., ma questo breve abbandono divenne un affronto per Paolo che non poteva dimenticare. Quando gli chiedevo se voleva tenere in braccio la sorellina, si rifiutava di farlo e piangente mi diceva: "portala via e dalla a Jeanine".

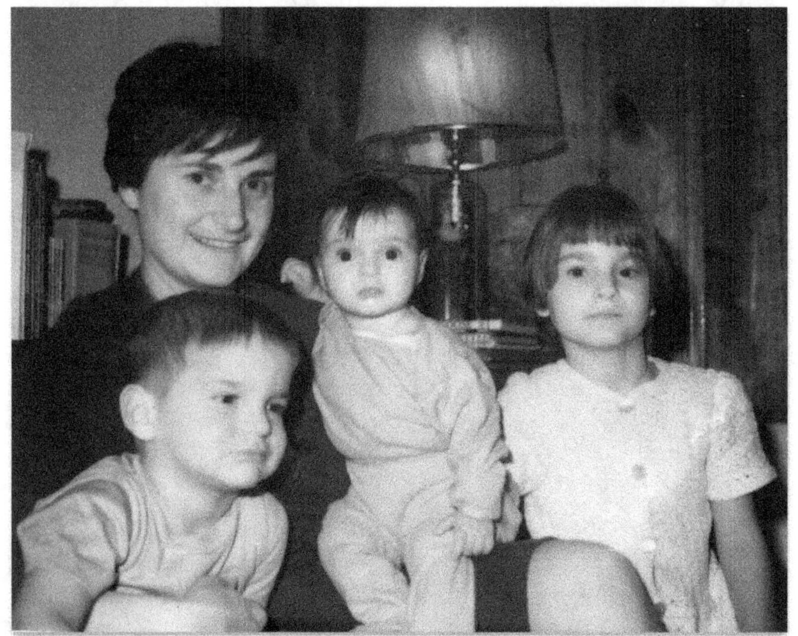

Carla, Paolo, Daniela e Anna (1969)

Di solito, quando uscivo, venivano con me tutti e tre; e in settembre quando incominciai ad accompagnare Anna all'asilo e spingevo Daniela nel suo passeggino, Paolo ora voleva esserle sempre vicino, e tenendosi al passeggino le camminava a fianco mezzo addormentato e stanco.

Anna voleva bene alla sua sorellina, ma anche Paolo ora la seguiva volendola proteggere. Giocavano insieme, inventavano i loro giochi, e si aiutavano a vicenda crescendo sereni e contenti; e la nostra famiglia divenne per noi una fonte di gioia.

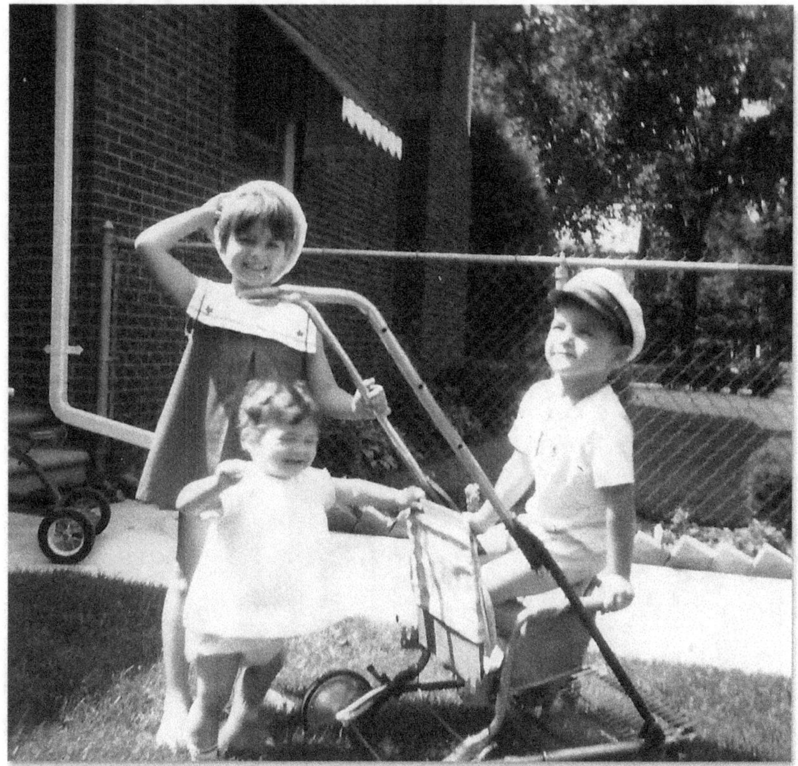

Anna, Daniela e Paolo, 2605 Lenox Road (1969)

Nel 1969 ci siamo trasferiti di nuovo, in via 2638 Lenox Road a Trenton. Era una casa in stile Tudor inglese con un gran salotto, sala da pranzo, un soggiorno, una camera da letto con bagno al primo piano, e due stanze da letto con bagno al secondo piano. Bretton Wood, dov'era situata la casa, era una zona bellissima con strade alberate di pioppi e aceri e qualche albero di magnolia, che quando era in fiore tutto il dintorno sembrava un giardino.

La casa era stata prima in possesso della signora Odilla DeMaire che dopo esser rimasta vedova, sentendosi sola in quella gran casa, aveva deciso di venderla e andare a vivere con la figlia in California. La signora DeMaire era nata in Belgio e il suo gusto nell'arredo era tipicamente europeo. Lasciò alcuni dei suoi mobili antichi in casa assieme a un grande tappeto persiano che copriva l'intero pavimento del soggiorno.

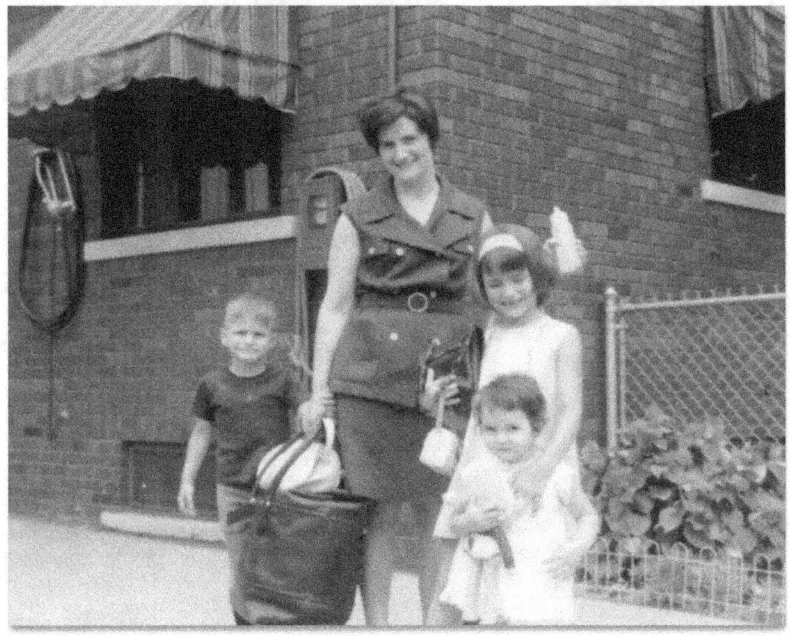

Paolo, Carla, Anna e Daniela, 2638 Lenox Road (1970)

Naturalmente, dopo i numerosi lavori che Joe aveva fatto alla nostra prima casa, era pronto per iniziare altri nuovi progetti nella seconda casa. Non poteva rilassarsi e ritornava al lavoro perché, secondo lui, avevamo bisogno di una veranda più ampia, una camera da letto aggiuntiva per Paolo e... una cantina nel seminterrato per quando avrebbe fatto il vino.

Oltre alla casa Giuseppe si mise a coltivare un orto di verdure e ad ampliare il garage per fare spazio agli attrezzi e formare una piccola officina meccanica. Joe era tagliato per il lavoro e si prendeva il tempo per completare tutto alla perfezione.

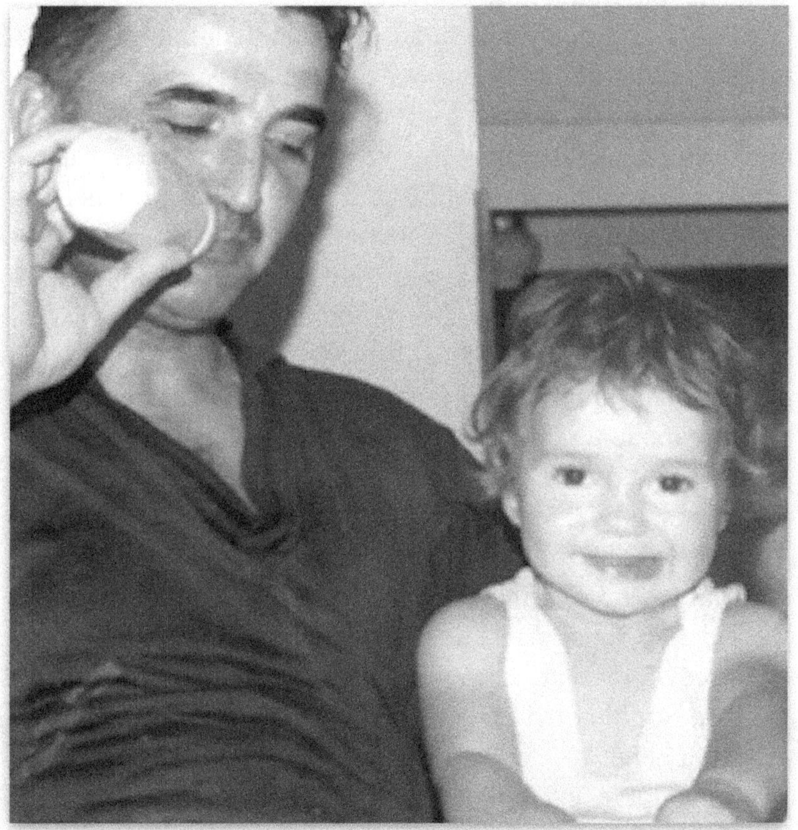

Giuseppe e Daniela (1970)

Mentre ero felice che i miei figli avessero un posto meraviglioso per poter giocare e crescere, mi dispiaceva che non avessero cugini nelle vicinanze e nemmeno i nonni che erano tutti morti.

Un giorno, però, mentre ero andata in un vicino negozio di colori, notai che sulle pareti c'erano dei dipinti di artisti locali. Io che avevo sempre amato l'arte fin dai miei studi in Italia, e che avevo iniziato a dipingere a Chicago, chiesi al negoziante se anch'io potessi esporre qualche mio quadretto.

Giorni dopo, una donna anziana venuta nel negozio, aveva notato il mio lavoro e chiese al negoziante dove poteva trovarmi, e un bel giorno me la vidi capitare a casa per farmi una visita. Si chiamava Sophie Stamer, nata in Austria e venuta negli Stati Uniti ancora da giovane. Era sulla settantina, ma ancora forte e piena di vita.

Viveva con uno zio nel Connecticut prima di sposare un giovane austriaco di nome Adolph. I due giovani vissero per anni nello stato di New York, dove era nata la loro prima bambina che purtroppo morì in tenera età, ma ebbero anche un figlio di nome Bernhard. Dopo la guerra si erano trasferiti a Detroit ed ora abitavano a Trenton in Michigan, a pochi passi dalla nostra casa.

Sophie parlava con un accento leggermente austriaco, che per me era una melodia…come sentissi le voci della mia città natale. Tra noi parlavamo in tedesco e conoscevamo le stesse ricette di crostate, biscotti e torte, e quando Sophie offriva i suoi dolci diceva sempre: "Mangia, che ti fa bene."

Sophie e Adolph erano diventati come nonni per Anna, Paolo e Daniela, e assieme andavamo a visitarli quasi ogni giorno facendo loro compagnia e dando loro una gran gioia.

All'arrivo del tempo natalizio Adolph metteva in qualche posto segreto i regali preparati per i tre bimbi, ed essi aspettavano ansiosi la sua visita, come se lui fosse *Santa Claus*, il Babbo Natale che portava i doni.

Era uno scambio di affetto che si esprimeva in un canto natalizio.

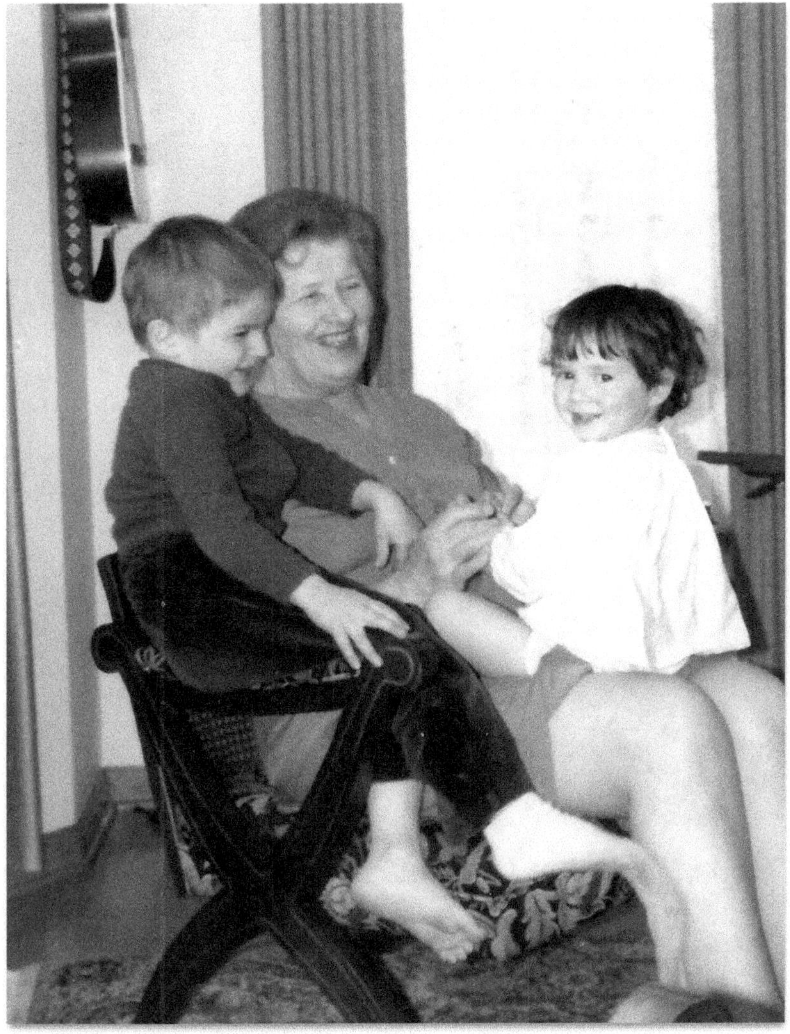

Paolo, Sophie Stamer e Daniela (1970)

150

CAPITOLO 17

ALTRI VIAGGI

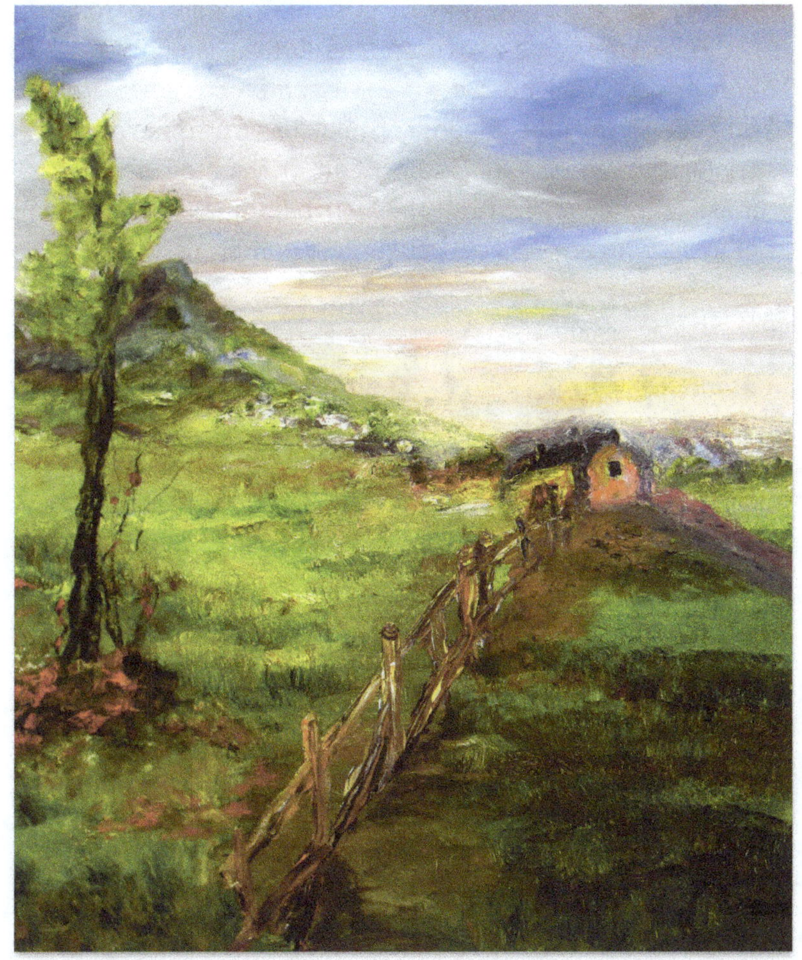

Nei Placidi Colli

Nel Trentino-Alto Adige divenire sacerdote della chiesa cattolica é veramente un grande evento che viene celebrato con la Prima Messa nel luogo natale del sacerdote.

Nel giugno del 1967 mio fratello Bruno divenne sacerdote e alla sua Prima Messa tutto il paese di Appiano era presente, ma a me non fu possibile andarci perché mi trovavo in America e avevo appena fatto il viaggio in Italia l'anno prima. Mi rincresceva e mi sentivo triste; e mentre abbracciavo la mia piccola Anna lei mi diceva: "Non rattristarti mamma, tu puoi essere presente in spirito." Rimasi colpita nel sentire che una bambina di solo pochi anni avesse un animo così sensibile e comprensivo.

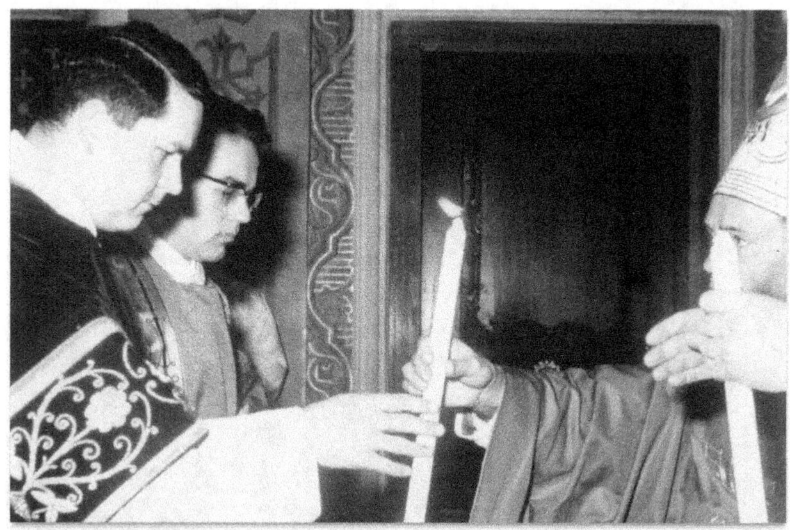

Bruno Carli, consacrazione (1967)

Ma dopo tre anni, in una soleggiata giornata di giugno del 1970, tutta la nostra famigliola arrivava a Milano per trascorrere le vacanze estive e festeggiare con Bruno.

A Bruno avevano assegnato la posizione di cappellano nel paese di Bronzolo vicino alla città di Bolzano. Conosceva molte persone ed era particolarmente popolare con la gioventù e i bambini della parrocchia.

Durante le nostre vacanze quell'estate Bruno trascorse del tempo a Bronzolo e veniva spesso ad Appiano per giocare non solo con Anna, Paolo e Daniela, ma anche con Andrea e Ivo, i due figlioletti di mia sorella Lidia.

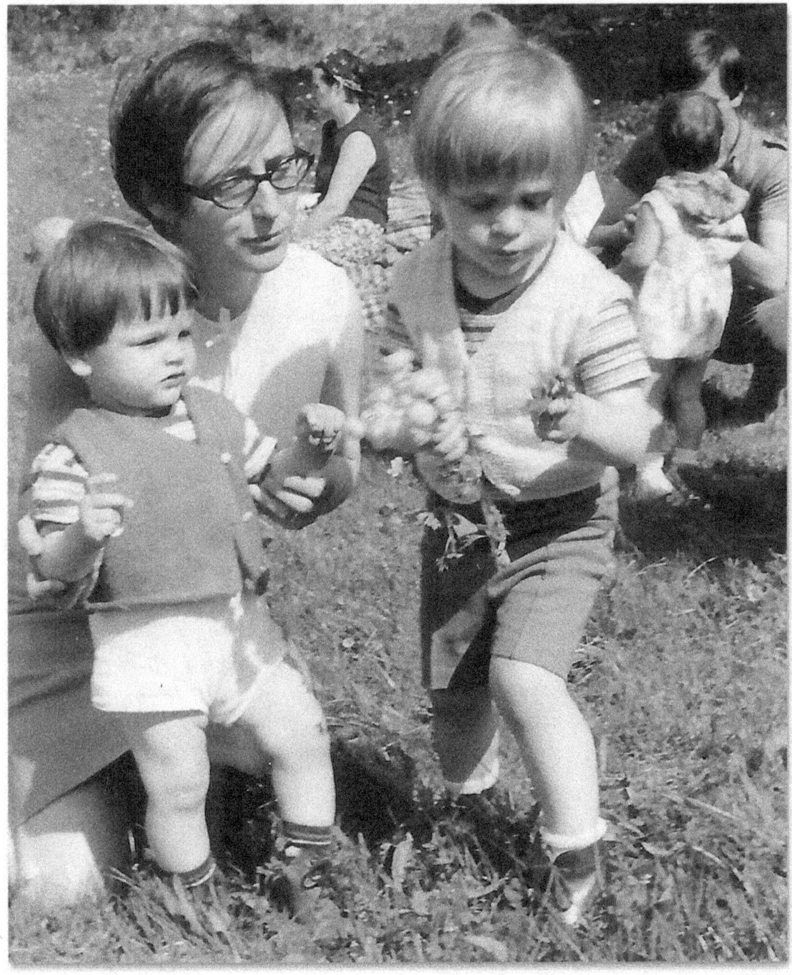

Ivo, Lidia e Andrea Corrà (1970)

Ricordo di essere rimasta stupita di come Andrea e Ivo parlassero bene il dialetto che si parla ad Appiano, e conoscessero le favole e la musica del folklore tedesco. Dal cortile della nostra casa provenivano le loro voci e quelle dei nostri tre bambini che giocavano assieme allegramente, mandando risate e trilli di gioia; io sorridevo dal balcone rievocando altri tempi felici.

Lidia, che era professoressa di musica, dava concerti di pianoforte e insegnava al Conservatorio di Musica di Rovereto, e inoltre dava lezioni private a casa. Ma quando era con noi ci invitava spesso a cantare le canzoni dei tempi passati e quelle nuove che aveva imparato per i suoi due bambini.

Era molto ammirata per la sua pazienza e la sua devozione alla musica e all'insegnamento dei suoi studenti grandi e piccoli. Nel 2020, in onore del suo contributo alle arti, il parroco di Appiano, don Pepi Stampfl, scrisse:

La signora prof. Lidia Corrà Carli conosceva la cultura tedesca come quella italiana, e ha sempre apprezzato e custodito ambedue le culture. Ella sentiva di dover allacciare dei ponti tra le due culture rendendo pertanto un grande servizio anche al Comune di Appiano.

Essendo persona di cultura ebbe una grande influenza nella comunità, sempre mostrando cautela, generosità e spontaneità nell'aiutare chiunque. Era sempre di buon umore, gioiosa e fidata nel suo lavoro di ogni giorno sia a casa che nella comunità e nei suoi onorevoli impegni. Volentieri ella mise a disposizione il suo straordinario talento musicale: di frequente dimostrò la sua bravura d'organista nel servizio religioso d'ogni domenica, e con l'infondere ai bambini e ai giovani l'entusiasmo per la musica. Ella era infatti la loro brava e competente insegnante di pianoforte.

La sua influenza, competenza, generosità e infine la sua fede furono per la gente di Appiano un punto di riferimento e di esempio. Un sentimento particolare lo ebbe per coloro che vivono nell'ombra della vita, sia i bisognosi che i sofferenti. Incontrandola tutti provavano gioia perché sapeva offrire in un sorriso il suo incoraggiamento. Lidia sapeva stimolare la lingua e la cultura del paese ed era una perla preziosa nel comune di Appiano. Se alla nuova scuola viene assegnato il nome di questa magnifica persona, la comunità può ritenersi fortunata per la scelta fatta.

Il parroco Pepi Stampfl

Quell'estate andammo tutti a trascorrere qualche settimana al mare Adriatico, e per le nostre vacanze avevamo prenotato tre camere in un Hotel di Bibione.

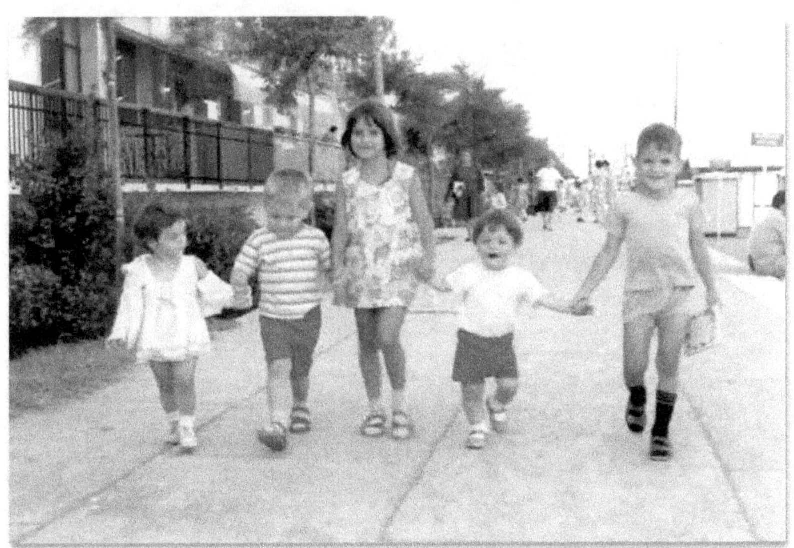

Daniela, Andrea, Anna, Ivo e Paolo, a Jesolo (1970)

C'era da nuotare e giocare e costruire castelli di sabbia. Bruno insegnò a Daniela l'acrobazia, tenendola al piedino e alzandola in aria. Sembrava che tutti avessero qualcosa da divertirsi e di stare in compagnia per conoscersi e rallegrarsi.

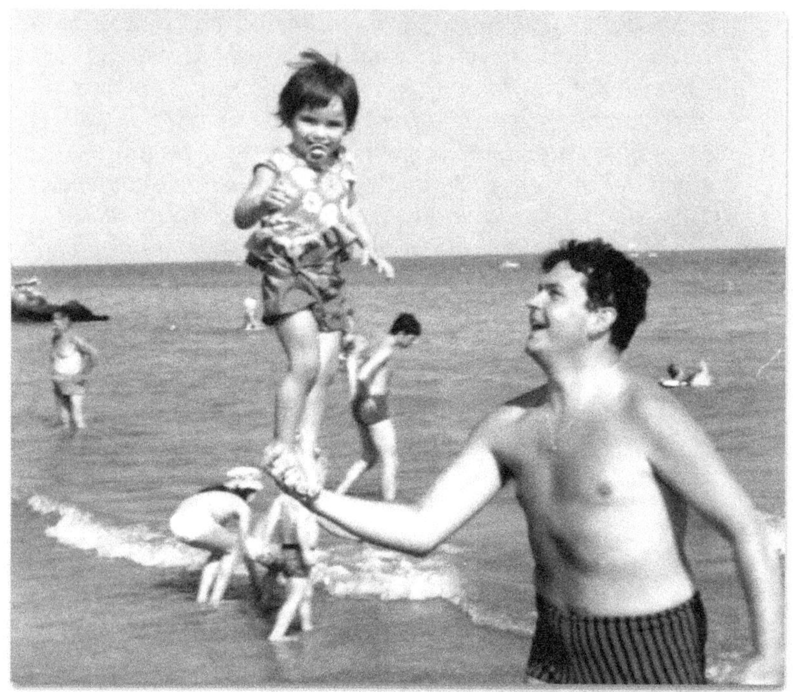

Daniela e Bruno, a Jesolo (1970)

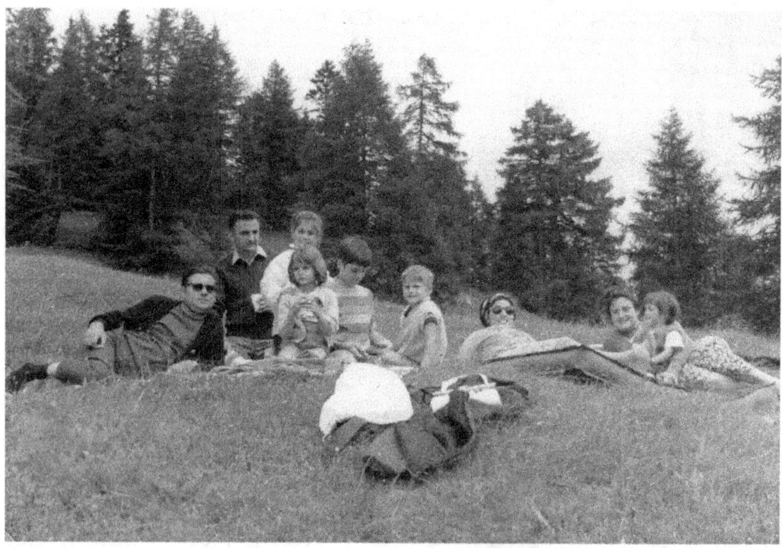

Famiglie Fiorelli e Mazzucato: (1970)
Luigi, Giuseppe, Maria, Anna, Johnny, Paolo, Jeanine, Carla, Daniela

Dopo le vacanze sull'Adriatico, abbiamo trascorso un po'
di tempo in montagna con la famiglia di Jeanine e Luigi
Fiorelli che erano in visita dall'America. Si divertivano a
fare lunghe passeggiate portandosi fino ad Ortisei in Val
Gardena, o anche delle brevi gite intorno alle colline di
Appiano.

Bruno era rimasto con noi gran parte dell'estate, e i
bambini si erano affezionati a lui, in particolare Daniela;
tanto che quando siamo tornati a casa in America alla fine
dell'estate, Daniela passò un periodo di tristezza. Aveva
iniziato a usare un ciuccio che non aveva mai usato prima,
e guardava per ore l'album di foto che avevamo scattato in
Italia.

La foto della sua "acrobazia" con Bruno in spiaggia
era la preferita, la baciava spesso e lasciava bagnati i suoi
angoli. Col tempo ritornò ad essere più serena e anche
allegra come prima.

A settembre, Anna doveva iniziare la prima elementare.
Joe ed io avevamo deciso che i bambini sarebbero andati
alla scuola cattolica vicino a casa nostra. Non mi sembrava
facile di educare e far crescere i figli in un paese nuovo,
con lingua e tradizioni diverse; e dare loro l'educazione
nella scuola cattolica mi dava un senso di familiarità e
sicurezza.

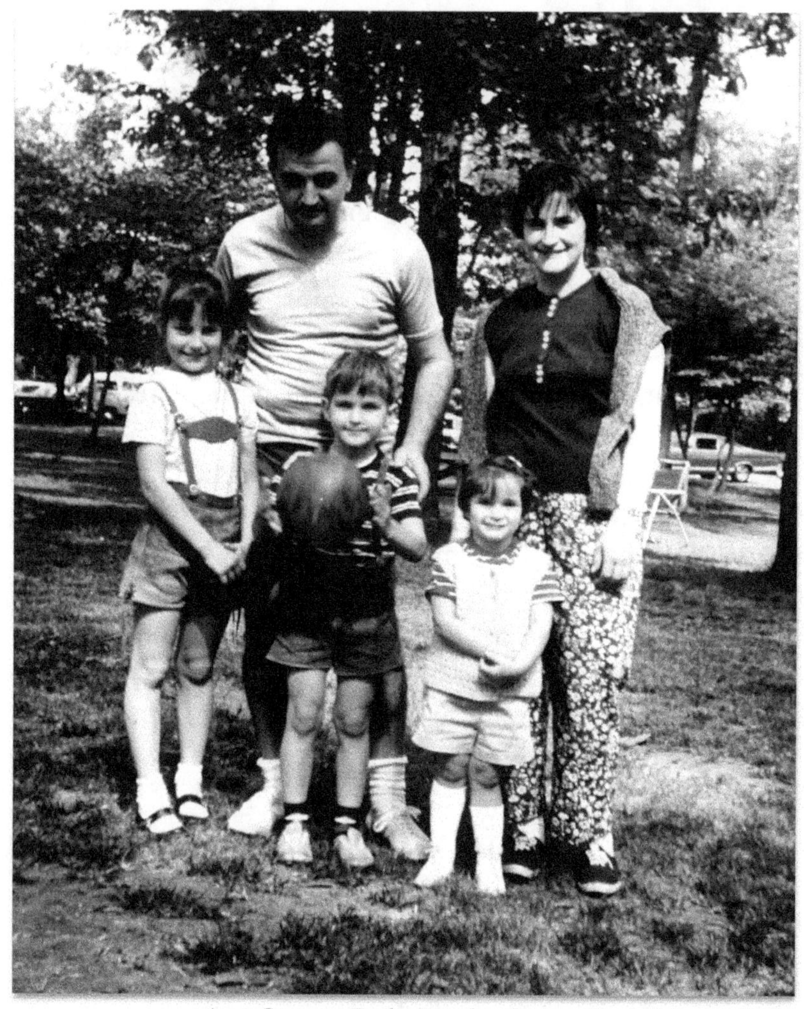

Anna, Giuseppe, Paolo, Daniela e Carla, a Elizabeth Park (c.1971)

La mia amica Maria Louisa Beatrici, che a quel tempo aveva già cinque figli, si era laureata in "Educazione" ed era colta in psicologia; ella si divertiva a condividere le sue opinioni e a darmi buoni consigli. Si passava il tempo insieme, discutendo spesso questioni educative e interessanti, e di come educare i nostri figli.

Dato che avevo lasciato Chicago e mi ero trasferita nel Michigan, non potevamo vederci spesso, ma era bello quando lei con la sua famiglia ci visitava, o quando noi facevamo il viaggio da Trenton, per visitare loro a Downers Grove, Illinois.

Un'estate andammo insieme per una vacanza di due settimane nell'alta penisola del Michigan. Avevamo affittato due rustici in una zona boscosa sulla riva del Lago Superiore. I bambini giocavano mentre Joe e Gino andavano a pescare. Maria Louisa ed io, ovviamente, passavamo delle ore a conversare.

La sera Gino prendeva la sua fisarmonica, e io la chitarra, e cantavamo le canzoni di montagna pensando alle nostre Alpi. Alla fine, tutto taceva, e i bambini si addormentavano nella serenità della notte tranquilla.

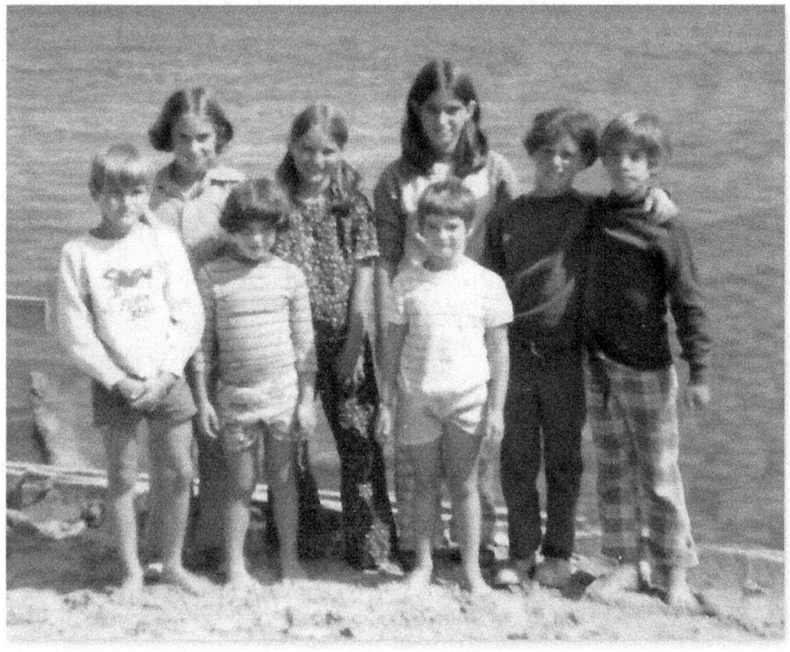

figli Beatrici e Mazzucato: (1972)
Paolo, Diane, Carla, Anna, Rita, Daniela, David, Paul

L'estate dopo abbiamo fatto una vacanza al Lac du Flambeau nel Wisconsin, dove Annamaria, la sorella del marito di Lidia, allevava centinaia di visoni in una grande fattoria nel mezzo di una foresta. C'erano tre file di recinti dove venivano tenuti gli animali e una casetta sul lago dove si poteva ammirare il tramonto.

Ricordo che Joe era così rilassato che decise di non radersi, e durante quella vacanza si fece crescere un po' di barba.

Sulla via di ritorno, abbiamo attraversato la penisola superiore del Michigan, che offriva la vista di splendidi laghi e foreste e dove in tempo passato c'erano le miniere di ferro. Quel paesaggio cambiava ad ogni stagione: i tenui colori della primavera diventavano intensi d'estate, e poi la stagione cedeva all'autunno il suo splendore, e infine arrivava la maestosità del bianco invernale.

Tornammo di nuovo in Italia nell'estate del 1973, ed ero felice di poter trascorrere del tempo con amici e parenti, e anche che i miei figli avessero la possibilità di conoscere meglio i loro zii, zie, cugini. Per Anna, Paolo e Daniela, era stato possibile di visitare il padre di Joe, Romano, e di accompagnarlo nelle passeggiate e di tenergli compagnia, perché questa fu l'ultima estate con il nonno Romano.

In una grigia giornata d'autunno, il 27 novembre 1975, nonno Romano morì all'età di ottantun anni. Durante una operazione esplorativa egli ebbe un collasso polmonare, ciò nonostante si sostenne in vita sperando di rivedere il figlio che era lontano. Giuseppe partì subito dal Michigan e riuscì ad arrivare in tempo a Bolzano in Italia per vedere e parlare un'ultima volta col padre.

Per me non è stato possibile accompagnare Joe e rimasi in America con i bambini, per cui gli scrissi la seguente lettera:

Trenton, 29 novembre 1975

Caro maritino,

Immagino che non riuscirai a scrivermi per mancanza di tempo, ma che ti farebbe piacere avere un mio scritto. I bambini hanno appreso la morte del loro nonno con profonda commozione. Il mattino seguente della tua telefonata, si sono ritirati tutti tre nella loro camera per assorbire questa triste notizia. Spiegai loro che il nonno si era spento con calma ed era ormai contento di raggiungere la nonna in cielo; penso che anche tu avresti avuto lo stesso pensiero.

Sono tanto contenta che tu abbia potuto rimanere ancora alcuni giorni col tuo papà e spero che tu mi vorrai raccontare quanto è avvenuto al tuo ritorno. Gli ultimi giorni e gli ultimi momenti che ancor si vivono sulla terra conservano quel momento di verità che noi cerchiamo durante il cammino della nostra vita. La morte risolve questo problema.

Pertanto mio caro maritino, sull'esempio della sua vita e quella dei miei genitori ormai morti da tempo, cerchiamo di sentirci uniti nello sforzo costante di accettarci a vicenda nonostante gli spigoli del nostro carattere, per poter dare ai nostri "frugoli" la pace che viene dall'amore, e poterli vedere avviati confidenti verso il loro mondo.

Sentimi vicina, con tanto affetto,
tua Carla

Nel 1976, l'anno dopo la morte del padre di Joe, tornammo tutti in Italia per le nostre vacanze estive. I bambini erano cresciuti ormai di qualche anno ed erano pronti a scoprire i bei posti e sentieri delle Alpi e rivisitare il paese della mia infanzia.

Al mattino presto ci alzavamo e ci preparavamo a partire per trascorrere la giornata in montagna all'aria fresca. Anna era sempre pronta ad andare alla panetteria in fondo alla strada per comperare del pane fresco e preparare i panini con prosciutto e con nutella per il nostro pranzo in montagna.

Le nostre nuove amiche Evelin Aichner e la sua piccola Maike, che abitavano in uno degli alloggi della nostra casa paterna, ci accompagnavano nelle nostre frequenti passeggiate, come pure zio Benito.

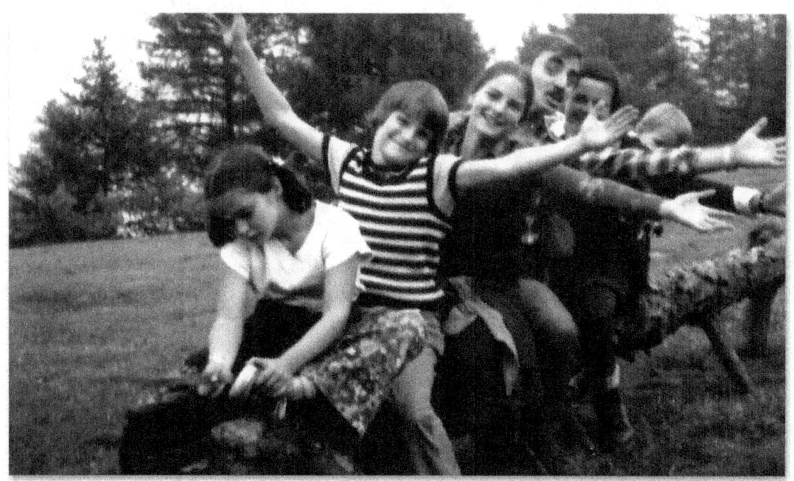

Daniela, Paolo, Anna, Zio Benito, Evelin and Maike Aichner (1971)

Benito, il fratello di Giuseppe era in vacanza e contento di trascorrere il suo tempo libero con noi. Il nostro piccolo gruppo si esprimeva in tre lingue diverse: Inglese, italiano, tedesco, per cui si parlava poco...si cantava invece.

La musica era il nostro linguaggio universale e sia Evelin che zio Benito suonavano l'armonica a bocca. L'escursione in montagna e il pranzo in campeggio si concludevano sempre con un bel concerto.

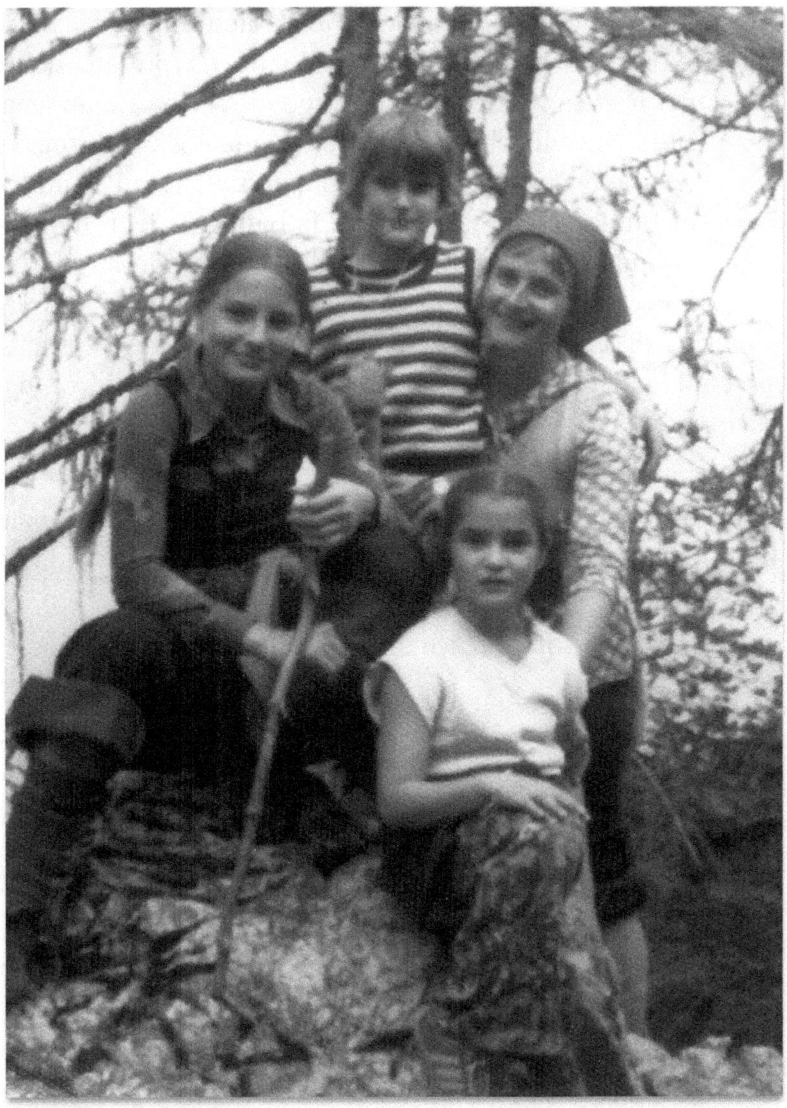

Anna, Paolo, Daniela e Carla (1976)

Altro viaggio divertente l'abbiamo fatto a Bologna, in Emilia-Romagna, per visitare la sorella di Joe, Ottelma, Remo, e le loro due figlie Silvia e Carla. Durante il tragitto ci siamo fermati prima a visitare don Luigi Borghesi, il parroco della Val di Non, dove io a diciotto anni avevo passato un'estate lavorativa. Lo abbiamo incontrato nella sua chiesa a San Michele all'Adige dove aveva appena completato l'installazione di due bellissime porte di bronzo.

Attraversando il Veneto, abbiamo visitato il famoso Ponte di Bassano, che fa ricordare la battaglia degli italiani nella seconda guerra mondiale, e dove passando si veniva sempre a cantare una delle canzoni di montagna, la preferita di Giuseppe, e che racconta la storia d'amore avvenuta sul ponte, dove "...noi ci darem la mano, ed un bacin d'amor".

Nel 1977, zio Benito, venne a visitarci in America, e con lui andammo ad esplorare le rive del lago Michigan attraversando l'Illinois e il Wisconsin, rientrando poi al nord della penisola del Michigan e attraversando il ponte Mackinac.

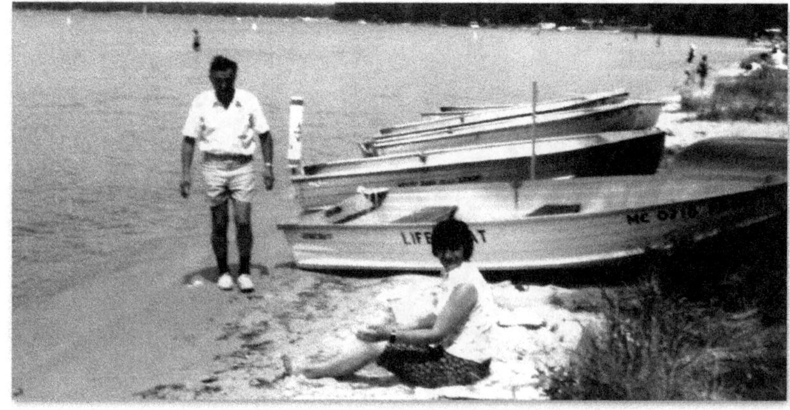

Giuseppe e Carla, Higgins Lake (1977)

Anche la sorella di Joe, Ida, venne a stare con noi per alcuni mesi volendo fare una lunga pausa dal suo lavoro.

Ida arrivò nell'inverno del 1977, lo stesso anno in cui avevo acquistato un edificio nel vicino paese di Grosse Ile per aprire una galleria d'arte e poter esporre i miei dipinti e insegnare arte. Ida aveva lavorato nella biblioteca del convento e le piaceva leggere e scrivere, per cui pensai che avrebbe potuto aiutarmi in galleria vendendo libri. Ma dopo essere rimasta con noi per sei mesi, decise di tornare nel suo convento a Verona, in Italia.

Le nostre vacanze in famiglia nel decennio successivo, le trascorremmo per la maggior parte negli Stati Uniti, viaggiando est, ovest, nord e sud per esplorare la vasta terra e fermarci nei vari campeggi per passare la notte e riposarci.

Nell'estate del 1978, portammo i bambini in viaggio nella capitale degli Stati Uniti, Washington, DC, con una tappa a Harrisburg, in Pennsylvania, per visitare Othmar Carli, un mio lontano cugino, e la sua famiglia. Othmar era un artista e aveva svolto molti lavori di restauro d'arte in chiese ed edifici pubblici, tra cui il Teatro dell'Opera di Vienna, in Austria. Ivi aveva incontrato una soprano americana di nome Peggy; si erano sposati e si erano stabiliti a York, in Pennsylvania, dove egli continuò il suo lavoro d'artista.

Othmar parlava inglese con un accento austriaco e preferiva esprimersi nella sua lingua madre, per cui passavamo la maggior parte del tempo a conversare in tedesco. Mi raccontò di come durante la seconda guerra mondiale, avesse ricevuto molte minacce dai nazisti di Hitler e di come dovette nascondersi nei boschi di Vienna per sopravvivere. Mangiava frutti e piante che crescevano nei luoghi più remoti, ma al sicuro. In seguito fuggito verso il confine meridionale dell'Austria, entrò in Alto Adige dove venne ad incontrare i suoi numerosi parenti Carli.

Trovai affascinante la storia della sua vita in Austria e poi in America, e la sua conoscenza dell'arte e della chimica: la mescolanza dei colori nella pittura. Gli piaceva anche parlare di aero-spazio e astronomia. Frequentava spesso concerti ed eventi musicali nella vicina Gettysburg assieme a Peggy, che essendo insegnante di canto, apprezzava la musica.

Dopo aver visitato i campi storici della Guerra Civile a Gettysburg e la residenza estiva dell'ex presidente Eisenhower, abbiamo continuato il nostro viaggio a Washington, DC. Siamo arrivati alla maestosa Cattedrale Nazionale di Washington per ammirare la straordinaria architettura, non solo della chiesa, ma di tutti gli edifici governativi circondati da ampi spazi aperti, parchi verdi e grandi viali lungo il fiume Potomac che scorre calmo come un nastro d'argento.

Siamo poi arrivati a Boston, una bellissima città con un grande passato storico. La rete di strade strette faceva sembrare la città più intima, e pensavo che fosse il tipo di città dove mi troverei bene a passare i miei anni.

Allontanandoci da Boston e proseguendo a nord lungo la costa atlantica arrivammo nello stato del New Hampshire. Qui la sabbia s'addentra nel vasto mare formando una lunga riva silenziosa, e la quiete è solo rotta dal dolce suono di onde che si appoggiano su quelle spiagge isolate. A poca distanza dalla spiaggia incominciano le colline silvestri che conducono alle montagne dette White Mountains dal colore argenteo, e simili alle nostre Dolomiti.

Entrati nello stato del Vermont, terra con una vegetazione variante di colori e le strade curve punteggiate da graziosi ponti con tettoie di legno, che attraversavano numerosi ruscelli. La quiete delle valli e l'aria fresca che abbiamo goduto lungo l'Atlantico ci offrirono una vacanza e quasi un'oasi di pace.

Nel 1984 viaggiando nella direzione opposta, siamo tornati nel "West". Joe aveva comprato un nuovo furgone (un Dodge Caravan) col quale ci avviammo sulla lunga e larga autostrada in direzione della California.

Nonostante fossimo andati in Colorado nel 1964 quando Anna aveva solo un anno, questa volta avevamo l'età adatta per un simile viaggio. Anna era ormai studentessa all'università, Paolo avrebbe iniziato gli studi universitari in autunno e Daniela stava frequentando il terzo anno di liceo. Inoltre, per il viaggio era venuta dall'Italia la nostra amica Evelin di Appiano. Il nostro itinerario era di attraversare le pianure del Midwest, salire le Montagne Rocciose, attraversare la frenetica città di Los Angeles, e infine raggiungere la costa dell'Oceano Pacifico.

Siamo arrivati su quella costa oceanica la sera del 4 luglio, in tempo per vedere i fuochi d'artificio da una scogliera che stava a picco sull'oceano. Eravamo campeggiati a Malibu Beach, sotto un cielo luminoso dei fuochi artificiali che celebravano la festa nazionale.

Anche il viaggio di ritorno è stato molto interessante per via delle varie soste che si facevano. La città di San Francisco era bellissima, ma ricordo anche i tanti posti dove ci siamo accampati, lontani dai rumori della folla per godere il silenzio della natura.

Comunque un mattino in un campeggio fuori città, siamo stati accolti dal "muggito" delle mucche che pascolavano in un campo vicino a quel campeggio.

Nello stato dello Utah, le saline si estendevano come un mare bianco, mentre il geyser Old Faithful nel Parco Nazionale di Yellowstone nel Wyoming, spruzzava in alto l'acqua bollente con forza impressionante. Dal Rocky Mountains National Park siamo scesi per vedere il Grand Canyon dell'Arizona, una delle sette meraviglie naturali del mondo.

Anni dopo, quando pubblicai un libro sulla mia arte, <u>America—Celebration,</u> scrissi del mio viaggio come se fosse un diario visivo iniziato nel 1962 al mio arrivo negli Stati Uniti. Avevo visto l'America come "una terra ricca di storia, dove le vite di coloro che sono venuti prima di me sono rimaste impresse nella terra per sempre".

Ero felice di aver potuto vedere questo immenso paese e di essere vissuta tanti anni in Michigan, terra di laghi e colori varianti, e dove passai molte stagioni della mia vita.

PARTE IV

UNA NUOVA STAGIONE

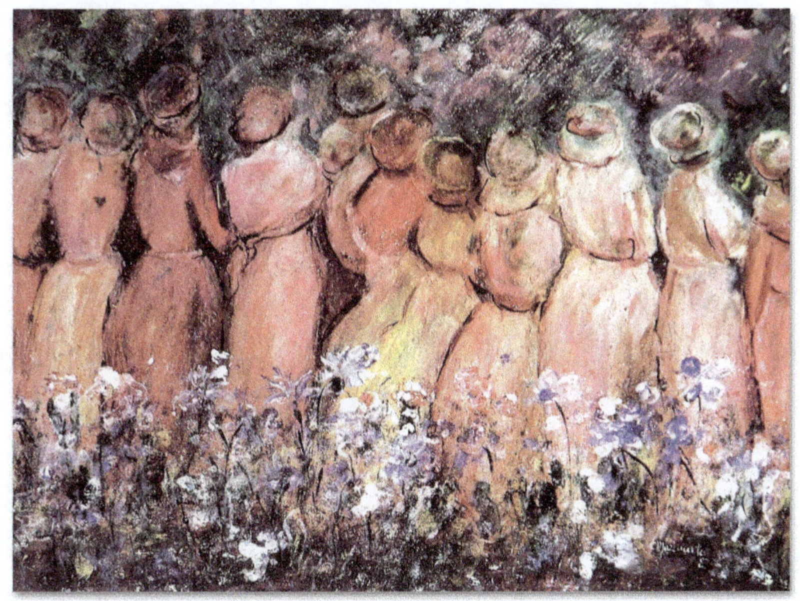

Primavera

Oh perché il paradiso è così lontano,
Oh, perché la Terra è così remota?
Non riesco a raggiungere la stella più vicina,
Che è sospesa nell'aria.

...

Essendo legata con tante fasce,
Non raggiungo né gioia, né bellezza;
Sforzo il mio cuore, allungo la mia mano
E afferro solo la speranza.

Christina Rossetti

170

CAPITOLO 18

NEL MEZZO DEL CAMMINO

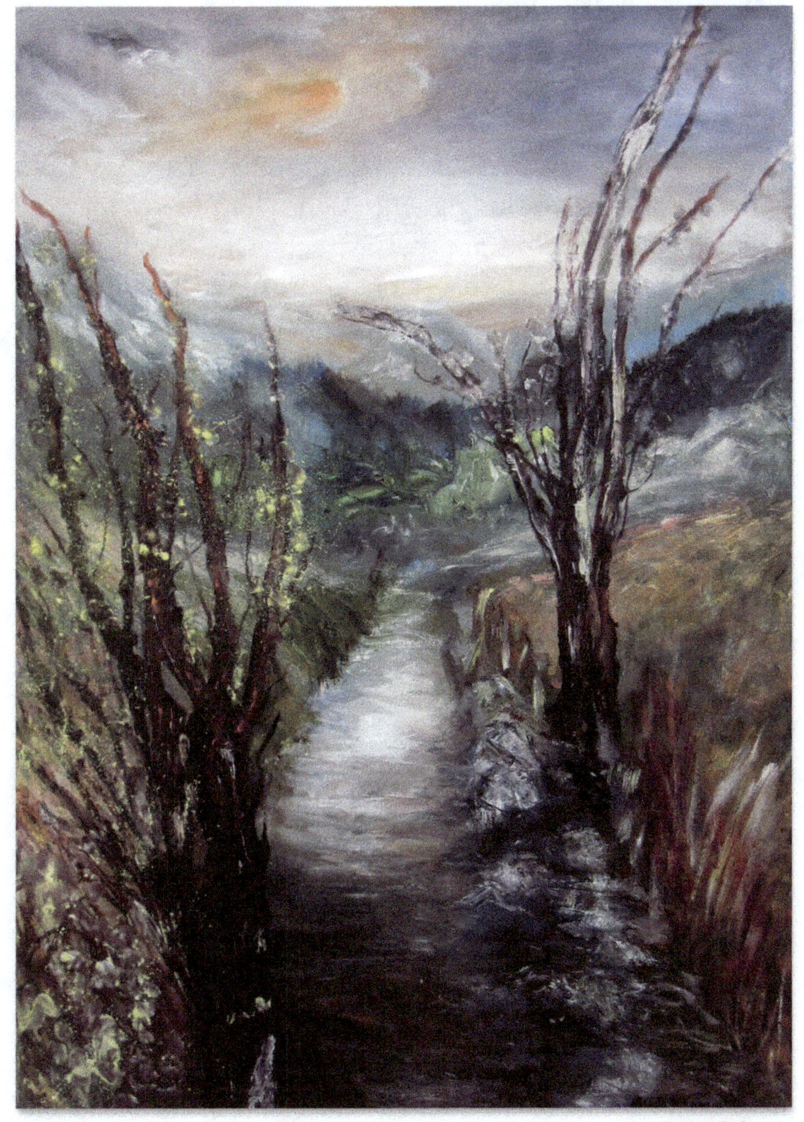

Passo Solitario

Una mia amica Lora Paciotti era ritornata dall'Italia dove era stata due anni per insegnare l'inglese. Era rinfrescante sentirla parlare l'italiano e raccontare le sue esperienze all'estero. Lora aveva studiato musica e aveva lavorato a New York per vari anni.

Suo padre Adamo si trovava in buona compagnia con Giuseppe perché anche lui aveva lavorato molti anni alla Ford di Detroit, ed ora da pensionato coltivava un grande orto pieno di frutta e verdura. Automobili e frutti della natura erano il soggetto delle loro conversazioni amichevoli, mentre Lora parlava con me di musica e letteratura. Era anche appassionata di cavalli, e le piaceva portare Anna a cavalcare ogni settimana presso una fattoria nel Downriver.

Dopo il suo matrimonio con Adelchi (Ed) Valsi, ebbe in nascita la piccola Claudia, simile alla madre in grazia e bellezza. Le sue visite si fecero più rade quando ebbe bambino di nome Marco, ed io aggiunsi altri due figli alla mia "combriccola", di modo ché non trovavamo più il tempo per incontrarci.

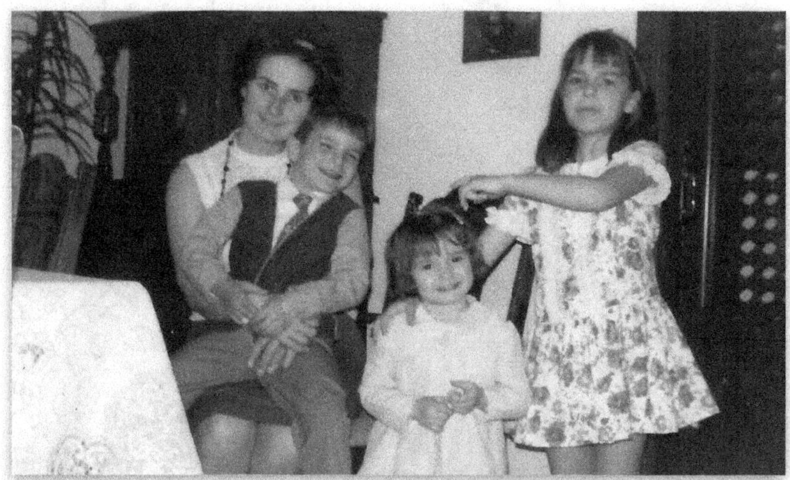

Carla, Paolo, Daniela e Anna (1971)

Anni dopo nel 2016, trovandoci tutte due vedove, abbiamo sentito il bisogno spirituale di ricollegarci, ma solo per iscritto, dato che vivevamo in stati diversi: lei in Michigan ed io in California. Tuttavia ci siamo sentite molto vicine negli ultimi anni. Lora é passata… mi ha lasciato il suo caro ricordo nella seguente poesia, che riflette la solitudine d'autunno:

Giorno d'Autunno
Signore: è il momento. L'estate è stata grandiosa.
Ma le meridiane si oscurano man mano
Che le tue ombre crescono,
E il tuo vento soffia libero sui prati.
Comanda ai frutti maturi di gonfiarsi completamente;
Concedi loro due giorni più temperati,
Per spingerli alla perfezione e cedere
La loro più grande dolcezza in vino forte.
Chi non ha casa ora, non costruirà mai più.
Chi ora è solo resterà sempre solo,
Veglierà, leggerà e scriverà lettere assai lunghe,
E vagherà irrequieto qua e là
Lungo i viali dove le foglie girano tutto intorno.

R.M.Rilke

(testo originale, tedesco)

Herbsttag
Herr: es ist Zeit. Der Sommer war sehr groß.
Leg deinen Schatten auf die Sonnenuhren,
und auf den Fluren laß die Winde los.
Befiehl den letzten Früchten voll zu sein;
gib ihnen noch zwei südlichere Tage,
dränge sie zur Vollendung hin und jage
die letzte Süße in den schweren Wein.
Wer jetzt kein Haus hat, baut sich keines mehr.
Wer jetzt allein ist, wird es lange bleiben,
wird wachen, lesen, lange Briefe schreiben
und wird in den Alleen hin und her
unruhig wandern, wenn die Blätter treiben.

R.M.Rilke

Arriva per tutti il momento di rivalutare la propria vita. Per me è arrivato quando avevo quarant'anni. Ho iniziato a sentire che avevo bisogno di una nuova direzione. Non capivo me stessa. Amavo mio marito, i miei figli, la mia famiglia, la mia casa... eppure sentivo un vuoto. Avevo troppe ore di tempo libero e andavo alla deriva senza un impegno che mi interessava. Avevo adempiuto le mie responsabilità, ma i momenti della mia giornata mi sembravano indefiniti.

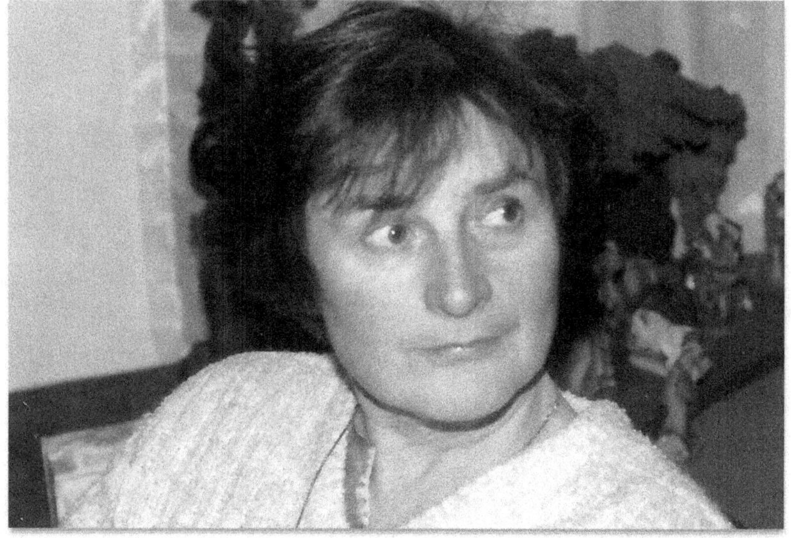

Carla (1975)

È stata una lotta interna che ho avuto e che ho cercato di nascondere senza capire le ragioni per cui mi sentivo in quel modo. Ripetevo che ero felice, eppure non avevo alcun senso di appagamento o realizzazione.

Mi mettevo a confronto con mio fratello e mia sorella, che avevano entrambi raggiunto i loro obiettivi professionali. Bruno aveva finito gli studi in teologia a Roma ed era sacerdote, Lidia si era diplomata in musica e insegnava pianoforte al Conservatorio di Rovereto.

Io sola, stavo sognando durante le mie giornate a considerare possibilità infinite. Pensavo che trovare un lavoro per riempire il mio tempo non fosse la soluzione... e Joe avrebbe potuto sentirsi offeso. Era orgoglioso di essere il sostenitore della famiglia e non pensavo che avrebbe preso in considerazione un cambiamento del genere.

Ma in verità, l'incertezza era principalmente mia. Non ero pronta di lavorare in una società di lingua inglese. Non avevo confidenza. Mi mancavano le competenze linguistiche necessarie, e in verità non volevo che nulla cambiasse. Amavo la mia casa e le ore trascorse con la mia famiglia e le persone che amavo. Era la vita che avevo sempre sognato. Perché allora sentivo che stavo sperperando la mia vita con sogni insensati? Non capivo. Ero confusa e senza risposta.

Ebbi una risposta quando il mio vicino, che era insegnante di scienze al liceo (high school) di Trenton, mi chiese se ero interessata a insegnare l'italiano nelle classi serali per adulti. Risposi di sì!

Due volte in settimana e per cinque anni, divenni istruttore d'italiano del corso serale alla Trenton High School. Quasi tutti gli insegnanti che desideravano fare un viaggio in Italia, si erano iscritti alla mia classe. Era la cosa perfetta per me: insegnare a un gruppo di persone entusiaste di imparare, e di viaggiare... e che amava il mio stile!

Alla fine del corso, dopo aver tradotto in inglese le famose arie della Bohème di Puccini, portai tutta la mia classe a vedere l'opera. Non stavo solo guadagnando confidenza, ma anche amicizie. Trovai un piccolo impegno che mi dava coraggio di provare cose nuove e di scoprire ben presto tante opportunità.

CAPITOLO 19

IL LUNGO SENTIERO

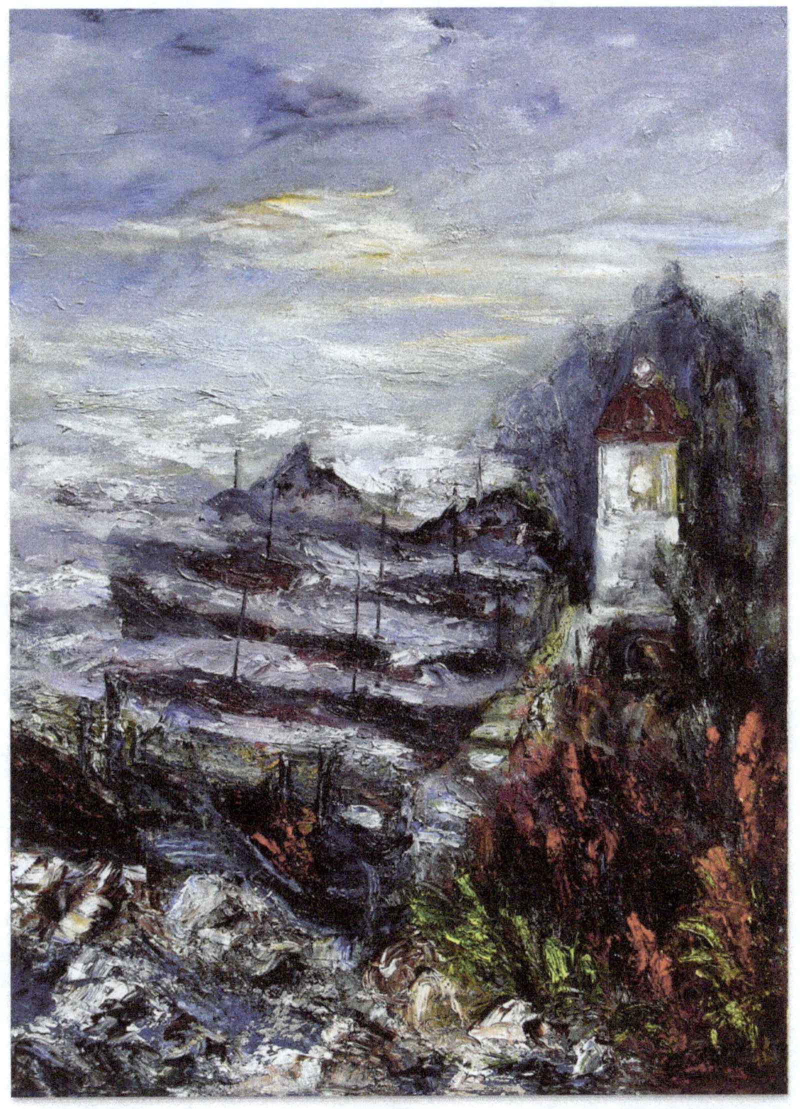

Dopo la Tempesta

A Detroit il 25 agosto 1975, io avevo ottenuto la cittadinanza americana. Conoscevo già la cerimonia perché avevo accompagnato Joe a Chicago dieci anni prima quando anche lui ottenne la sua cittadinanza americana. La maggioranza dei richiedenti allora erano immigranti della Russia, mentre alla mia cerimonia dieci anni dopo a Detroit, il gruppo più numeroso di immigrati veniva dall'Iran.

In entrambe le occasioni venivano cantati gli inni patriottici mentre le autorità distribuivano i certificati di naturalizzazione. Un inno in particolare mi piaceva molto perché celebrava la vasta bellezza del paese in cui ora vivevo, era il canto di "America the Beautiful".

Come nuova cittadina sentivo il dovere di assimilare la nuova cultura e di dare un contributo alla mia comunità. Sentivo inoltre che oltre allo studio privato l'ottenere una laurea da una università americana avrebbe completato la mia educazione per accedere al mondo accademico.

Avevo l'esempio del nonno che mai smise di studiare; egli voleva imparare a conoscere l'uomo e la natura, le due forze creative che ci rendono felici nella vita.

Nonostante avessi studiato per anni in Italia, prima all'Accademia Ca' Foscari di Venezia e poi all'Università Cattolica di Milano, non avevo ancora conseguito un diploma. Mi ero innamorata e avevo iniziato felicemente una nuova vita di sposa e madre. Anni dopo però, trovandomi in America e in una nuova cultura, volevo tornare a scuola. L'istruzione formale e il completamento di una laurea mi avrebbero dato la confidenza per continuare la mia professione d'arte.

Ritornai ai miei studi e mi iscrissi ai corsi che avevo bisogno per guadagnare una laurea, e infine un "Master" in Belle Arti, presso la Wayne State University di Detroit.

Nonostante la difficoltà di imparare con un nuovo sistema e una nuova lingua, constatai che lo studio in America era molto più facile di quanto lo fosse in Italia. Qui, i corsi erano specializzati sulla materia scelta invece di dover approfondire molti altri soggetti e ottenere una cultura globale.

Con questo metodo concentrato su un soggetto, ho imparato rapidamente ad esprimermi per iscritto. Ho avuto ottimi professori nelle mie lezioni di inglese e mi misi a studiare materie che non avevo mai affrontato prima, specialmente quelle che mi hanno dato l'opportunità di formare ed esprimere le mie idee riguardo alla filosofia, alla politica e alle questioni mondiali.

Devo ammettere che da quando ero arrivata in America, mi ero occupata solo della mia vita in famiglia. Ero arrivata a Chicago nel 1962, gli anni d'oro della politica americana sotto la presidenza di John F. Kennedy e fino al suo assassinio il 22 novembre 1963, non avevo quasi mai seguito notizia politica. Ma altri due omicidi scossero il mondo nel 1968: l'omicidio di Martin Luther King Jr. e quello di Robert Kennedy, e proprio l'anno in cui ero incinta di Daniela. La terribile notizia mi agitò talmente che andai a visitare il parroco della chiesa di St. Joseph a Trenton, Father Bracken, per cercare conforto e potermi calmare.

Come studentessa universitaria, avevo deciso di interessarmi un pò dell'andamento politico degli Stati Uniti il mio paese adottivo. Ero appena diventata cittadina e per l'anno successivo 1976, avrei potuto votare per la prima volta nelle elezioni presidenziali, e allora mi iscrissi al corso basato sul funzionamento del governo americano.

L'insegnante della mia classe mi aveva dato il compito di studiare la piattaforma politica del Partito Democratico; un altro studente avrebbe studiato quella del Partito Repubblicano; nella lezione successiva dovevamo presentare in un dibattito le posizioni differenti dei due partiti. Era una splendida occasione per imparare la scienza politica, sia per dichiarare al professore la mia convinzione di essere una cittadina "democratica."

Continuavo ad apprezzare la possibilità di continuare i miei studi e inoltre perseguire l'altra mia passione. In Italia avevo studiato arte; a Chicago avevo cominciato a dipingere; e ora a Trenton avevo esposto i miei dipinti nelle sale del Municipio. Ora mi sentivo pronta di fare il passo successivo.

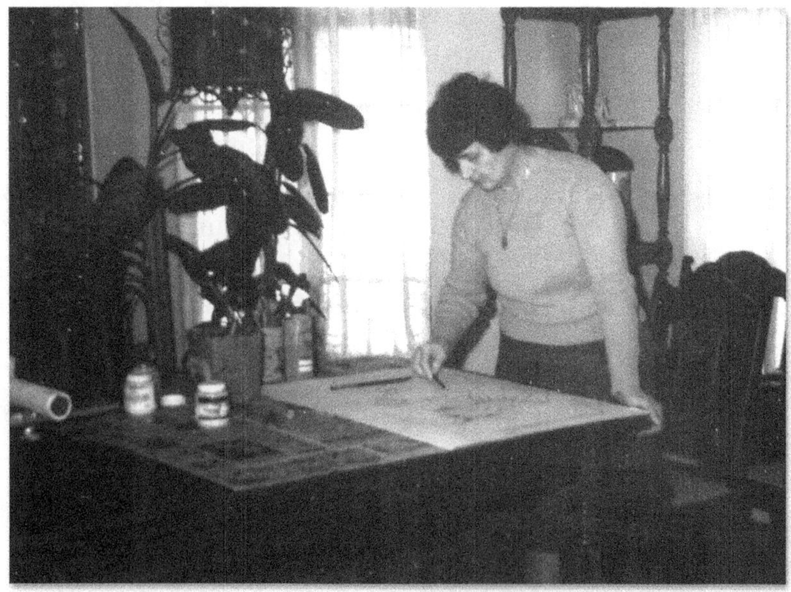

Carla Carli Mazzucato, studio a Trenton (1977)

Nella primavera del 1977, decisi di aprire una galleria d'arte per esporre il mio lavoro e per insegnare: disegno, pittura ad olio e acquarello.

L'Alpha Art Gallery mi tenne impegnata per otto anni quale curatrice d'arte, donna d'affari e corniciaia professionista. L'edificio si trovava in Macomb Street nel quartiere centrale di Grosse Ile, un'isola prevalentemente residenziale lungo il fiume di Detroit, dove un ponte collegava l'isola con la cittadina di Trenton.

Usavo le due stanze al piano superiore della casa per insegnare, e il primo piano per esporre e vendere i miei dipinti insieme a opere d'arte e sculture importate dall'Italia, e il negozio di cornici era nel seminterrato. Insegnavo quasi ogni giorno e avevo una cinquantina di studenti in settimana.

Tutta la mia famiglia era occupata in galleria: Daniela prendeva lezioni d'arte, Paolo suonava il violino durante l'inaugurazione delle mostre, e Anna era diventata commessa d'arte, la migliore di tutti. Ella era informata e gentile, e sapeva come interessare il cliente ad una conversazione che si concludeva con una vendita.

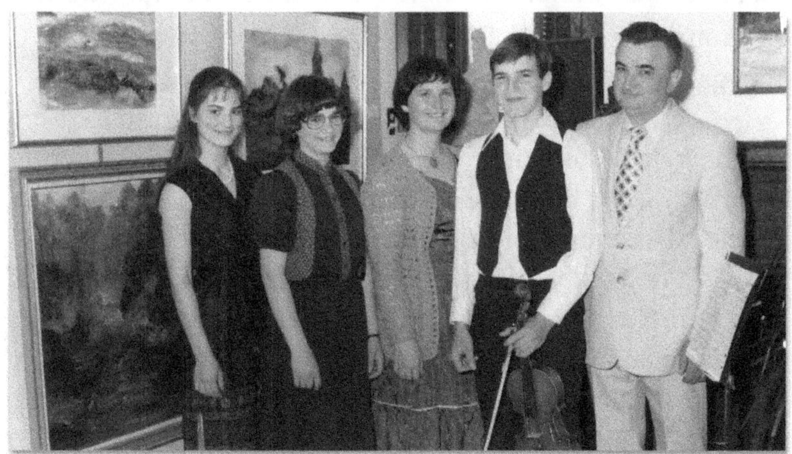

Anna, Daniela, Carla, Paolo, Giuseppe - Alpha Art Gallery (1977)

Tramite la Galleria, entrai in contatto con sempre nuove persone e venni ad apprezzare l'aiuto e l'ispirazione che ricevetti da tante amiche. Alice Boughner, una donna anziana, era diventata una delle mie studentesse d'arte, ma per me era l'amica consolatrice che proiettava il suo luminoso ottimismo e la sua saggezza. Patty Barnes e Pat Mastropaolo, mi aiutavano in Galleria e divennero le mie amiche consigliere.

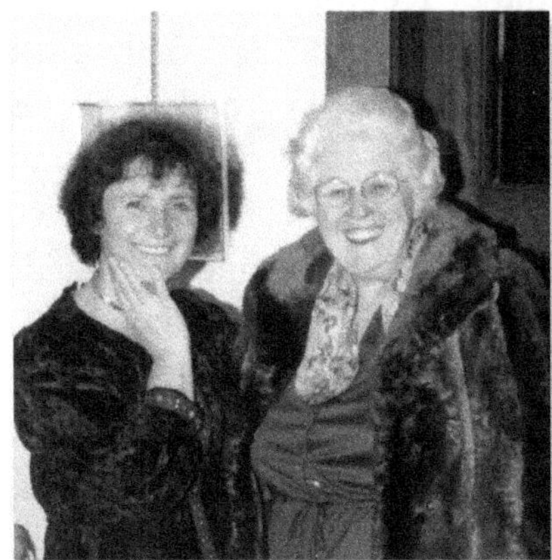
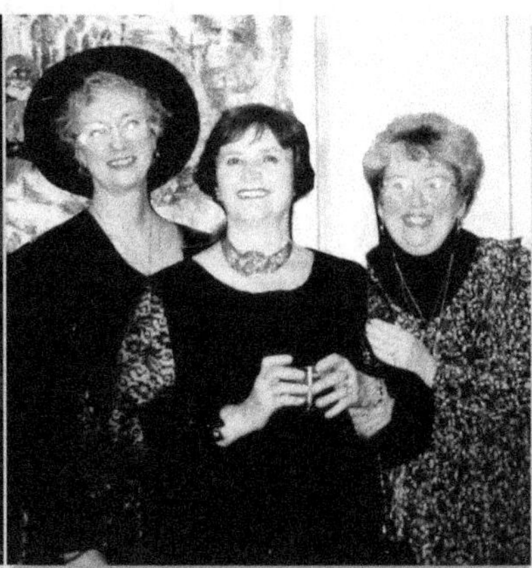

Carla e Alice Boughner   Patty Barnes, Carla, e Pat Mastropaolo (1996)

L'Alpha Art Gallery divenne un centro di attività culturale per tutta la zona del Downriver, l'aerea dove io avevo la mia galleria e la casa dove abitavo.

Come insegnante, avevo rispetto e autorità, ed ero considerata inoltre una donna d'affari e organizzatrice di eventi. L'isola di Grosse Ile dove si trovava la Galleria, venne ad essere considerata l'anima dell'intera comunità.

Fondando l'associazione Downriver Artists' Guild potevo promuovere gli artisti locali dando loro la possibilità di esibire annualmente il loro lavoro in mostre d'arte che si tenevano nella mia galleria.

Nel 1981 invitai anche Othmar Carli per fare una mostra e presentare il suo lavoro in Michigan. Othmar mi diede allora il consiglio di estendere il mio mondo d'arte al di fuori della comunità locale del Downriver/Grosse Ile; e fu allora che assieme andammo a New York per esibire il nostro lavoro d'arte all'Esposizione Internazionale.

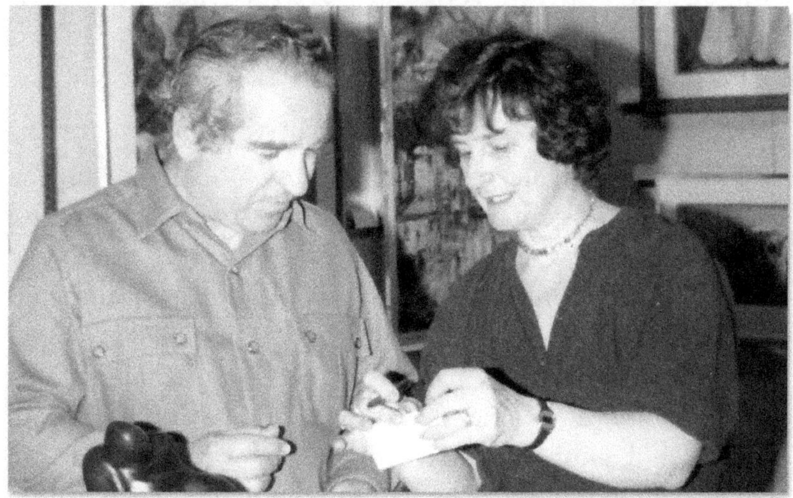

Othmar Carli e Carla, New York Art Expo (1982)

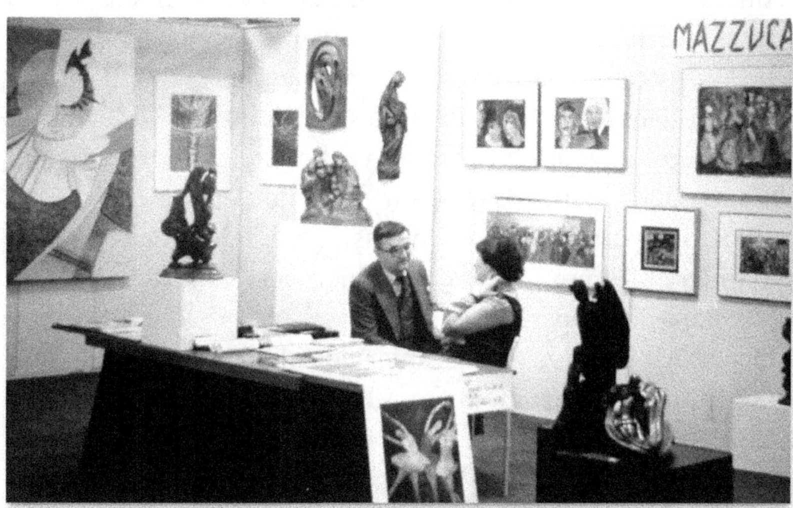

Giuseppe e Carla, New York Art Expo (1982)

Andai a New York nel 1982 e vi ritornai ogni anno fino al 1992, iniziando così un nuovo periodo di vita artistica viaggiando e presentando i miei dipinti in varie gallerie negli Stati Uniti andando da New York City a Chicago, e da Dallas fino a Palm Springs. Ritornai ad esporre i miei lavori anche in Italia, ottenendo inviti e conseguente attenzione da critici internazionali dell'Inghilterra e della Francia.

Nel 1990 venni premiata dal Downriver Council for the Arts con un "Salute to Excellence Award." Durante una cena e una cerimonia formale, sono stata premiata per i miei contributi culturali assieme a Vincent Porreca, George Gorno e John Colina, e ognuno di noi ricevette in premio una scultura in vetro.

È stato un onore partecipare all'evento tenutosi nella bellissima Rivera Court dell'Istituto delle Arti di Detroit, dove alcuni anni dopo sarei diventata docente d'arte. In quella capacità, io potevo presentare la meravigliosa collezione d'arte dell'Istituto DIA al publico interessato e frequentemente a turisti internazionali.

Altro evento di gala avvenne il 18 giugno 1999 quando il mio grande dipinto a olio intitolato "Evening at the Opera" (Serata all'Opera) venne svelato nell'atrio del Teatro dell'Opera di Detroit per fare parte della sua collezione permanente. Commissionato dalla Società Dante Alighieri, il dipinto venne perennemente esposto nell'atrio del teatro dell'Opera.

All'evento, "Italian Interlude" hanno partecipato più di quattrocento ospiti tra cui il governatore del Michigan John Engler e il sindaco di Detroit Dennis W. Archer. Il Maestro Dr. David DiChiera, direttore generale del Teatro dell'Opera, mi presentò come l'artista venuta dal paese natale dell'opera che "ha tradotto l'emozione della nostra esperienza comune in una celebrazione visiva della vita".

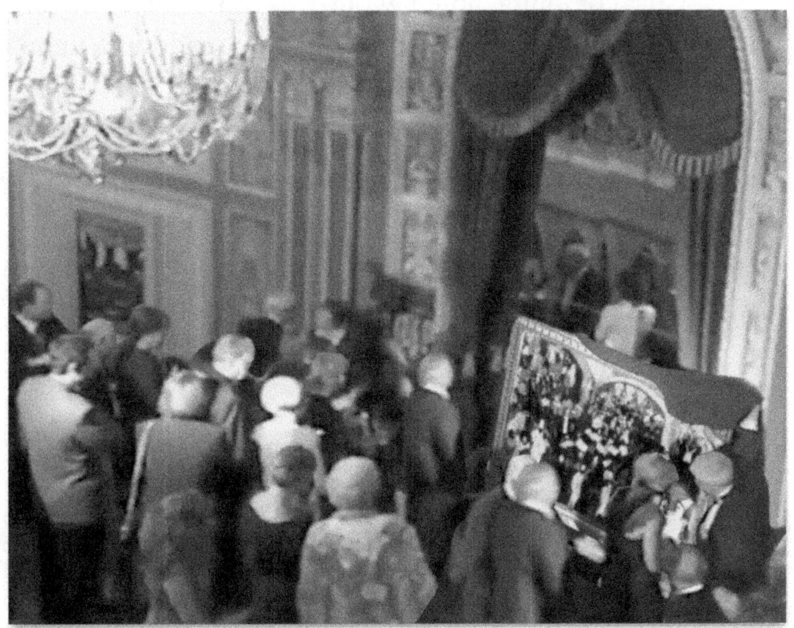

Inaugurazione di "Evening at the Opera" Detroit Opera House (1999)

Si sono pronunciate tante parole gentili in quella occasione, erano comunque parole attinte da varie recensioni e critiche che avevo ricevuto durante i miei anni di carriera. Samuel Sachs II, il Direttore del Detroit Institute of Arts dal 1985 al 1997, scrisse l'introduzione del libro <u>Mazzucato—New Horizons</u> pubblicato nel 1994, descrivendo il mio lavoro un'espressione moderna come "arte spirituale" dove le "composizioni ritmiche celebrano la vita nella gioia dello spirito".

Con queste parole gentili e generose, avevo finalmente un senso di certezza che tutto ciò per cui avevo lavorato si era realizzato e non era un sogno. Indipendentemente dal successo che avevo avuto sentivo che avevo vinto anche una lotta interna e cioè quella di aver avuto confidenza nell'affrontare gli ostacoli che si erano presentati lungo il mio cammino.

Una comunità amichevole mi venne incontro per riconfermare il mio valore, ed io stavo entrando una nuova stagione di vita.

CAPITOLO 20

L'ARTE NELLA MIA VITA

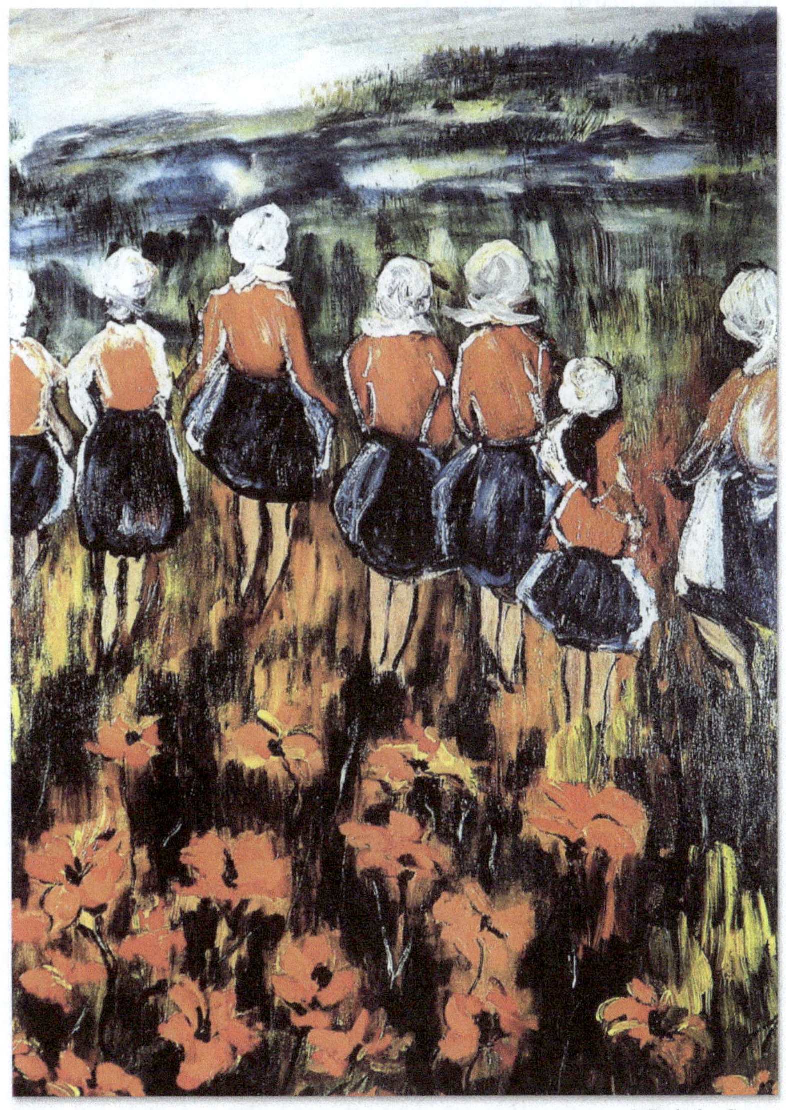

I Gigli dei Campi

Ancor giovane vedevo mia madre fare acquarelli e disegni accompagnati da brevi poesie che componeva per i malati che andava a visitare. Amavo ascoltarla quando recitava le poesie che aveva imparato a memoria da giovane, e quando recitava i primi tre canti dell'Inferno di Dante. Era come musica per me.

Mio padre invece era dotato di corde musicali sia nel canto che nel suonare la sua chitarra. Il suo repertorio comprendeva canzoni del folklore tedesco, le ninna-nanne, le ballate romantiche e i canti viennesi. A volte suonava canzoni divertenti per farci ridere e cantare insieme a lui.

Mentre la musica suonava, ci insegnava a ballare il valzer, guidandoci attorno al tavolo della cucina; e mentre mia madre cucinava i canederli, un piatto tirolese di gnocchi di pane, la canzone diceva che ogni canederlo osservava l'altro per vedere se sapeva bollire. Ossia "der Knödel schaut den andern on ob er sieden konn,"

Nei tre anni che frequentai il Liceo Classico, studiai storia dell'arte ed ebbi l'occasione di visitare chiese e musei italiani che ospitavano capolavori artistici visti solo nei libri d'arte. Molti anni dopo arrivai in America, e ripresi gli studi alla Wayne State University di Detroit laureandomi con un Master in Fine Arts. Iniziai la mia carriera insegnando a dipingere a un gruppo di studenti e a persone mature per poi aprire la mia galleria d'arte. Dopo alcuni anni d'insegnamento continuai gli studi per diventare docente all'Istituto d'Arte di Detroit.

Come docente, imparai a parlare ad un pubblico diverso, e a spiegare il valore dei vari oggetti d'arte esposti nelle gallerie dell'Istituto. Specializzandomi nei vari corsi, ogni anno presentavo al pubblico le nuove collezioni d'arte appartenenti al museo; e durante gli anni che lavorai all'Istituto, ebbi il piacere di presentare le seguenti collezioni: Arte Medioevale, arte del Rinascimento italiano e del Rinascimento nord europeo, arte americana e arte moderna. Ero al museo ogni settimana per due giorni interi e la domenica per presentazioni speciali.

Anche Joe venne ad uno di questi tour assieme a Catherina Carli la mia cugina venuta in vacanza da Monaco di Baviera. Era tanto entusiasta dell'arte che Joe pensò di condurla fino in Canada per vedere anche la natura maestosa delle Cascate del Niagara. E' stata una gioia avere Catherina con noi per due settimane, e sebbene parlasse solo il tedesco, ella riusciva a comunicare magnificamente con Joe che parlava solo italiano e inglese.

Il 1997 fu l'anno che la squadra di hockey di Detroit vinse la Stanley Cup, ed io dipinsi l'intera squadra dei "Red Wings" per fare un regalo a Joe che era appassionato dello sport, e seguiva ogni partita alla televisione. Il quadro che feci era una scena di figure in continuo movimento sul ghiaccio biancastro. Il dipinto originale venne poi venduto all'asta al giocatore canadese Darren McCarty che aveva segnato il gol vittorioso per la squadra di Detroit.

Joe ed io eravamo stati invitati alla festa di celebrazione, e Joe, che di solito era piuttosto riservato, si avvicinò a McCarty per chiedergli se voleva incontrare l'artista del quadro appena acquistato, e me lo vidi ritornare al mio tavolo accompagnato non solo da McCarty ma anche il portiere Mike Vernon e il difensore Vladimir Konstantinov. Avendo visto tante partite di hockey con Joe, conoscevo altri giocatori da inserire nel quadro, come il capitano Steve Yzerman, Brendan Shanahan e Sergei Fedorov.

Io continuai a dipingere ed esporre sia negli Stati Uniti che all'estero. Ebbi mostre in Italia: Bologna, Prato/Firenze, Appiano e Bolzano, come pure negli Stati Uniti: a Detroit, New York, Chicago, Palm Springs e Dallas; e rimasi occupata in un programma impegnativo.

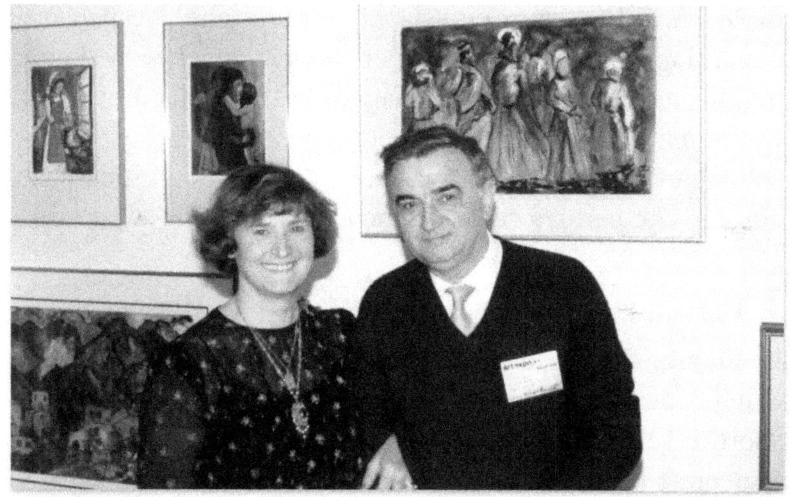

Carla e Giuseppe, ArtExpo New York (1985)

Avevamo lasciato l'Italia sempre pensando di ritornarvi un giorno senza sapere esattamente quando. La nostra vita era in Michigan, ma abbiamo sempre conservato il ricordo delle persone care e dei luoghi del nostro passato, che rimasero impressi nei nostri cuori non meno che l'aspetto dei nostri familiari.

Il nuovo paesaggio degli Stati Uniti era così diverso. Non potevo fare le gite a Stroblhof, percorrere i lunghi sentieri di Appiano e riposare sotto i noti frutteti dove una volta finivo le mie passeggiate con mio padre. Ed inoltre mi mancavano le stradine in ciottoli, la vita in piazza, i caffè, e l'incontro con amiche dopo la messa domenicale.

Ero soddisfatta di ciò che avevo realizzato, ma avendo dato molto tempo ai miei impegni creativi, ne avevo dedicato meno alla mia famiglia e soprattutto a Joe, che si era prestato ad aiutarmi in galleria come corniciaio, e che aveva sempre partecipato ai corsi tecnici che si tenevano frequentemente in varie città. Il lavoro gli piaceva, ma dopo aver lavorato per un intero turno di otto ore presso lo stabilimento di stampaggio Ford, passava i pomeriggi e i fine settimana a tagliare e assemblare cornici. Era tutto lavoro, e poco tempo per qualche ore di svago in famiglia.

Dopo una mostra della mia arte a Dallas, in Texas, sul volo di ritorno a Detroit, osservando Joe che si era addormentato stanco nel suo sedile, ripensai a quanto egli si era prestato per farmi contenta ed aiutarmi in galleria. Pensai che fosse giunto il momento di decidere e cambiare tono di vita.

Quando si svegliò gli dissi che avevo deciso di vendere la galleria e di dedicarmi all'arte solo quel tanto per diventare un'artista migliore. Sembrò sorpreso per il momento e non disse nulla, ma il suo sorriso mi fece capire che apprezzava la mia decisione. Per cui detto e fatto: Io chiusi la galleria d'arte e la misi in vendita !

Anche senza la galleria, la pittura continuò ad essere per me una grande fonte di gioia.

Quando su tela ancor bianca esprimo in colore immagini fantastiche e certe emozioni che mi danno l'idea di uno spazio illimitato e distante, io riesco a dipingere il quadro con un cielo variante e infinito. Persone e natura si muovono verso un nuovo orizzonte creando un senso di pace e armonia.

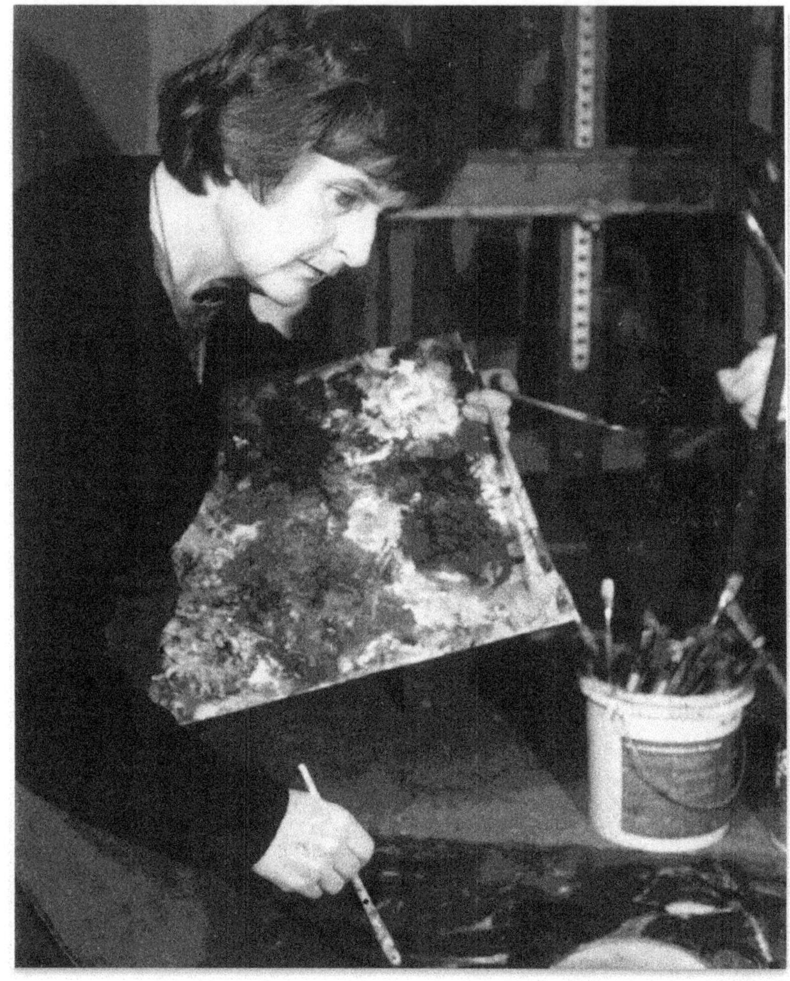

Carla Carli Mazzucato (c. 1987)

Forse l'ottimismo che provo quando dipingo mi viene istillato ancora dagli anni passati con mio padre, e anche di aver saputo sopravvivere alle incertezze e alle paure suscitate dalla guerra e da tante altre difficoltà. Inoltre il viaggiare per l'Europa e l'America, come pure i bei ricordi del mio passato mi danno i soggetti vari per dipingere, e di trovare quel pò di speranza per un futuro migliore.

Nel 2001 sono stata invitata ad esporre la mia arte nel Castello San Valentino, ad Appiano, mio paese natale. La mostra era un "ritorno a casa", ossia un rivisitare su tela i luoghi e i momenti nostalgici del mio passato. Immaginavo di guardare dalla finestra della mia casa paterna per dipingere i paesaggi già tanto conosciuti: I castelli che sorgono imponenti e le bianche case sparse tra i vigneti.

Questa mostra doveva essere un contributo a mio padre; e infatti ricordando i passi che avevo fatto con lui, incominciai a dipingere il lungo sentiero con il ruscello che porta alla chiesetta di Maria Rast e quello che facevo per andare a scuola. La mia pittura proseguí seguendo tutte le stradine che si snodano fino a Stroblhof e poi arrivano a Thurnbach dove in passato si facevano i bagni terapeutici con le foglie di castagno. Infine diedi il colore verde e il castagno con riflessi di foglie dorate alle piante dei boschi intorno al lago di Monticolo, e continuai la passeggiata dipingendo la vallata d'Appiano con la mia tavolozza variopinta che descriveva in colore la bellezza del luogo.

Per la mostra venne pubblicato il libro Heimkehr (Ritorno a Casa) che narra una storia e riproduce i miei dipinti nei colori varianti delle quattro stagioni.

Le stagioni rappresentano il passare del tempo in un ciclo simbolico della nostra vita, dal nostro inizio alla nostra crescita e trasformazione. La nostra anima si confonde in questo ciclo simbolico quando le ombre invernali lasciano il posto alla luminosità del sole estivo che poi cede la sua intensità ai colori d'autunno. Ed io dipingo i miei pensieri con i vividi colori autunnali di Appiano e del Michigan, e i toni dorati delle colline del West.

Nel 2005 il co-direttore della Galleria Guggenheim della Chapman University in California ha presentato una mostra del mio lavoro intitolata "A Glimpse of Tuscany" (Visioni della Toscana). Anche qui ho presentato i quadri che avevo dipinto quando mi trovavo a girovagare le belle colline toscane e a godere l'arte e i monumenti della città di Firenze.

L'anno successivo, seguirono altre mostre al Bowers Museum di Santa Ana, dove presentai le opere della mia serie "America" e "Venezia".

Quell'autunno ritornai in Italia per una mostra alla Galeria Prisma di Bolzano, e negli anni successivi ebbi mostre in Florida, Connecticut, e Las Vegas in Nevada.

Infine a Laguna Beach, California, trovai l'affascinante Bottega d'Arte dove ebbi una serie di mostre. Un publico interessato frequentava quel luogo che era una colonia d'arte con oltre 100 gallerie, ed era situato sulla ridente costa dell'Oceano Pacifico.

L'arte che ho esibito in queste mostre rappresentava momenti della mia vita nelle stagioni passate. Tramite le mie primavere, estati, autunni e inverni io dipinsi la mia vita come voglio che sia ricordata, e cioè con luce e colori gioiosi. I luoghi visitati e le persone che ho conosciuto hanno influenzato la mia percezione di vita e plasmato profondamente la mia espressione artistica.

La mia arte fa parte della mia vita, e questo sentimento lo espresse mio figlio in una poesia che compose quando era un ragazzino.

<u>*L'Artista*</u>

Un pizzico di bianco
Per raffreddare la mia mente,
Così piena di pensieri
Per quello che troverei,

> *Se fossi libera di vagare e dipingere,*
> *e mostrare al mondo le mie opere d'arte.*

Un tocco di blu
per lenire il dolore,
Che ottengo riflettendo
cosa guadagnerei,

> *Se fossi libera di andare e dipingere,*
> *e mostrare al mondo le mie opere d'arte.*

Una puntata di rosso
per spronarmi,
Nel pensare quando
Verrà il giorno,

> *Quando sarò libera di correre e dipingere,*
> *e mostrare al mondo le mie opere d'arte.*

E ora un po' di marrone
per giorni ingrati,
Un po' di viola per la paura,
E grigi solitari,
Un po' di verde invidioso
per quello che mi manca,
Un po' di oro speranzoso
Frustrazione nera—

> *Ma fermati!*

Ho dipinto molto
un pennello non può dire-
La mia vita è un ritratto
dipinto bene.

> *E sono libera di amare e dipingere,*
> *e mostrare al mondo le mie opere d'arte.*

pvm

CAPITOLO 21

MOMENTI SPECIALI

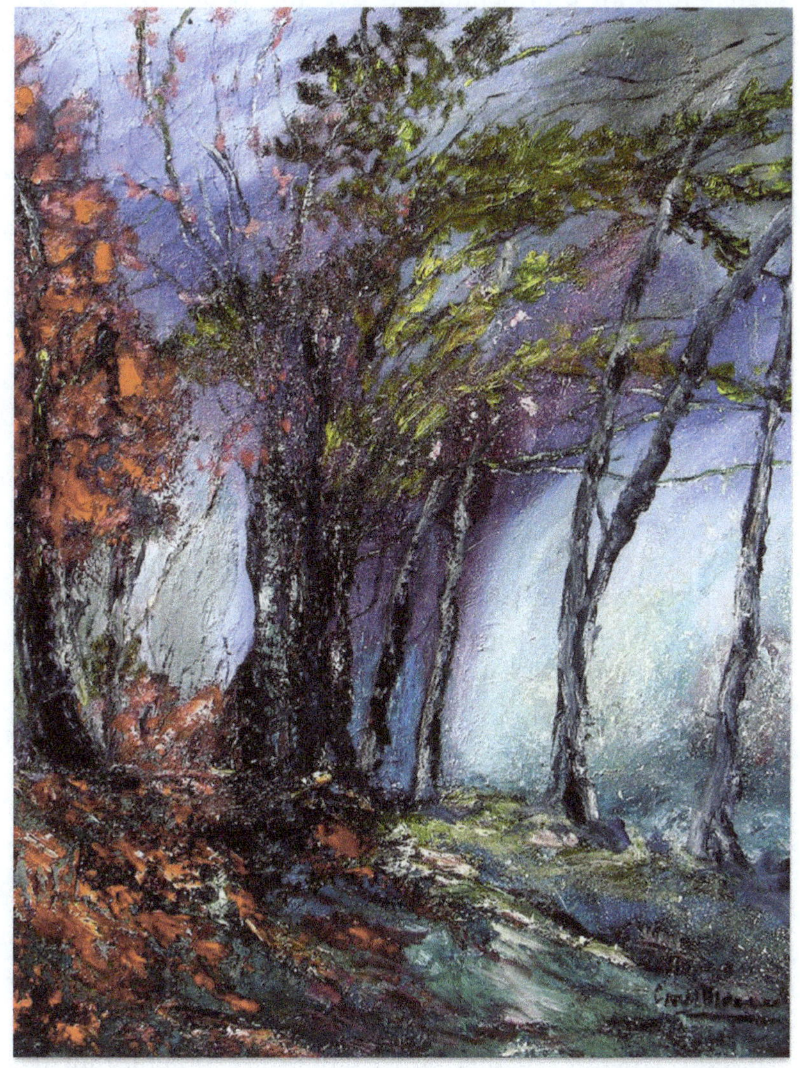

Colori del Vento

Noi tutti custodiamo un libro di memorie che ci fanno ricordare i momenti speciali del tempo passato nelle diverse stagioni della nostra vita. Incominciando dalle voci affettuose dell'infanzia, ci risvegliamo alla dolcezza dei sogni giovanili e ai sentimenti del nostro primo amore; e infine riviviamo i giorni felici trascorsi con amici, come anche i momenti terribili di una guerra. Noi abbiamo infatti una connessione interna che dà voce ai nostri sentimenti e le nostre memorie ed emozioni, e racconta una storia creata da una collezione di momenti felici e di momenti tristi; e che diventa il nostro libro di memorie.

Qui seduta, ricordando il mio passato, rivedo i momenti speciali dei miei figli e della loro storia. Essi sono nostri solo per poco, per quel tempo che non riescono a prendere cura di sé stessi, dopodiché appartengono al loro destino e alle loro famiglie. Sia io che Giuseppe siamo stati benedetti per averli.

Per loro abbiamo provato ad essere un raggio di sole nei giorni nuvolosi, e a sorridere a loro quando erano tristi, proteggendoli con amore durante il nostro tempo con loro. Poi tutti e tre partirono per iniziare i loro viaggi attraverso le varie stagioni della loro vita. Essi avranno ascoltato la loro voce intima e imparato a creare dei momenti speciali.

A me conveniva ascoltare la loro voce invece di usare la mia, e sentivo in me la loro storia e i loro sogni, e cercavo di aprire la mia mente ad un nuovo mondo, il loro mondo.

Ricordo quanto fu orgoglioso Giuseppe quando vide i suoi bambini vincitori in una corsa campestre organizzata dal Caboto Club a Windsor, in Canada. Avrà di certo pensato a quando da ragazzo correva anche lui come il vento per i campi di Pontelongo dopo aver fatto qualche birichinata. Anna e Paolo vinsero entrambi le gare del loro gruppo di coetanei, e Daniela, non volendo essere esclusa dalla gara perché troppo piccola, pensò di correre con i più grandi. Molto tempo dopo e negli anni di liceo, Paolo divenne un fondista e Daniela una velocista, e ad ogni gara riuscivano a vincere un premio correndo veloci come in passato il loro papà.

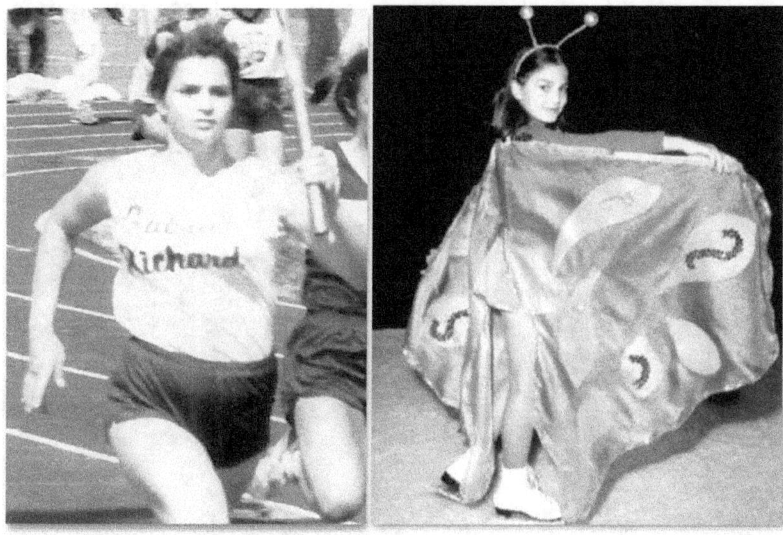

Daniela (1978)   *Anna (1971)*

Altrettanto speciale è stato il tempo che ho trascorso allo stadio del ghiaccio a Trenton, dove i miei figli presero lezioni di pattinaggio. Anna pattinava in un costume colore di lavanda e Paolo era col suo costume nella squadra di ragazzi. Io passavo delle ore su quelle dure panche; e mentre guardavo Anna, che pattinava sul ghiaccio vestita da farfalla, speravo che i loro sogni di gloria non svanissero nell'aria proprio come le farfalle che volano e si perdono nel cielo.

Anna si era iscritta alla Wayne State University per studiare arte teatrale. Detroit aveva due bei teatri affiancati all'Università, il l'Hillberry Theater e il Bonstelle, dove Anna andava a recitare le opere di Shakespeare e di altri drammaturghi moderni. Per me i ruoli più importanti nei quali vidi Anna sul palcoscenico come vera attrice furono quelli di Giulietta in <u>Romeo e Giulietta</u>, di Shakespeare, e la drammatica parte di Agnes in <u>Agnes of God</u>. Rimasi sbalordita nel vedere la sua abilità artistica nel presentare scene così intense. Era come se mia figlia fosse scomparsa, e solo il personaggio profondamente turbato di Agnes, era rimasto in scena.

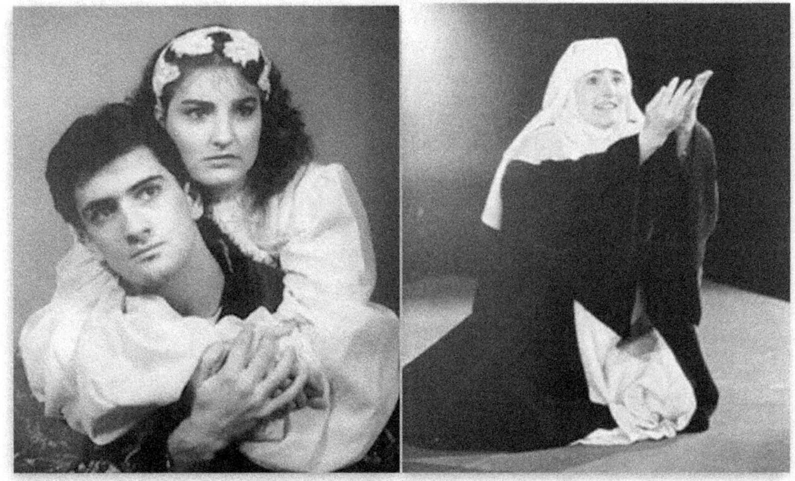

Anna in <u>Romeo e Giulietta</u> e <u>Agnese di Dio</u>

Io rimasi sola a casa dopo che i miei figli si erano tutti trasferiti: Anna a Los Angeles, e Paolo e Daniela alle loro università. Per consolarmi andavo fino a Detroit e parcheggiavo vicino all'appartamento che Anna aveva affittato quando era studentessa. Immaginavo che fosse ancora lì, e rimanevo per un po' di tempo ferma in macchina, con le lacrime agli occhi, per ripensarla e rivederla in un'ombra, come fosse un sogno sbiadito.

Paolo che stava completando i suoi studi alla Northwestern University di Evanston, Illinois, iniziò la sua carriera presentando al pubblico la sua commedia <u>Politicos</u>, che venne prodotta all'Organic Theatre di Chicago.

Inoltre, assieme ad uno dei suoi compagni di classe si preparò a fare un viaggio a Mosca, che allora faceva parte dell'Unione Sovietica, per proporre di filmare Il <u>Bridge Project</u>, una coproduzione con studenti russi dell'Istituto di cinematografia Gerasimov (V.G.I.K.). e studenti americani.

Nel luglio del 1988, Paolo e il suo collega, Robert Kath, fecero il primo viaggio a Mosca per incontrare gli studenti sovietici che avrebbero aderito al progetto di questa prima collaborazione. La canzone selezionata raccontava la storia di un ragazzo russo e una ragazza americana che sperano di colmare il divario tra i loro due paesi e le loro culture.

In settembre i due gruppi di studenti sia della Northwestern e sia della VGIK, si trovarono a Mosca, Leningrado e poi a Chicago per girare il nuovo video.

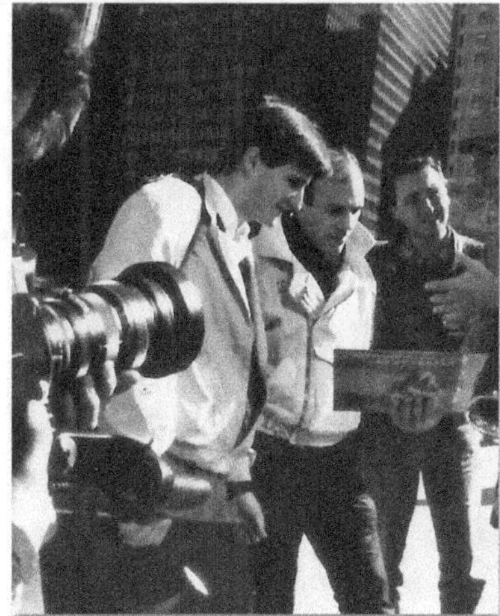
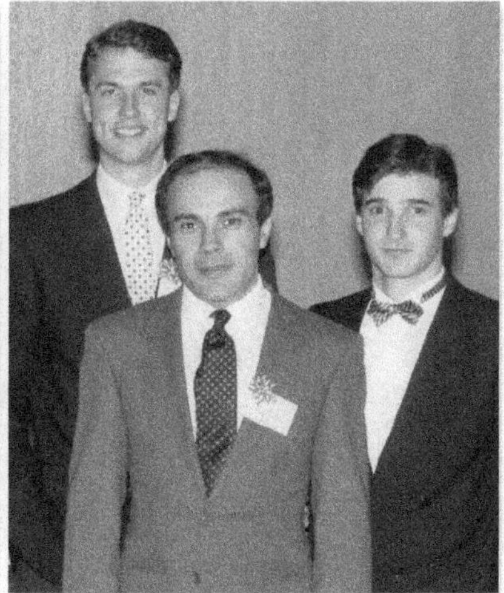

Girando il Film a Chicago— Robert Kath, Boris Airapetyan, Paolo Mazzucato

Era questo un progetto pieno di ottimismo e realizzato in un periodo in cui il Glasnost e Perestroika di Mikhail Gorbachev dava a tutti la speranza di un rapporto più aperto tra Russia e gli Stati Uniti. Il <u>Bridge Project</u>, vinse numerosi premi e venne proiettato nelle ambasciate americane durante l'incontro del 1990 tra i presidenti George Bush Sr. e Mikhail Gorbachev. Paolo si è poi trasferito a Los Angeles per studiare produzione cinematografica all'University di Southern California.

Daniela si registrò come studentessa al Madison College della Michigan State University e iniziò gli studi in Relazioni Internazionali dandole la possibilità di avanzare la sua carriera in molte professioni.

Nel 1984 andò a studiare a Tours, in Francia, tramite un programma di studio all'estero, e già parlava correttamente il francese quando andai a trovarla con mio fratello Bruno e mio nipote Paolo. Andammo pure a Caine per visitare un amico di Bruno, Pierre-Marie Beaude, e visitare altre belle aree della Francia.

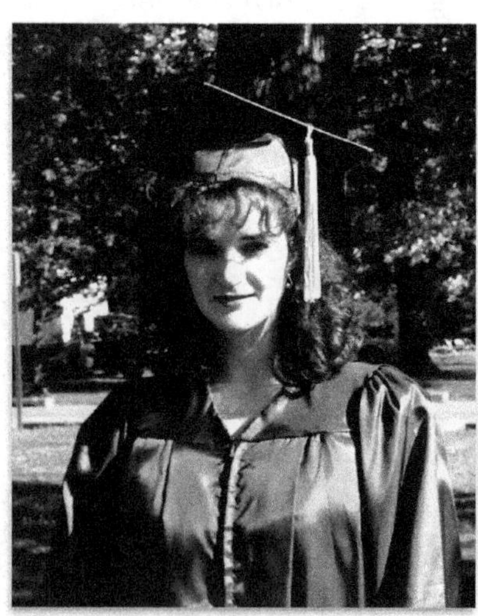

Daniela, MSU (1990)

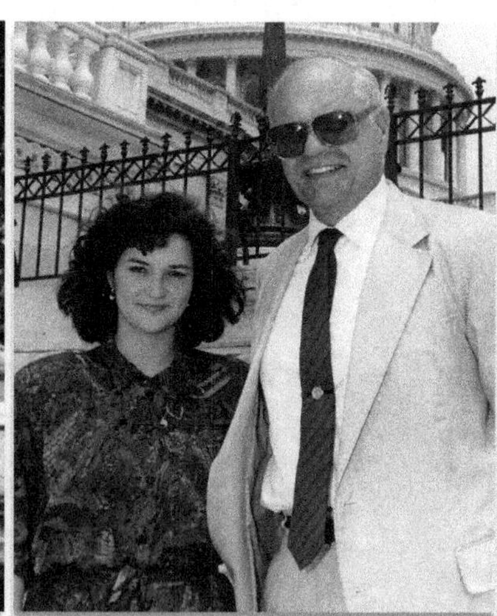

Daniela con Congressman Dingel(1991)

Per ottenere il diploma in Relazioni Internazionali dopo i quattro anni di università, Daniela doveva fare un anno di apprendistato presso un istituto d'arte liberale; ella ottenne una posizione nell'ufficio statale di John Dingell del Michigan, un membro del Congresso degli Stati Uniti. Dopo la laurea, Dingell le chiese di continuare a lavorare per lui negli uffici della Camera dei Rappresentanti a Washington DC. dove rimase lavorando per molti anni prima di trasferirsi a Los Angeles. Arrivata in California, ella ottenne un impiego nel reparto d'animazione della Walt Disney Company, poi si trasferì in quello di DreamWorks e infine nel nuovo reparto animazione del Netflix.

Anche se i nostri figli si trovavano in California, Joe ed io aspettavamo che ogni anno ritornassero in Michigan per la festa di Natale.

Il Natale é per me la festa dell'anno che porta un certo incanto, appaiono luci non solo nelle alte stelle del cielo, ma anche nelle strade dove i portoni accoglienti sono adornati con il verde di alberi e il rosso di fiori. È il tempo che si accende il caminetto e lo sfrigolio del legno in fiamme si confonde col suono di musica, e i canti natalizi offrono un'atmosfera di pace e di speranza.

Anna, Paolo e Daniela ogni anno ritornavano in Michigan per festeggiare il Natale come veniva celebrato negli anni della loro giovinezza e si ricordavano ancora delle semplici commedie natalizie che preparavano per me e Joe. Erano spettacoli fatti di statuette con personaggi costruiti con sacchetti di carta ritagliata da un cartone e poi coloriti con gessetti colorati; poi dietro al divano apparivano camuffati da pastori e rappresentavano la storia della nascita del Bambino Gesù.

Si sentiva poi la vocina angelica di Daniela, mentre Paolo e Anna narravano ciascuno un brano del Vangelo, e come pastori e angeli—forse dal cielo—concludevano la scena cantando in coro. Anna accompagnava le nostre voci al pianoforte e Paolo al violino.

Dopo il suono di un campanello, Daniela portava la figurina di Gesù Bambino nel nostro presepio e la poneva tra Maria e Giuseppe, dopodiché ognuno di noi Gli offriva una preghiera, e infine ci riunivamo intorno al nostro "Tannenbaum," per aprire i regali.

Ricordo ancora quando molti anni fa, mia madre suonava quel famoso campanello per annunciare la nascita di Gesù Bambino a tutta la famiglia che si era riunita nella nostra cucina ad Appiano. Annunciava che gli "Angeli" avevano visitato il nostro soggiorno e avevano lasciato i regali sotto l'albero di Natale. Ella aveva ornato quel semplice pino con candeline e con palline di vari colori, e con biscotti che aveva impastato e levati dal forno il giorno prima.

Un intero angolo della stanza era sempre riservato per il presepio natalizio preparato su un tavolo grande ricoperto di muschio fresco, raccolto nei boschi di Appiano. Un piccolo sentiero tracciato da farina bianca conduceva alla piccola stalla con un bue e un asinello, e con angeli sospesi sopra la mangiatoia dove c'era il Gesù Bambino.

Davanti a quella scena, si cantavano i canti natalizi in tedesco, latino e italiano—Stille Nacht, Adeste Fideles e La Notte di Natale—prima di andare ad aprire i nostri regali sotto l'albero.

Il nostro Babbo Natale, il Heiliger Nikolaus, arrivava il 6 dicembre insieme al Krampus, una figura diabolica che veniva sempre camuffata, e col rumore delle catene che scuoteva in mano, cercava di spaventare i bambini che non si erano comportati bene durante l'anno; e portava una grande cesta in schiena per riempirla di quei bambini cattivi.

Sapevo che il Krampus era mio cugino Richard, ma ciononostante, quando sentivo il clangore delle catene che si avvicinavano, ero così spaventata da correre a nascondermi in qualche parte della casa per non essere trovata.

La versione del Natale che avevo celebrato durante la mia infanzia differiva un po' dalla festa più elaborata che i miei figli, molti anni dopo, avrebbero preparato per me e Joe in Michigan. Gli inverni del Michigan ricoprivano tutto di neve e di gran freddo, ma il fuoco acceso nel caminetto riscaldava la casa, e la serata di festa e canti riscaldava anche i nostri cuori.

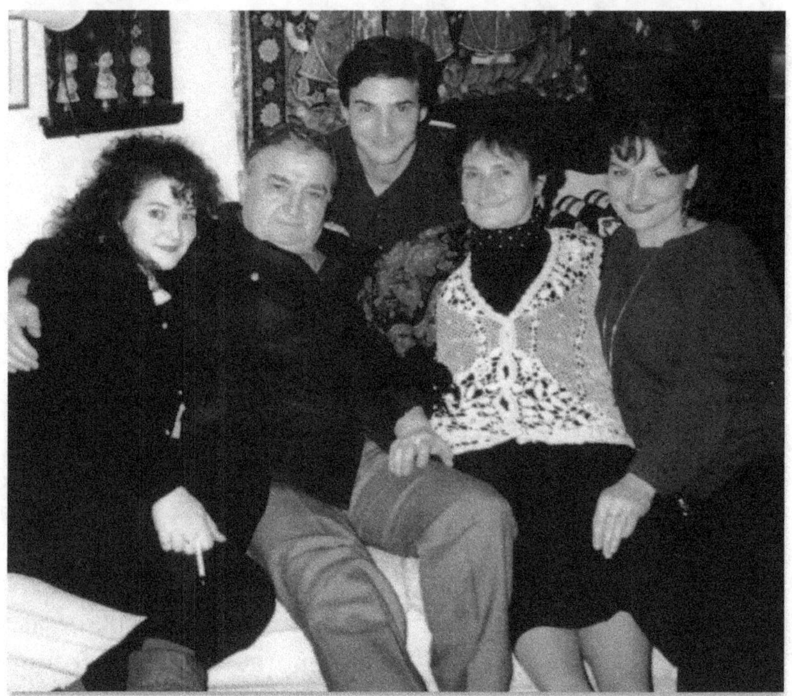

Daniela, Giuseppe, Paolo, Carla, Anna (Natale 1994)

Nel 1987 Joe decise di andare in pensione dal lavoro. Aveva lavorato tutta la sua vita fino dalla prima adolescenza. Seguendo altre opportunità di lavoro, aveva lasciato l'Italia per il Canada e poi gli Stati Uniti, dove lavorando nel suo campo di specializzazione era diventato uno dei più abili e rispettati meccanici della Ford Motor Company.

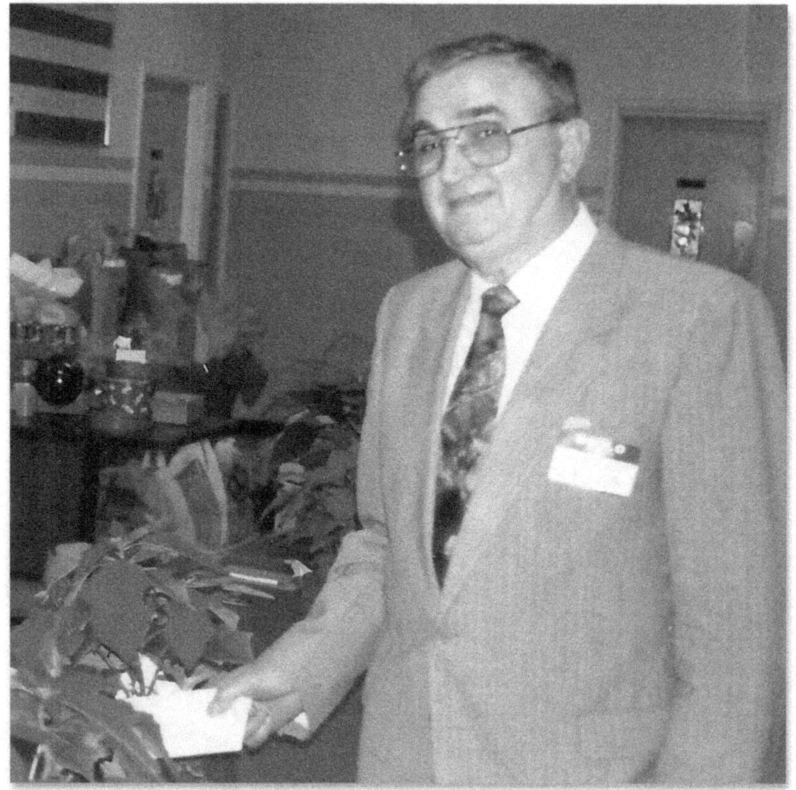

Giuseppe, Ford Motor Company Festa di Pensione (1987)

Ma ora che i nostri figli erano tutti diplomati e avevano lasciato le praterie del Michigan, Giuseppe decise di andare in pensione. Egli venne onorato dal Ford con un pranzo e una grande festa assieme ai compagni di lavoro.

Tra i momenti speciali da ricordare è stato il giorno che Anna fece il seguente annunzio:

Questo giorno sposerò il mio amico,
quello con cui rido,
quello per cui vivo, sogno, amo.

Anna aveva incontrato Brian Teixeira mentre erano studenti alla Wayne State University. Si erano entrambi trasferiti a Los Angeles e anni dopo, e cioè il 9 luglio 1988, si sono sposati nella chiesa di St. Cyprian a Riverview, nel Michigan.

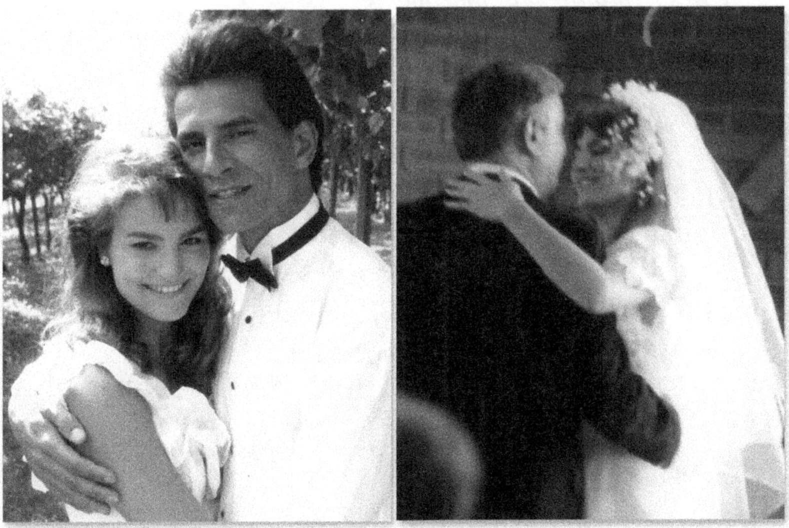

Anna e Brian Teixeira   (9 giugno, 1998)   Giuseppe e Anna

Io provai grandi emozioni a quel annunzio: gioia, eppure, in qualche modo, incredulità. Amavo Anna e Brian e pensavo che fossero una "coppia perfetta", ma mi rendevo conto che mia figlia si separava dalla famiglia e se ne andava lontana da me. Mi venne in mente Anna nella parte di Shprintze, una delle giovani figlie di Tevye, nella produzione di <u>Fiddler on the Roof</u>. Anche qui la figlia parte dalla famiglia, e il padre incredulo si chiede: "È questa la bambina che ho portato in braccio?" e "Quando poi si è fatta così bella?" Sono parole che fanno ricordare il momento che Anna invitò suo padre a ballare con lei, e sotto voce gli cantava la canzone nuziale che il padre Tevye aveva già cantato:

> *Alba, tramonto, alba, tramonto, scorrono veloci i giorni;*
> *Le piantine si trasformano durante la notte in girasoli,*
> *Fioriscono mentre guardiamo.*
> *Alba, tramonto, Alba, tramonto, Volano veloci gli anni;*
> *Una stagione dopo l'altra,*
> *Carica di gioia e di lacrime.*
>
> Sheldon Harnick, *Fiddler on the Roof*

Cinque anni dopo, nel 1993, anche Paolo si sposò con Karyn Kubo, la ragazza che aveva conosciuto mentre assieme frequentavano la Northwestern University. Dopo aver girato il suo film in Russia e aver completato i suoi studi universitari a Los Angeles, Paolo e Karyn ci invitarono alle loro nozze a Honolulu, nelle Hawaii, per essere presenti al loro giorno speciale.

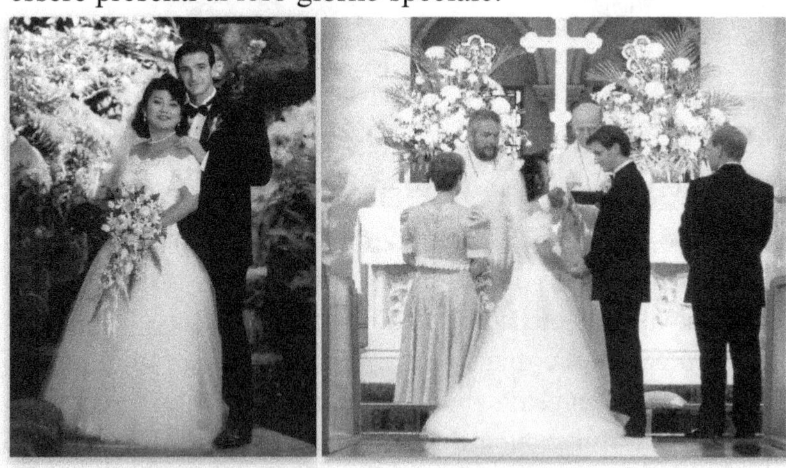

Karyn e Paolo Mazzucato   *(21 agosto, 1993)*   *con Bruno Carli*

Mio fratello, Bruno, arrivò per co-officiare la cerimonia e tutti assieme abbiamo visitato la famiglia di Karyn e trascorso una bella settimana nell'isola di Oahu in Hawaii.

La prossima grande novità avvenne cinque anni dopo, quando Karyn il due aprile diede alla luce la nostra prima nipotina, Olivia Maria.

E quello stesso anno, nel settembre del 1998, Anna che era stata scelta per il ruolo principale di Porzia in una produzione teatrale del <u>Il Mercante di Venezia</u> di Shakespeare, mi annunciava che anche lei avrebbe avuto una bambina. All'inizio ero confusa; conoscevo la commedia ed ero sicura che nella storia Porzia non avrebbe avuto una bambina. Anna spiegò: "No, non Porzia, io l'avrò!" Nuova grande notizia quella di sentire che una seconda nipotina Mikaela Maria, sarebbe arrivata tra noi.

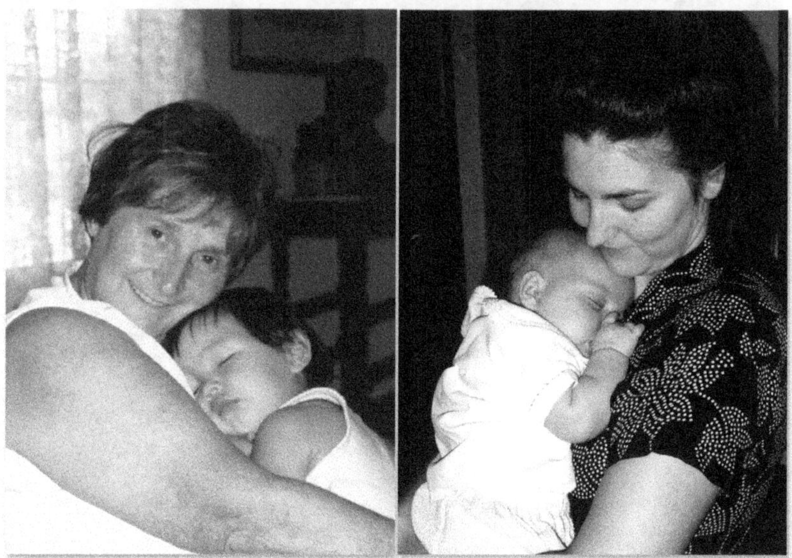

Carla e Olivia *Mikaela e Anna*

Mentre Daniela lavorava a Washington, D.C., Joe ed io pensavamo di stare nel Michigan tra la costa atlantica e la costa del Pacifico. Ma quando anche Daniela si trasferì a Los Angeles, e già sapevamo della nascita di due nipotine, decidemmo di lasciare il Michigan e le verdi praterie del Midwest per trasferirsi nelle dolci e soleggiate colline della California.. Era l'anno 1998.

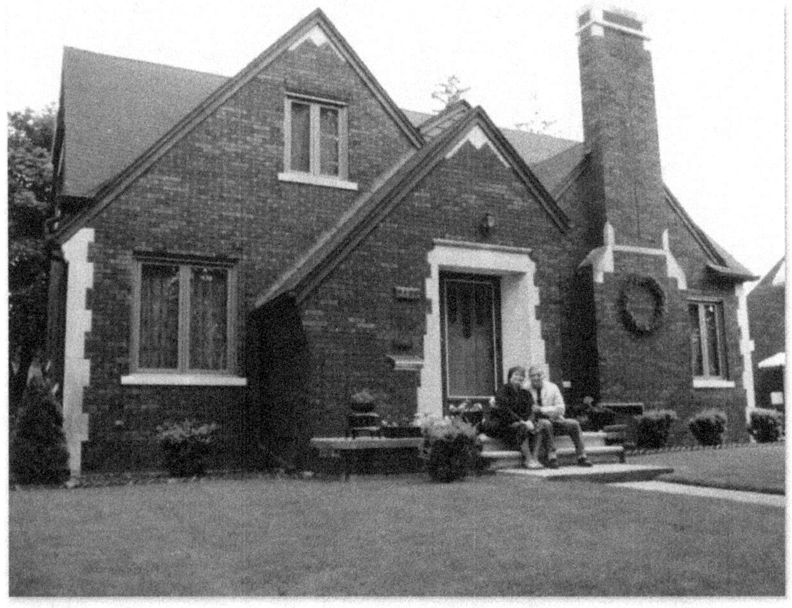

La casa Mazzucato - 2638 Lenox Road - (1968-1998)

NELLA TERRA DEL SOLE

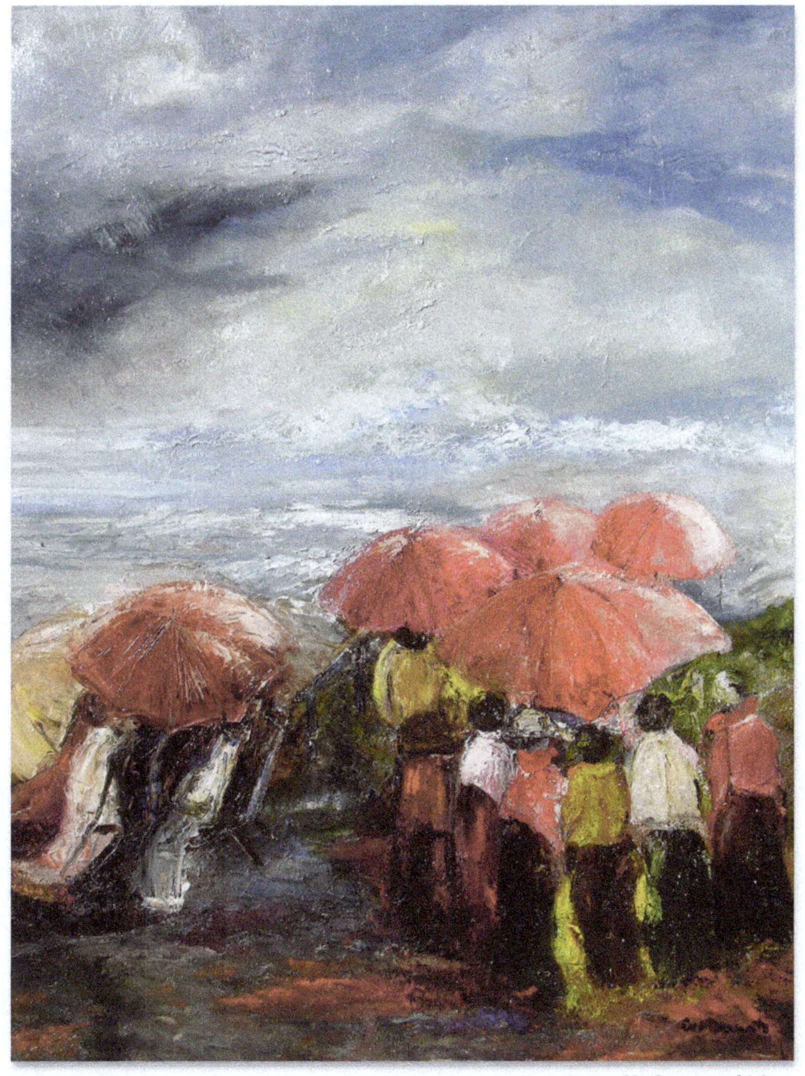

Ho Sognato il Mare

CAPITOLO 22
VITA IN CALIFORNIA

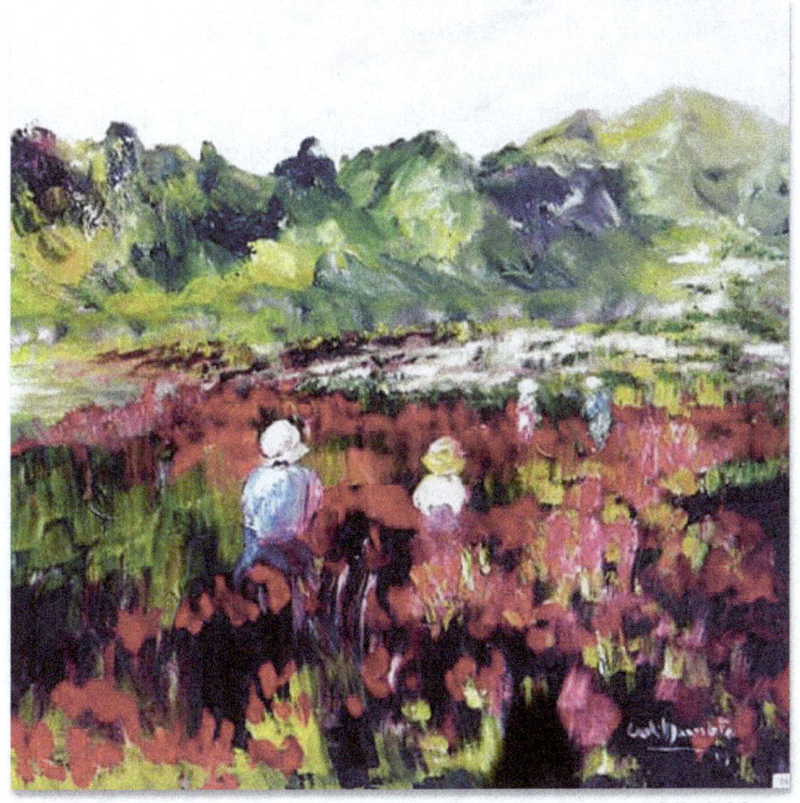

Papaveri della California

È così piccola cosa, l'aver goduto il sole,
aver vissuto nella tenue luce di primavera,
aver amato, aver pensato, aver compiuto?

Carla Mazzucato

La casa che Joe comprò in California nel 1998, si trova tra le ridenti colline della città di Tustin, in Orange County. Dal nostro giardino che sta lungo il "paseo", un viale alberato con una lunga striscia di piante in fiore, si può fare una passeggiata di solo trenta minuti e arrivare in cima ad una collina con una vista stupenda.

A sud-ovest si vede l'oceano che al tramonto trasforma il suo orizzonte in colore arancione quasi fosse un nastro dorato; ai lati ci sono colline intersecate da strade e autostrade che formano un corridoio di rete bianca che si curva verso il nord.

In una giornata limpida, sotto il cielo blu della California, si vedono in distanza le montagne della valle di S.Gabriel, e nel centro della scena si intravvede un piccolo lago artificiale che rispecchia i colori della valle.

Purtroppo in California non si trovano i cambiamenti di stagione come era nel Michigan; il cielo è quasi sempre sereno e la pioggia viene raramente; e se viene, arriva con degli acquazzoni che causano danni: Inondazioni e straripamenti d'acqua, scariche elettriche e temporali che provocano incendi pericolosi.

Comunque un nuovo paesaggio con luce diversa può dare nuova ispirazione, e pertanto iniziai una nuova serie di dipinti per dare omaggio all'America, la mia patria adottiva.

La gioia più grande per essere in California fu quella di poter abbracciare non solo le due nipotine nate nel 1998, e cioè Olivia, figlia di Paolo e Karyn, e Mikaela, figlia di Brian e Anna; ma altre due bambine nate tre anni dopo : Julia sorella di Olivia e Kiara sorella di Mikaela.

Guardando negli occhi luminosi delle mie bellissime nipotine, vidi un nuovo mondo di possibilità e di sogni realizzabili, e sentii in cuore una grande speranza.

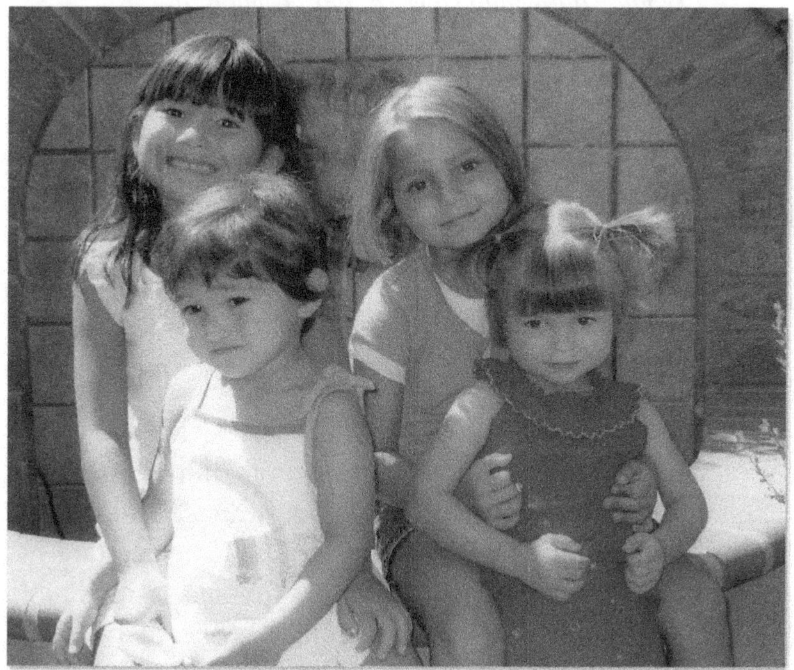

Olivia, Julia, Mikaela, Kiara (2003)

Non posso dimenticare le preoccupazioni che ho avuto quando Anna aspettava Kiara. Joe ed io eravamo all'aeroporto Marco Polo di Venezia, in Italia, pronti per tornare a casa negli Stati Uniti dopo le nostre vacanze estive. Ma quella mattina a New York City, l'11 settembre del 2001, tutto era cambiato.

In quel tragico mattino del terribile attacco a New York ogni volo venne cancellato, e dovevamo aspettare altre tre settimane prima di poter ritornare negli Stati Uniti.

Durante questo periodo Joe ed io andavamo in un ristorante per vedere la televisione e ascoltare il telegiornale: Ovunque c'era angoscia per la paura di un altro attacco. Tutti i giornali riportavano l'orribile tragedia compreso il quotidiano locale di "Filodiretto" che scriveva:

Tragica data nella storia di tutta l'umanità.

Una data che non si potrà mai dimenticare: 11 settembre 2001; una ferita, quella del cuore del mondo... In questo momento, come ha detto qualcuno, siamo tutti americani, siamo tutti cittadini del mondo, in lutto per il nefando attentato alla libertà... La bandiera della solidarietà é a mezz'asta, suona straziante la tromba con le note del silenzio. È l'ora di meditare e di pregare ciascuno nel proprio credo.

Ernesto Pisani

Che sollievo quando siamo potuti ritornare a casa e abbiamo potuto ancora accompagnare le nostre nipotine a fare una tranquilla passeggiata, o semplicemente stare nel nostro bellissimo giardino, dove una fontana, zampillando l'acqua dalla bocca di un rassicurante leone di pietra, ci rinfrescava e ci ridava tranquillità d'animo.

E come sempre all'inizio della stagione invernale, eravamo in trepida attesa del prossimo periodo natalizio, e di vederci tutti riuniti per celebrare in famiglia la festa del Natale.

Naturalmente, in California, gli inverni erano senza neve, e le feste natalizie erano cambiate: Il Natale si festeggiava con tradizioni nuove che provenivano dalla Guyana del Sud America, dove era nato Brian il marito di Anna, e le nuove tradizioni del Hawaii dove era cresciuta Karyn la moglie di Paolo. Gli alberi di Natale erano diventati molto più grandi con centinaia di ornamenti e di luci; i canti e la musica natalizia veniva ora accompagnata al pianoforte da Anna, Olivia e Karyn, dal violino suonato da Paolo, e dalla chitarra suonata da Mikaela e Brian. Talvolta si aggiungeva Julia con qualche melodia al flauto.

Insieme avevamo formato un coro che era esultante e divertente. Joe si univa a cantare la sua strofa della canzone The Twelve Days of Christmas (I Dodici Giorni di Natale), dove il suo era il verso più atteso della canzone. Tutti uniti nel nostro cantare e suonare riempivamo la sala con risate sonore, e ogni nuovo anno ci trovavamo assieme pieni di gioia per festeggiare il nostro Alleluia!

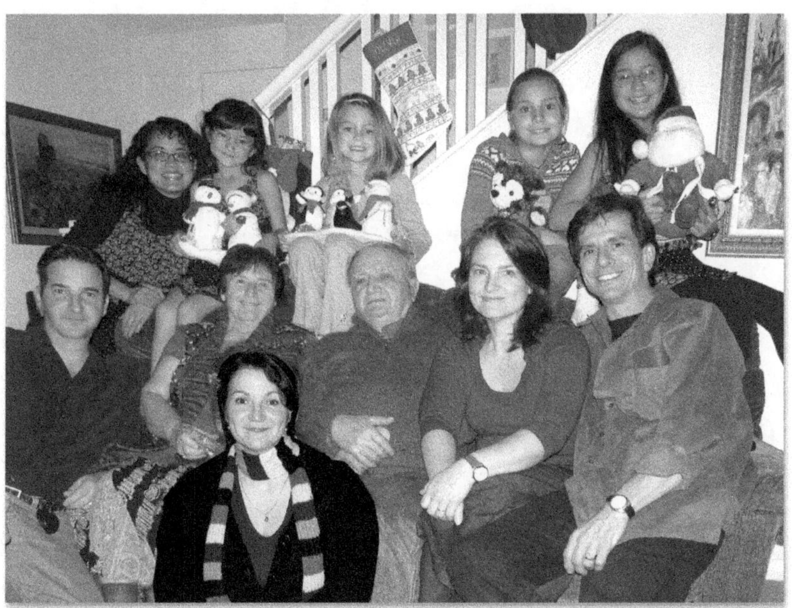

Natale 2008 —(ultima fila) Karyn, Julia, Kiara, Mikaela, Olivia,
(fila centrale) Paolo, Carla, Giuseppe, Anna, Brian, (davanti) Daniela

Cantiamo ancora i canti natalizi, ma ora manca la voce di Joe…e io la sento solo nel mio cuore. Egli passò il 21 dicembre del 2016, tre giorni prima del suo ultimo Natale.

CAPITOLO 23

FEDE

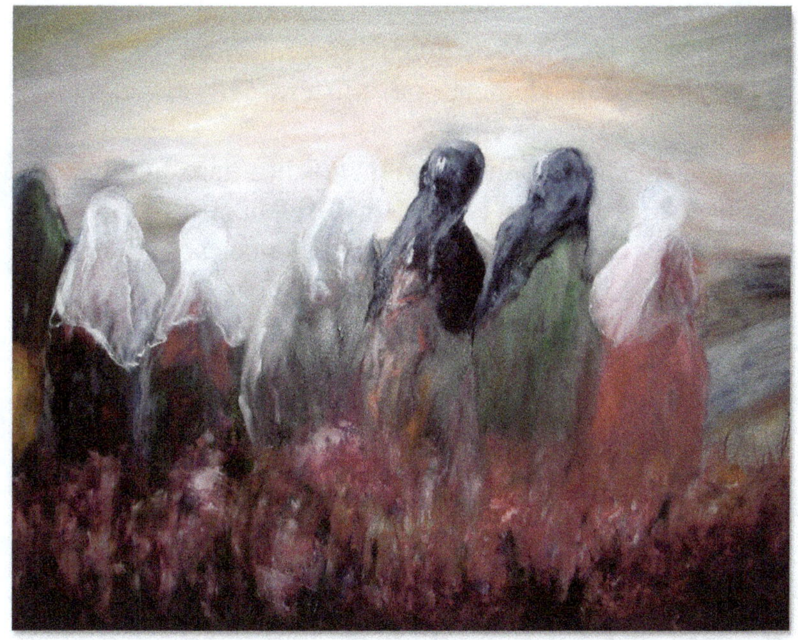

Valle della Speranza

Questo è il nuovo giorno da abbracciare,
Il nuovo mondo da immaginare,
dove tutti sono accolti, tutti sono amati,
e tutti sono chiamati a casa.

dalla poesia "A New Day" (Un Nuovo Giorno) pvm

Come si può semplicemente continuare una vita quando metà di essa non c'è più? Ora rifletto sulla mia storia e la bellezza della mia fede. È una fede vecchia, anzi antica, ma é l'unica che mi dà ancora un significato al di là di me stessa, e mi indica la via da proseguire nel mistero della vita. Affronterò con coraggio il mio ultimo cammino e rifletterò a come perfezionare le relazioni umane per entrare più profondamente nel mistero dell'amore di Dio. Solo Lui ha parole di vita eterna.

Nel matrimonio si promette di amare una persona per il resto della vita, ciò che può diventare il periodo più lungo che si vive con una persona alla quale si vuol bene; la mia unione con Joe è durata cinquantaquattro anni.

L'unità che si stabilisce all'altare durante la giovinezza non sempre è semplice o senza difficoltà, ma col tempo si scopre che il legame creato con la persona amata, con la quale si hanno avuto momenti di gioia e di dolore, è il più profondo e fiducioso.

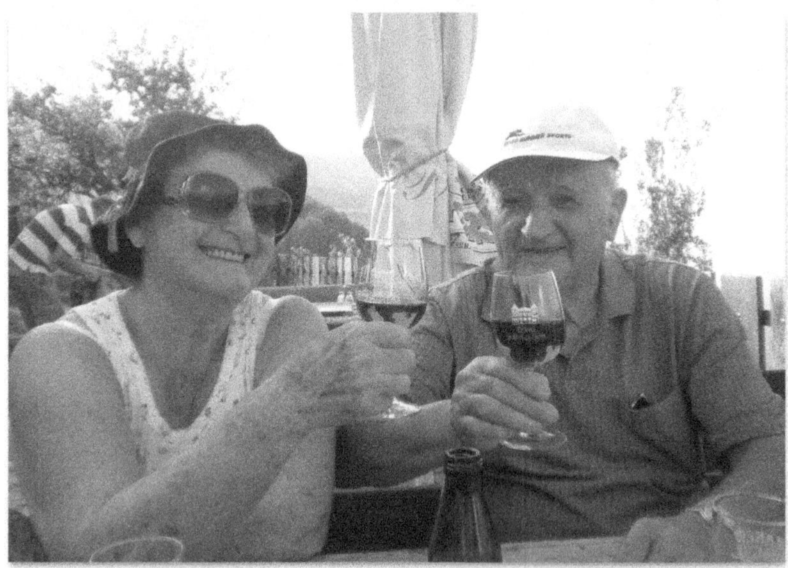

Carla e Giuseppe Mazzucato (2010)

Nel mio cammino, devo ora proseguire da sola con confidenza e coraggio, e devo chiedere al Signore con fede: "Signore, fammi sentire la Tua voce, Signore mostrami la Tua via."

Quello che avverto in me, è di avere una fede nuova e ricostruita con i miei pensieri e riflessioni, e non solo basata sugli insegnamenti dei miei genitori e la Chiesa cattolica: Non sempre le regole e i dogmi mi avvicinano a Dio. E come rispondere a queste due domande: Qual'é lo scopo della mia vita ? E qual'è la via verso l'eterno?

La risposta che ho ottenuto dal Catechismo,"Sei sulla terra per amare e servire Dio ed infine guadagnarti il paradiso," mi sembra "astratta."

Nella mia adolescenza avevo iniziato a mettere in discussione il mistero della redenzione. Chiedevo al nostro assistente pastore, il dottor Pavlic: "Perché Dio ha mandato Suo Figlio per redimerci? Perché mandare a morte Gesù? A che scopo serviva? E perché la morte, e perché non la giustizia? C'era un vero male nel mondo. Perché non fermarlo? Queste erano le domande che mi ponevo.

Accettavo i principi della mia religione cristiana e capivo che la verità avanzata dal Papa a Roma doveva valere anche per me. Inoltre non volevo una subita risposta ai miei dubbi, perché in realtà provavo un senso di pace nell'accettare la fede della mia religione che mi dava un senso di sicurezza e di protezione.

Negli anni successivi, raggiunta una certa maturità, incominciai a meditare, e di nuovo mi chiedevo domande sullo scopo della vita e la ricerca della felicità. Esaminai le tradizioni della mia fede prima di rivolgermi ai grandi filosofi e alle religioni del mondo.

Il Dio di Abramo era un dio della storia ebraica, un dio cosmico e creatore che puniva e proteggeva il suo popolo con delle guerre in cambio di preghiere e offerte.

Il mio Dio invece si era fatto conoscere in Gesù di Nazareth che conosceva la persecuzione e la morte, e richiedeva da me la speranza e la fede nella Sua verità che era la sola via di pace, di bene e di dignità umana.

Nell'ultimo decennio iniziai ad ascoltare le discussioni sulla fede di Reza Aslan, che era nato in Iran ed era venuto negli Stati Uniti da giovane come studente e ricercatore biblico. Egli credeva che tutte le religioni erano intricate di storia, lingua e studi scritturali.

Dopo aver scritto <u>No God But God</u> in cui discuteva la fede islamica, era passato allo studio evangelico di Gesù, vedendolo come uno dei tanti aspiranti messianici sorti durante l'occupazione romana nella Palestina.

Il suo libro <u>Zealot: the Life and Times of Jesus of Nazareth</u> è un ritratto vivo e persuasivo del mondo e della società in cui visse Gesù, e del ruolo che molto probabilmente egli ebbe in entrambi. Gesù di Nazaret, che è stato la figura dominante nella storia dell'umanità e l'uomo straordinario della fede cristiana, venne considerato solo nel suo contesto storico.

Aslan scrive una convincente storia della Chiesa Cristiana e in particolare delle Lettere di Paolo l'Apostolo, che in essenza forma il Cristianesimo. Inoltre e sopratutto vede in Gesù di Nazareth la figura dominante nella storia dell'umanità: Egli é l'uomo straordinario della fede cristiana e la sua vita ha influenzato il mondo. Aslan viene a realizzare che tutte le religioni sono un modo per poter comunicare con Dio e che l'acqua della Verità viene dalla stessa fonte, l'unica e sola fonte dell'Uno Universale alla quale tutte le religioni possono attingere la verità.

Nell'esplorare la fede della mia cultura, volevo riscoprire il vero Gesù dei Vangeli prima ancora delle influenze della chiesa cristiana e cattolica fondata da Paolo di Tarso, e poi controllata dalla gerarchia romana.

Lessi attentamente i libri del Prof. Bart D. Ehrman sul cristianesimo, e quelli di altri autori che hanno scritto del Gesù storico reinterpretando le scritture. Ma questa ricerca continua…

Papa Francesco è veramente il pontefice del nostro tempo e ci invita ad approfondire le nostre convinzioni e la religione che scegliamo per guidarci verso l'eternità. Papa Francesco ha spesso espresso in parole semplici la verità nella quale io ho fiducia.

> *Avere fede non significa non avere difficoltà, ma avere la forza per affrontarle, sapendo di non essere soli.*
>
> *Papa Francesco*

Credo in Dio e ho fede nella Sua bontà, anche se non c'è prova della Sua esistenza; è una credenza basata solo sulla fede. So di non poter provare il mistero della creazione e della divinità di Dio, ma credo fermamente nella potenza dello Spirito e accetto il mistero della vita seguendo l'esempio di Gesù. Egli è Via, Vita, Veritas.

Alla fine del 2020, nel mezzo della terribile pandemia del corona-virus che ha colpito il mondo intero, trascorsi il Natale riflettendo sulle benedizioni della mia vita. Nel bellissimo giardino illuminato della mia casa in California, i miei figli e le loro famiglie si riunirono tutti distanziati e mascherati, (causa il Virus Covid 19), per cantare di nuovo insieme i bellissimi canti natalizi e per celebrare la nascita di Gesú!

Nella notte piena di luci anche il nostro spirito si elevò coi canti a sentire pace e armonia; ed io pensai agli inverni del passato quando fiocchi bianchi di neve cadevano dal cielo sopra la mia casa ad Appiano, sul tetto della casa in Michigan, e altre parti del mondo. E pregai che il profumo di neve della notte santa e silenziosa, sia per tutti la grazia che viene a cadere dal cielo.

Questo sentimento venne espresso nella seguente canzone, un regalo che ricevetti quella sera da mia nipote Mikaela, la figlia di Anna e Brian.

Windows to the Soul
(Finestre dell'Anima)
by Mikaela Teixeira

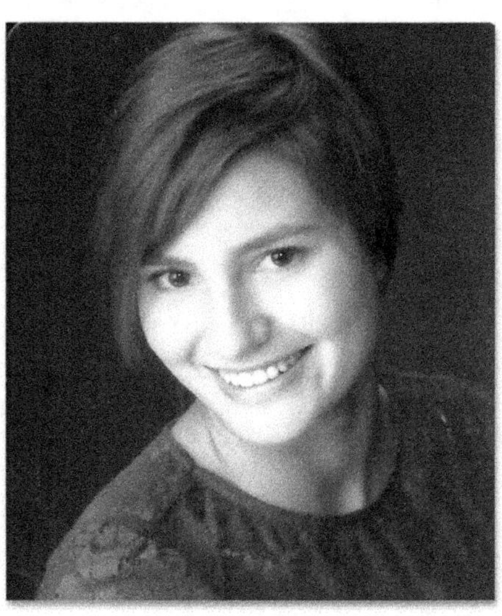

Ho sempre pensato di essere saggia,
finché non ho guardato dentro gli occhi di mia nonna.
   Quando l'automobile si ferma dopo due ore di viaggio
   Mi rendo conto che un paio d'ore non bastano.
   Dietro il cancello di legno, grigio, vecchio,
   c'è un posto di meraviglie, se solo per un giorno.
Ho sempre pensato di essere saggia,
finché non ho guardato dentro gli occhi di mia nonna.
   Le storie che racconta di tanto tempo fa,
   A volte ti lasciano senza parole,
   stupita e affamata per sentirne ancora.
Ho sempre pensato di essere saggia,
finché non ho guardato dentro gli occhi di mia nonna.
   La sua risata è contagiosa,
   E tu impari le lezioni dai sogni della sua vita.
   Ora il tuo passato, il tuo presente e futuro
   Sono meno paurosi di come sembravano.
Ho sempre pensato di essere saggia,
finché non ho guardato dentro gli occhi di mia nonna.
   Seduta sulla sua sedia in silenzio,
   Ha una tenerezza nel suo sguardo.
   E mentre confidi a lei della tua vita
   E del viaggio che stai facendo,
   Ti chiedi :
   "A cosa pensa e che ha in testa?
   A cosa sta pensando questa bella persona?"
Ho sempre pensato di essere saggia,
finché non ho guardato dentro gli occhi di mia nonna.
   Quando il tempo assieme sta per finire
   Saluto una nonna, una madre, un'amica.
   Sebbene due settimane non sono davvero lunghe,
   Sembrano un'eternità.
   Apro la porta,
   E con un sospiro chiudo gli occhi.
   Giro la testa per salutarla,
   e proprio allora tutto cambia.
Ho sempre pensato di essere saggia,
finché non ho guardato dentro gli occhi di mia nonna.
Spero davvero che un giorno sarò saggia,
ma intanto io tengo gli occhi di mia nonna.

E così, con questa canzone, pensai alle nostre giovani e al bene che esse avrebbero fatto in futuro. Nonostante la storta direzione che il mondo moderno ha preso, io sono confidente che nel loro futuro avranno tanti momenti veri e felici. Le mie nipoti Olivia, Mikaela, Julia e Kiara cambieranno il mondo con ideali di bene e con la loro storia d'amore.

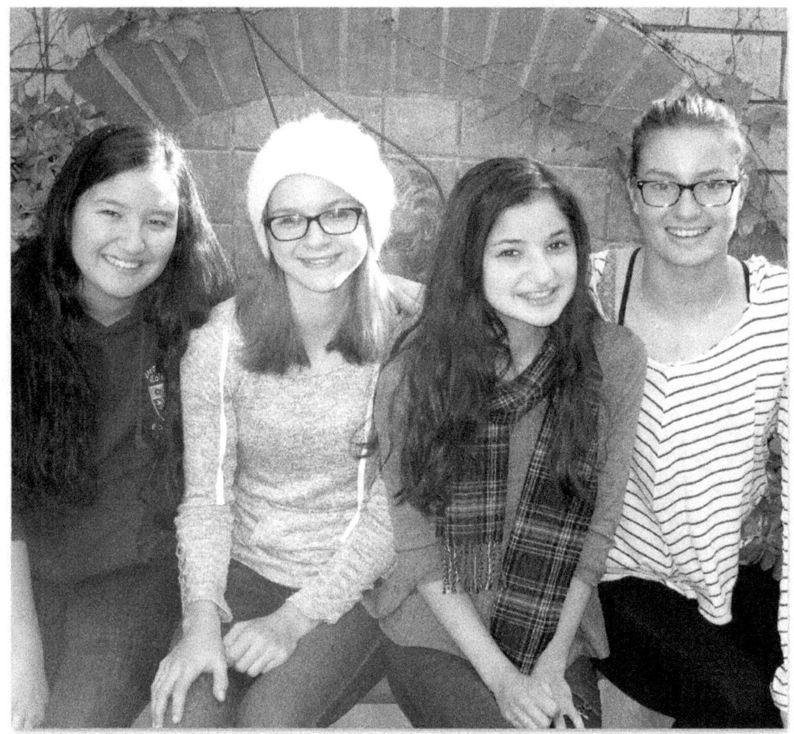

Olivia, Kiara, Julia, Mikaela (2015)

CAPITOLO 24

LA MIA VOCE

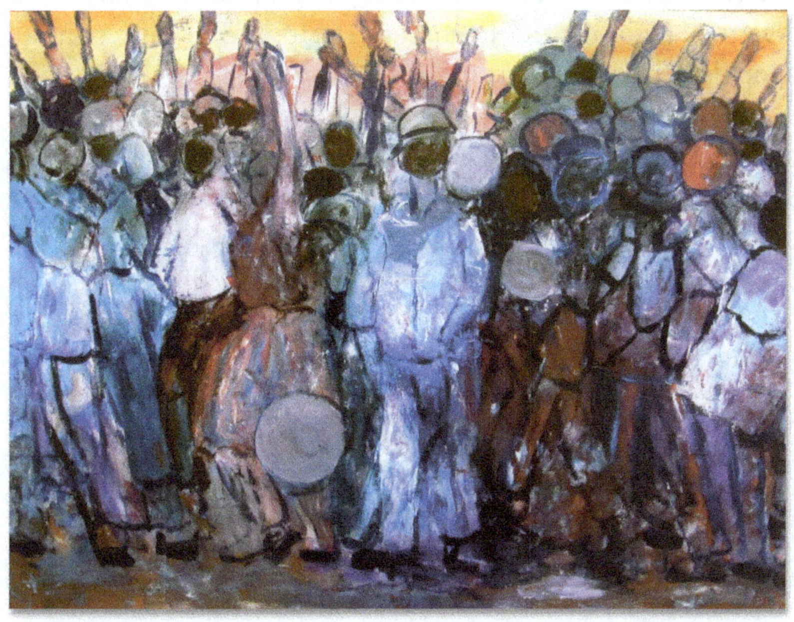

Voci

*Il cambiamento è impresso solo nei passi che faccio,
quando vado oltre i limiti di ciò che potrebbe essere,
e afferro con determinazione ciò che, a causa della mia
azione, diventerà*

*È allora che la mia storia, la mia lotta, resa forte da un
sogno e una speranza luminosa, vivrà in quel giorno
migliore.*

E poi, celebrerò.

dalla poesia "Celebration" (Celebrazione)," pvm

Quando stavo finendo i miei studi alla Wayne State University, mi iscrissi a un corso in Storia e Cultura dei Neri. A diventare cittadina volevo conoscere meglio gli Stati Uniti e la sua democrazia; e vivendo e studiando a Detroit, avrei dovuto conoscere la storia e le difficoltà del popolo afro-americano.

La prima volta che avevo visto una persona di origine africana fu a Venezia in Italia, quando andai all'Ufficio del Consolato Italiano per ottenere le carte d'immigrazione per gli Stati Uniti. La giovane donna che vidi quel giorno a Venezia era semplicemente bellissima: alta e snella con i capelli neri e scuri acconciati alti sul capo, portava gioielli, e camminava elegantemente per la piazza attirando l'attenzione di tutti. Pensai tra me che in America avrei visto persone ancor più belle.

Ma quando arrivai a Detroit nel 1966, la città era nel caos. E l'anno dopo, centinaia di manifestanti Neri erano scesi nella piazza di Detroit per fare tre giorni di rivolta che si concluse con oltre mille feriti e 43 morti. Non certo una bella scena! Il tumulto si propagò in altre città americane che chiedevano giustizia per i Neri dopo un centinaio d' anni in schiavitù.

A quel tempo, non mi preoccupavo di quello che succedeva all'infuori della mia famiglia. Vivevo in un quartiere in periferia con i vicini di pelle bianca, e non avevo contatto con persone di colore che vivevano principalmente nel ghetto della città. La legge li considerava "cittadini di seconda classe", quasi fossero esclusi dai diritti della Costituzione americana. Non avevo idea di cosa significasse essere "neri" in America.

Il corso "Black Culture" al quale mi ero iscritta, insegnava l'intero arco della storia afro-americana dall'origine della schiavitù ai cinque secoli seguenti. Gli africani in America, svilupparono una cultura religiosa e sociale unica, nonostante avversità inimmaginabili e la continua violenta oppressione. La cultura dei Neri creatasi in condizioni brutali divenne straordinariamente ricca, nonostante differenze sociali e un trattamento disumano.

Grazie all'amicizia con una studentessa della mia classe, imparai a conoscere più a fondo questa cultura tanto diversa dalla mia.

Thelma era una donna di colore, della mia età, che incontrò molti casi di razzismo, bigottismo, odio e intolleranza. Conosceva la sua storia, partendo dalla proclamazione di emancipazione, firmata dal presidente Lincoln durante la guerra civile americana. Con essa i Neri pensavano di essere finalmente liberi, ma la loro emancipazione era solo il primo passo verso la vera libertà.

Mentre stavamo pranzando insieme, Thelma volle raccontarmi di come nel corso della sua storia, i presidenti degli Stati Uniti ebbero idee contrastanti sui diritti della sua razza, e soprattutto voleva raccontarmi di quello che era successo a Montgomery nel 1965: Il suo popolo, semplicemente marciando senza tumulto in una protesta, venne picchiato a bastonate per aver voluto il diritto di voto nelle elezioni allora in progresso. E tristemente concluse col dirmi: "La lotta per la vita dei Neri non sarà finita, perché noi siamo ancor sempre trattati differentemente a causa del colore della nostra pelle".

E io chiesi allora : "Thelma, io sono bianca, e tu mi odi?" Scosse la testa con un sorriso. Ovviamente no, e sempre con lo stesso sorriso mi invitò ad andare con lei ad una funzione nella sua chiesa. Rimasi commossa e onorata.

I canti della musica Gospel sono a ritmo continuo; una sola voce canta il versetto e tutta la congregazione risponde con gioia cantando e battendo le mani; la cerimonia religiosa sembra una danza, che sebbene accompagnata da ritmo continuo e musica chiassosa, ti eleva lo spirito. Thelma voleva che cantassi con lei, e mi sarebbe piaciuto, ma la musica era così diversa e la mia voce così debole che non mi sentii di usarla. Quei canti però mi esortavano alla preghiera…

Io vidi Barack Obama per la prima volta in televisione quando fece il suo discorso alla Convenzione Nazionale Democratica nel 2004. E avevo capito che le sue parole profonde, a volte sommessamente poetiche, esprimevano la visione di un uomo che poteva ispirare un popolo a un futuro migliore.

Tre anni dopo, nella primavera del 2007, a Springfield, Illinois, il senatore Obama annunciava la sua candidatura alla presidenza degli Stati Uniti. Avevo già letto due dei suoi libri, ascoltato ogni suo discorso, e avevo comperato un calendario con tutte le sue citazioni iconiche. Nel suo libro, "The Audacity of Hope" egli prevedeva che il conflitto che si trascinava in Iraq e Afghanistan dall'11 settembre 2001, sarebbe finito con il ritorno dell'unità e della pace.

Confidente nella sua speranza Obama diceva che "dalla lunga oscurità politica doveva arrivare un giorno migliore, più luminoso, dove si sarebbero combattute delle battaglie contro l'ignoranza e l'intolleranza, la corruzione e l'avidità, la povertà e la disperazione". Credeva fermamente che ci trovassimo a un punto critico nella storia, in cui si avrebbe potuto fare le scelte giuste per superare le difficoltà che gravavano l'intera umanità.

Il suo ottimismo dava speranza anche a me. Il primo problema d'affrontare era di dare a tutti l'assistenza sanitaria a prezzi accessibili. L'altro problema urgente era di affrontare e risolvere il "cambiamento del clima".

C'era la possibilità secondo Obama di cambiare la crisi globale in un momento d'innovazione col creare molti e vari lavori per il popolo e i datori di lavoro. I problemi creatisi per eseguire questi lavori di restauro nazionale verrebbero risolti con la maggioranza alla Camera, l'unità politica e la voce di migliaia di cittadini che avrebbero gridato "Yes We Can".

Io ho persino creato un grande dipinto di questo "Sì Possiamo" che Obama aveva dichiarato a Chicago il giorno che il Partito Democratico lo nominò per la presidenza.

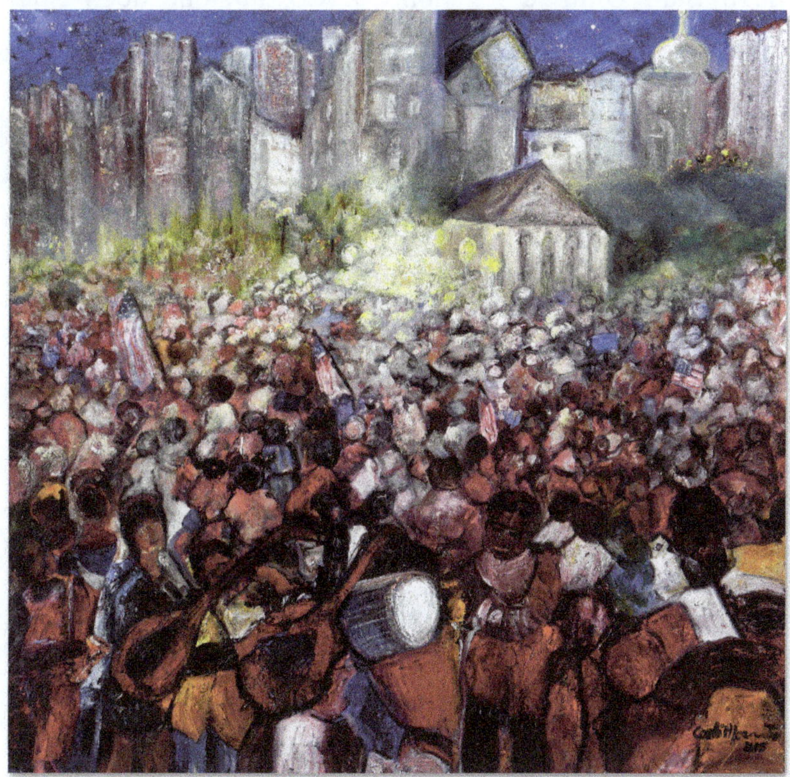

Possibility (Yes We Can) - Possibilità (Sì Possiamo)

Purtroppo, diventato presidente, quasi tutte le sue idee vennero respinte dal governo corrotto di Washington che si rifiutò di cooperare con lui durante tutti gli otto anni della sua presidenza.

Ciononostante, la risonanza del messaggio di Obama creò un movimento che venne a rompere certe barriere razziali. Durante la sua campagna elettorale gli venne chiesto di enunciare la sua posizione riguardante la sua razza, per cui nel 2008 egli fece il suo discorso eloquente: "A More Perfect Union" davanti al National Constitution Center di Filadelfia, in Pennsylvania. Egli espose le tensioni e la disuguaglianza razziale esistenti negli Stati Uniti, e revisionò la Costituzione degli Stati Uniti come un documento lasciato incompiuto e macchiato dal peccato della schiavitù. La Costituzione prometteva a tutti gli americani libertà e giustizia, purtroppo quella promessa venne ignorata.

Obama capiva che noi come popolo abbiamo storie diverse e proveniamo da vari paesi, ma abbiamo le stesse speranze, e che solo una perfetta unione può guarire le vecchie ferite razziali.

Sperava che insieme avremmo risolto i problemi monumentali che ci affliggevano e che dovevamo affrontare: due guerre, un'economia in recessione, una crisi sanitaria ormai cronica, un cambiamento climatico devastante e il problema razziale che era possibile solo più tardi nel tempo.

Mi piacevano le sue idee e seguivo tutte le sue posizioni politiche, anche se mi sentivo delusa dalla sua decisione di inviare altre quarantamila truppe in Afghanistan. Anche il suo impegno sanitario era fallito, di fronte all'ostinata opposizione repubblicana. Sebbene l'Affordable Care Act divenne legge, nessun repubblicano votò in favore; i compromessi e le continue tattiche usate per causare ritardo nella sua applicazione, indebolirono il disegno della legge finale.

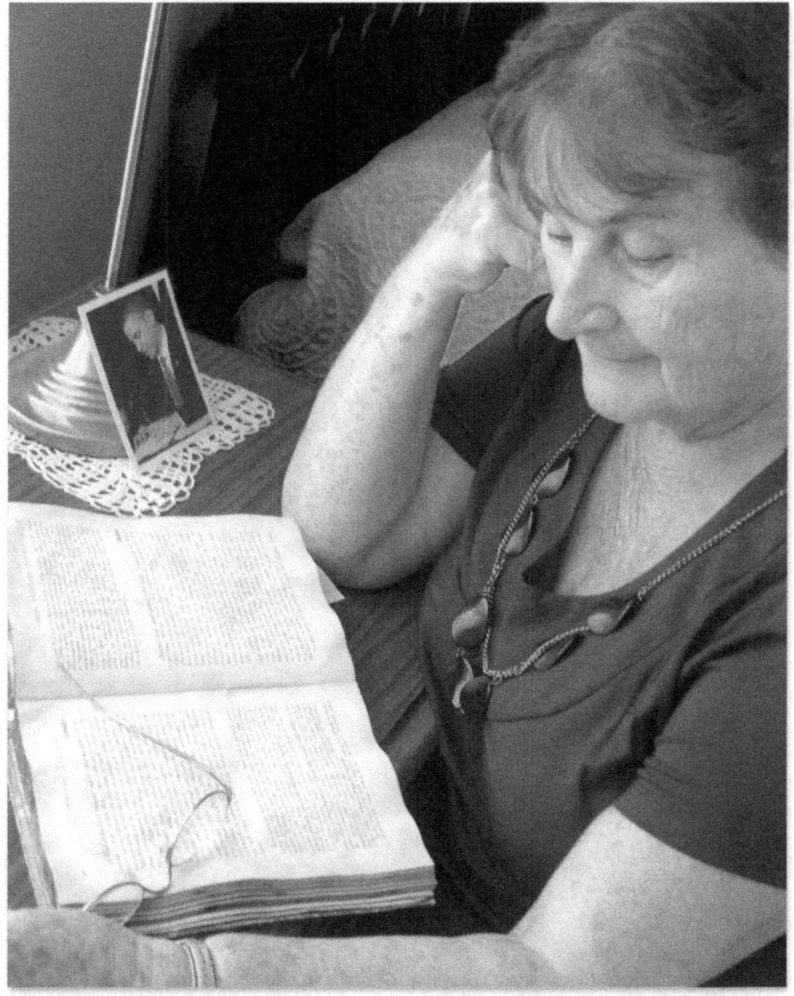

Carla Carli Mazzucato (2010)

Ma Obama era un uomo di compassione e di speranza. Egli aveva proclamato di restituire all'America il suo compasso morale di speranza per tutti. La sua presidenza non fu senza errori, ma le sue intenzioni erano oneste. Mi piaceva ascoltare i discorsi che faceva nei paesi stranieri che visitava, dov'era da molti rispettato anche se non aveva raggiunto la perfetta unione.

Nel discorso di Obama a Chicago dopo essere stato eletto presidente, egli aveva affermato: *"Stasera abbiamo dimostrato ancora una volta che la vera forza della nostra nazione non viene dalla potenza delle nostre armi o dalla scala della nostra ricchezza, ma dal potere duraturo dei nostri ideali: democrazia, libertà, opportunità e speranza"*.

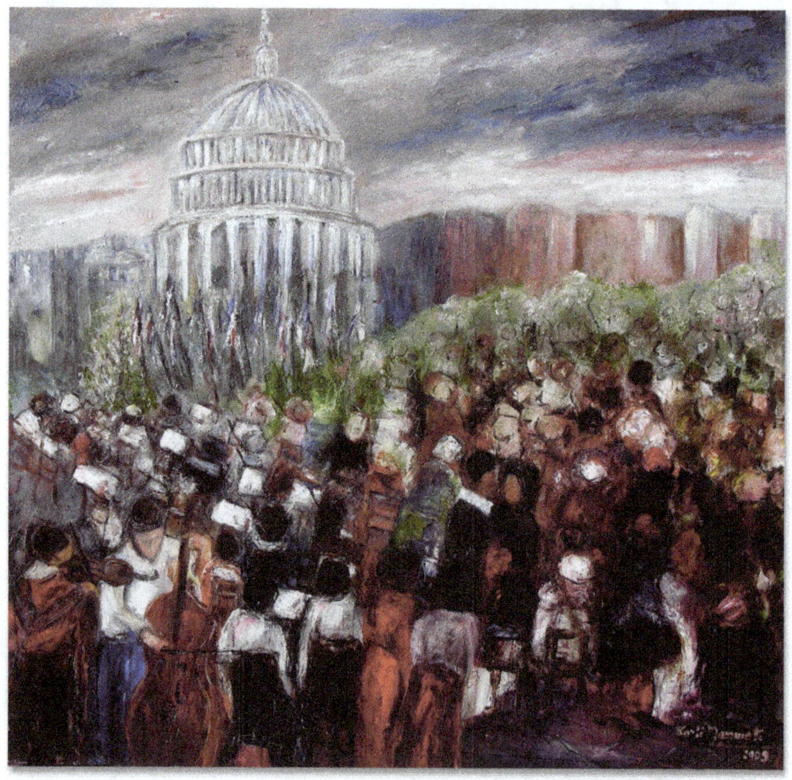

A New Day - Un Nuovo Giorno

Mentre scrivo queste pagine rifletto come dopo quattro anni di Donald Trump le cose sono cambiate e la nostra nazione resta divisa in uno stato di fallimento e disperazione. C'é paura di soppressione politica, di dilagante virus, di guerra continua, e di corruzione in ogni compagine dello Stato.

Mi domando: A che punto l'attuale presidente Trump, uomo rozzo, egoista, disonesto, bugiardo e prepotente riduce l'America e la sua democrazia? Che vergogna! E che peccato per l'America!

CAPITOLO 25

VERSO L'ETERNO

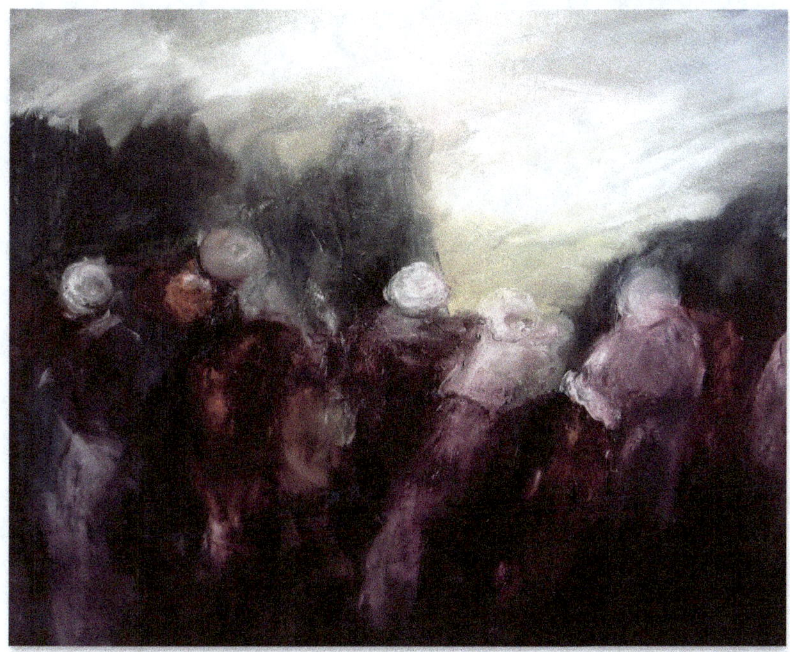

Della Sera Ultima Luce

E ti abbraccio—
Mentre ti offri, rivelata ora alla luce del giorno
su una nuova riva, splendente della promessa di
un futuro pieno di speranza.
Tu sei possibilità.

dalla poesia "Possibility" (Possibilità) pvm

Nello scrivere i miei pensieri e i ricordi del mio passato venni a riflettere e meditare sull'arco della mia vita e trovare la ragione della mia esistenza. Perché sono qui?

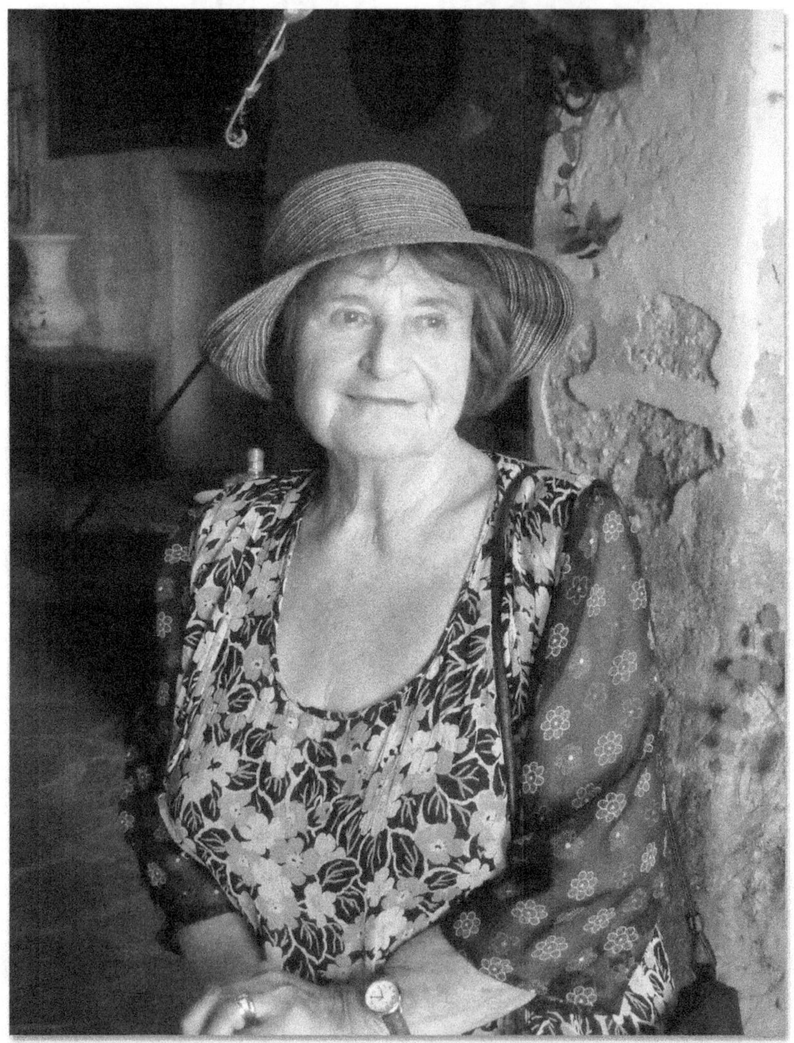

Carla Carli Mazzucato (2018)

Ci sono ragioni naturali, scientifiche, filosofiche e persino pratiche nella risposta; molti credono di aver fede in una esistenza spirituale dell'Infinito con il quale possono comunicare. La religione è la comunicazione con questo Infinito/Divino, ed è componente universale e preminente della società umana.

Le nostre diverse culture ci permettono di scegliere il tipo di religione che vogliamo seguire: un percorso come il buddismo, una tradizione come l'ebraismo o altri insegnamenti religiosi che danno voce al nostro credo.

Le diverse credenze in una divinità personale che ha ordinato il caos dell'universo, sia che derivi dal giudaismo o dal cristianesimo, dall'Islam o dallo spiritualismo africano, sono tutte legittime. Anche la rivelazione proveniente da una divinità o da un capo tribù, o da oggetti collegati a una divinità, racchiudono la verità universale, che è l'amore che unisce tutti.

Joseph Campbell nel suo libro "The Power of Myth", per rispondere alla domanda che tutti ci poniamo, scrive che tutte le religioni hanno miti o storie sacre che danno significato profondo e divino alla nostra esistenza.

In questi ultimi anni, cercando significato di vita e morte e di una giustizia pre-apocalittica, lessi libri di altre tradizioni religiose, ma rimasi sempre legata alle tradizioni e verità della mia fede, rieducandomi sui vari libri. Ma non trovai la risposta della mia esistenza leggendo libri o imparando altre religioni.

La Scrittura è solo una raccolta di parole che necessitano un'interpretazione, e la mia chiesa ha solo proposte difficili.

I tempi sono anche cambiati, e tutto ciò che è legato alla cultura tradizionale ha perso per me parte della sua legittimità: la superstizione dei riti, i dogmi, le dottrine basate su leggi antiche, le verità imposte che danno origine alla dottrina cristiana derivata dal magistrato di Paolo e dai miti antichi della cultura greco-romana e dalle leggi del tempio giudaico.

Il mio obiettivo è la comprensione del Gesù storico, una ricerca personale e interiore nel silenzio di una meditazione. Trovare l'eredità che ci ha lasciato Gesù di Nazareth, l'uomo che ha saputo affrontare vita e morte, e insegnare a tutti che anche se la vita diventa tortuosa, uno Spirito divino ci accompagna. E Gesù come "figlio dell'uomo", come lui stesso lo ha detto per sessantaquattro volte nei vangeli, visse una vita mortale come la nostra, ma costantemente impegnato ad opere di giustizia e di pace. Il Suo modello non cambierà mai, il paradigma del Suo amore è l'unico dogma che conosciamo: "Amare l'altro come Lui ha amato noi."

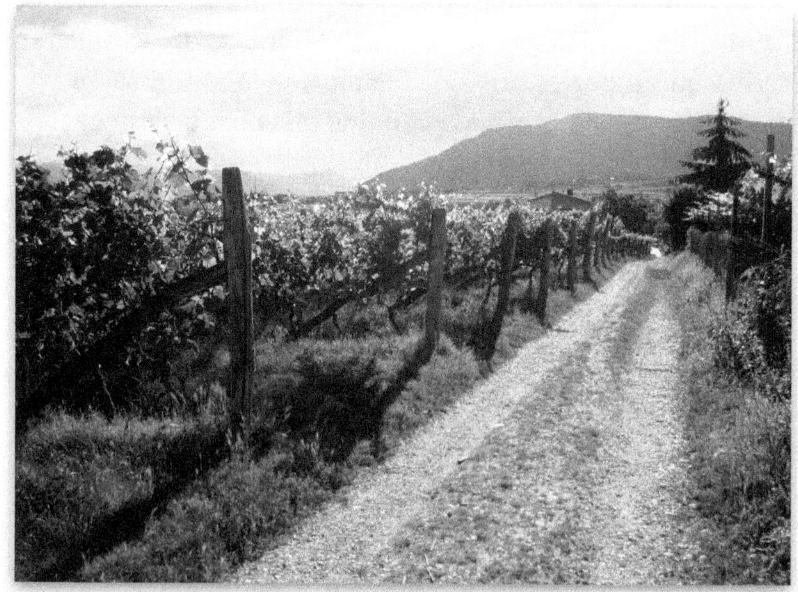

Il Lungo Sentiero— Appiano

La mia speranza è che il male venga distrutto, e la mia fede sia soddisfatta con la giustizia. Ho bisogno di questa convinzione per dare un senso alla mia esistenza e per poter trovare gioia quando un giorno passerò a un'esistenza al di là di questo mondo, dove mi riunirò con tutte le persone care che ho perso nella vita.

Io non posso provare l'esistenza di Dio, e nemmeno che la creazione é opera di Dio, ma credo fermamente alla potenza di Uno Spirito Divino. Accetto il mistero della vita per seguire il Gesù storico nella sua via di "Via, Vita e Veritas."

Ho scoperto che uno dei tanti modi in cui Dio mi parla è attraverso le emozioni che ho imparato ad esprimere tramite l'arte. Continuerò quindi a dipingere la mia vita non solo con le mie speranze e sogni, ma anche con le gioie e le tristezze che mi accompagnano ad ogni stagione.

Vagherò nel tempo e trascorrerò la primavera nei ricordi nostalgici della mia giovinezza; e quando il giorno cederà alla sera le debole luci, mi ricorderò delle verdi vallate dell'America che amo; e alla fine nell'immenso spazio del tempo, sentirò il silenzio delle cadenti stagioni, e un senso d'infinito; e usando le parole del grande poeta Giacomo Leopardi, ripeterò:

> *E come il vento odo stormir tra queste piante,*
> *io quello infinito silenzio a questa voce*
> *Vo comparando: e mi sovviene l'eterno,*
> *E le morte stagioni, e la presente*
> *E viva, e il suon di lei. Così tra questa*
> *Immensità s'annega il pensier mio:*
> *E il naufragar m'è dolce in questo mare*

> *da "L'Infinito" di Giacomo Leopardi*

242

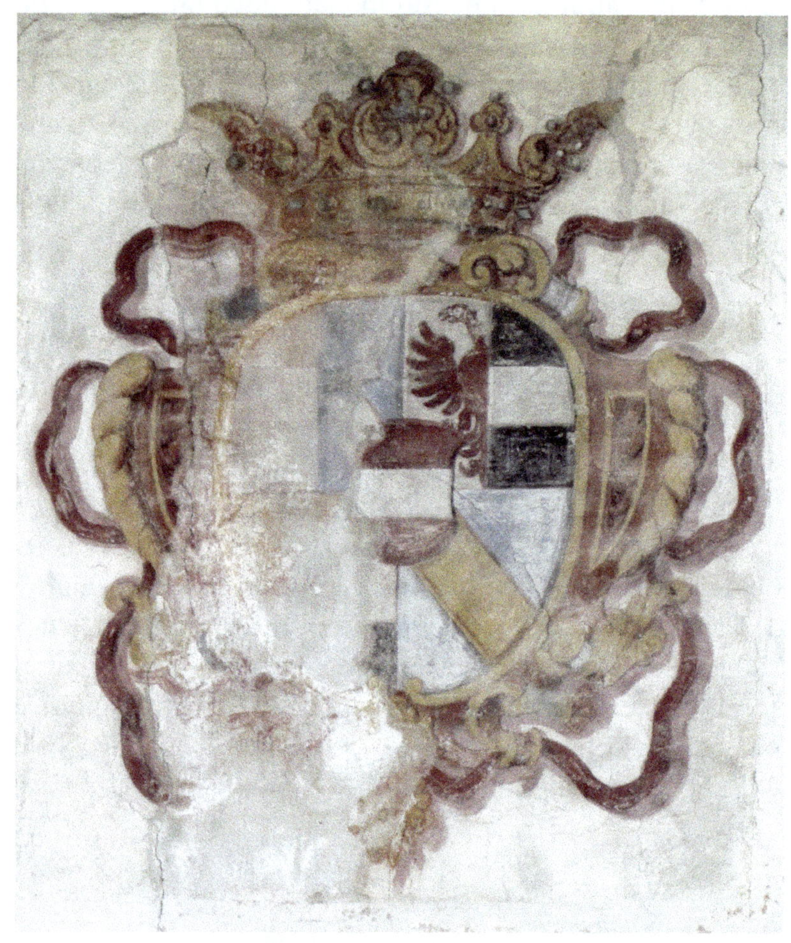

*Stemma della famiglia Thun sulla parete ovest di Angerburg,
la residenza nobiliare edificata nel 1680 e di proprietà intorno al 1800 da
conte Emanuel Maria Thun, principe vescovo di Trento.*

*La casa e la proprietà furono acquistate alla fine dell'800 da Vigil Carli
e rimase per generazioni la casa della famiglia Carli e dei loro discendenti.*

Genealogia

le persone <u>sottolineate</u> compaiono nella biografia   + denota matrimonio

            ⊏ denota fratelli

Famiglia **BELLA**

Giovanni Bella (23 giugno 1842—12 mar 1921)
+ Monika Fichtner (4 mag 1852- 7 nov 1920)
   ⊏ <u>Dorotea (Retti) Bella</u>
    + Giovanni Parmesani
       <u>Aldo Parmesani</u> + Giuseppina
       Gianluigi Parmesani
   ⊢ <u>Ida Bella</u>
   ⊢ Massimiliana (Maxi) Bella
   ⊔ <u>Luigi Bella</u> (8 mar 1883 — 15 dicembre 1953)
    + <u>Carlotta Menapace</u> (16 set 1876 — 20 ago 1919)
      ⊏ <u>Anna (Annetta) Bella</u> (9 gennaio 1911 — 19 ago 1959)
       + <u>Vigilio (Gilli) Carli</u> (2 nov 1898 — 5 ott 1947)
         ⊏ <u>Lidia Carli</u> (3 feb 1934 — 16 nov 2010)
          + Sergio Corrà (10 ott 1930)
            ⊏ <u>Andrea Corrà</u> (8 nov 1967)
              Sergio Corrà (26 dicembre 2010)
            ⊔ <u>Ivo Corrà</u> (20 apr 1969)
             + Mirka Cevenini (3 mag)
              ⊏ Zeno Corrà (6 feb 2006)
              ⊔ Vera Corrà (25 feb 2010)
        ⊢ **Carla Carli** (2 nov 1935)
         + <u>Giuseppe Mazzucato</u> (6 dicembre1925 — 21 dic. 2016)
          ⊏ <u>Anna Virginia Mazzucato</u> (27 apr 1963)
           + <u>Brian Teixeira</u> (2 feb 1956)
            ⊏ <u>Mikaela Teixeira</u> (9 set 1998)
            ⊔ <u>Kiara Teixeira</u> (30 set 2001)
          ⊢ <u>Paolo Vigilio Mazzucato</u> (8 feb 1966)
           + <u>Karyn Kubo</u> (31 lug 1965)
            ⊏ <u>Olivia Maria Mazzucato</u> (2 apr 1998)
            ⊔ <u>Julia Chiemi Mazzucato</u> (22 mag 2001)
          ⊔ <u>Daniela Maria Mazzucato</u> (30 ago 1968)
        ⊔ <u>Bruno Carli</u> (4 apr 1941)
    ⊔ <u>Ida (Idotta) Bella</u> (8 dic 1912 — 21 ago 1972)
     + <u>Ugo Rizzi</u> (19 gen 1908 — 28 gen 1994)
      ⊏ Paolo Rizzi (28 giu. 1938 — 5 mag. 2012)
       + Cristina Naletto
         Silvia Rizzi (14 nov 1986)

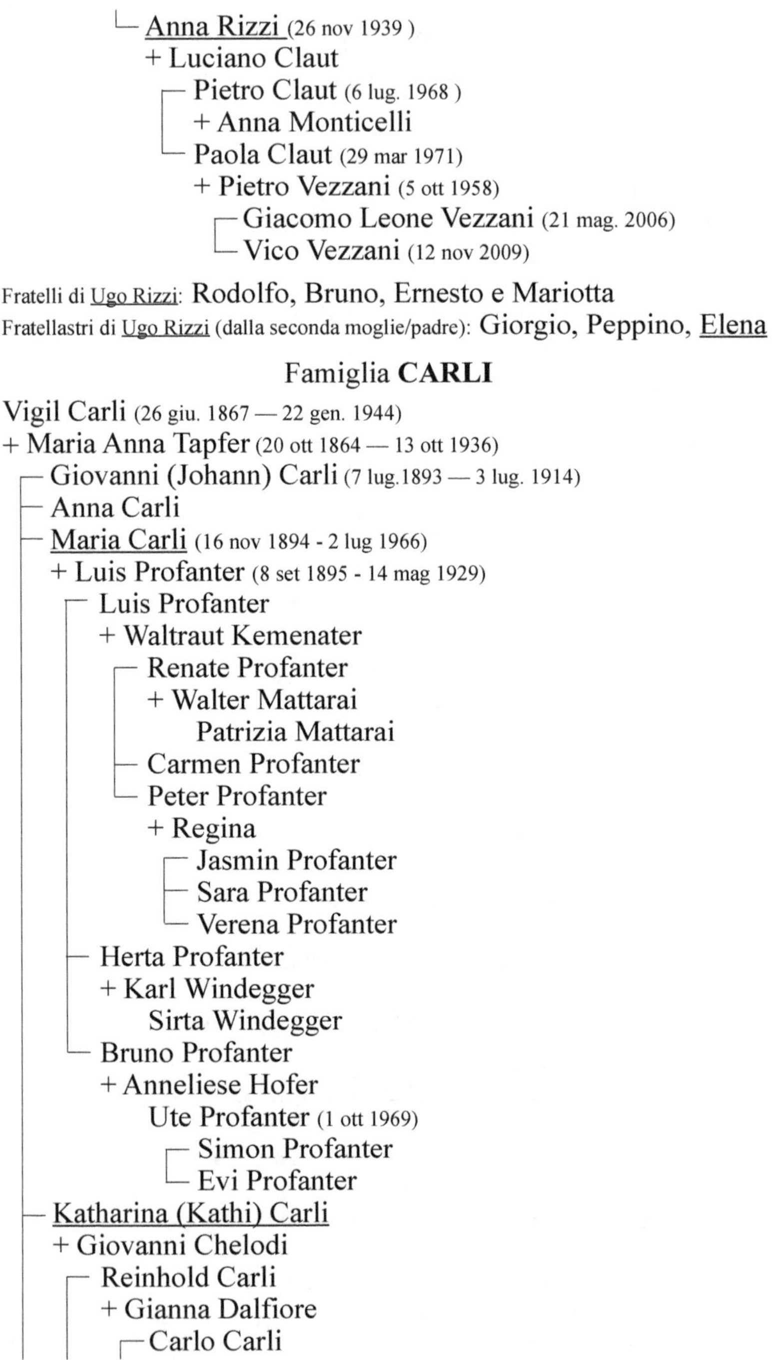

└ <u>Anna Rizzi</u> (26 nov 1939)
  + Luciano Claut
    ┌ Pietro Claut (6 lug. 1968)
    │ + Anna Monticelli
    └ Paola Claut (29 mar 1971)
      + Pietro Vezzani (5 ott 1958)
        ┌ Giacomo Leone Vezzani (21 mag. 2006)
        └ Vico Vezzani (12 nov 2009)

Fratelli di <u>Ugo Rizzi</u>: Rodolfo, Bruno, Ernesto e Mariotta

Fratellastri di <u>Ugo Rizzi</u> (dalla seconda moglie/padre): Giorgio, Peppino, <u>Elena</u>

Famiglia **CARLI**

Vigil Carli (26 giu. 1867 — 22 gen. 1944)
+ Maria Anna Tapfer (20 ott 1864 — 13 ott 1936)
  ┌ Giovanni (Johann) Carli (7 lug.1893 — 3 lug. 1914)
  ├ Anna Carli
  ├ <u>Maria Carli</u> (16 nov 1894 - 2 lug 1966)
  │ + Luis Profanter (8 set 1895 - 14 mag 1929)
  │ ┌ Luis Profanter
  │ │ + Waltraut Kemenater
  │ │ ┌ Renate Profanter
  │ │ │ + Walter Mattarai
  │ │ │ Patrizia Mattarai
  │ │ ├ Carmen Profanter
  │ │ └ Peter Profanter
  │ │   + Regina
  │ │   ┌ Jasmin Profanter
  │ │   ├ Sara Profanter
  │ │   └ Verena Profanter
  │ ├ Herta Profanter
  │ │ + Karl Windegger
  │ │ Sirta Windegger
  │ └ Bruno Profanter
  │   + Anneliese Hofer
  │   Ute Profanter (1 ott 1969)
  │   ┌ Simon Profanter
  │   └ Evi Profanter
  ├ <u>Katharina (Kathi) Carli</u>
  │ + Giovanni Chelodi
  │ ┌ Reinhold Carli
  │ │ + Gianna Dalfiore
  │ │ ┌ Carlo Carli

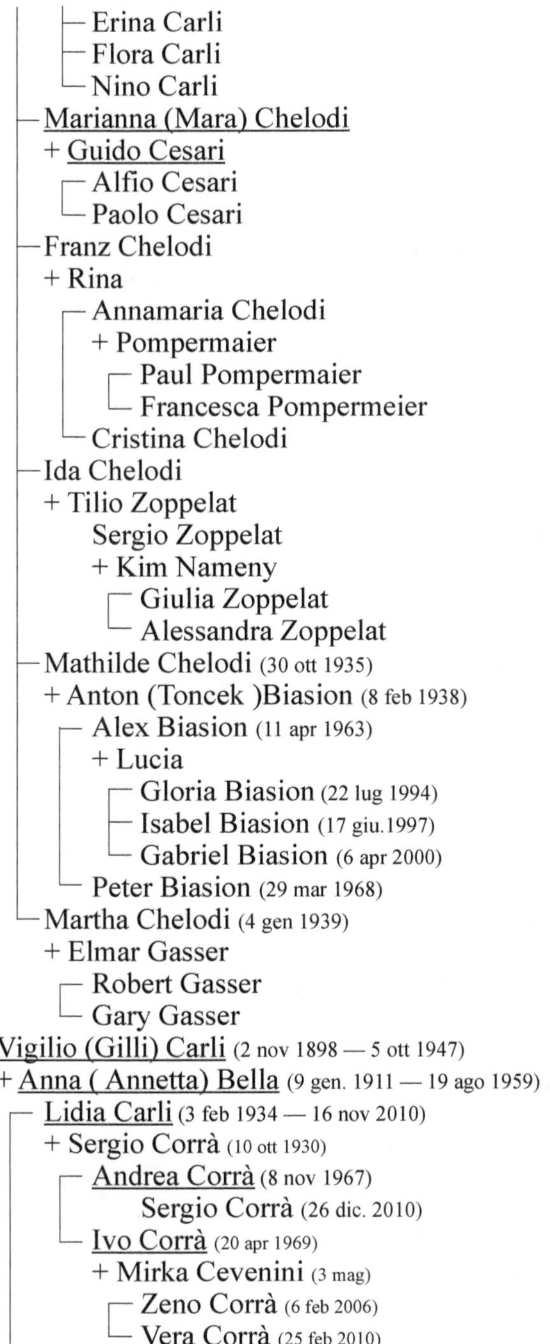

```
├─ Erina Carli
├─ Flora Carli
└─ Nino Carli
─ Marianna (Mara) Chelodi
  + Guido Cesari
    ┌─ Alfio Cesari
    └─ Paolo Cesari
─ Franz Chelodi
  + Rina
      ┌─ Annamaria Chelodi
      │  + Pompermaier
      │    ┌─ Paul Pompermaier
      │    └─ Francesca Pompermeier
      └─ Cristina Chelodi
─ Ida Chelodi
  + Tilio Zoppelat
      Sergio Zoppelat
      + Kim Nameny
        ┌─ Giulia Zoppelat
        └─ Alessandra Zoppelat
─ Mathilde Chelodi (30 ott 1935)
  + Anton (Toncek )Biasion (8 feb 1938)
    ┌─ Alex Biasion (11 apr 1963)
    │  + Lucia
    │    ┌─ Gloria Biasion (22 lug 1994)
    │    ├─ Isabel Biasion (17 giu.1997)
    │    └─ Gabriel Biasion (6 apr 2000)
    └─ Peter Biasion (29 mar 1968)
─ Martha Chelodi (4 gen 1939)
  + Elmar Gasser
    ┌─ Robert Gasser
    └─ Gary Gasser
─ Vigilio (Gilli) Carli (2 nov 1898 — 5 ott 1947)
+ Anna ( Annetta) Bella (9 gen. 1911 — 19 ago 1959)
  ┌─ Lidia Carli (3 feb 1934 — 16 nov 2010)
  │  + Sergio Corrà (10 ott 1930)
  │    ┌─ Andrea Corrà (8 nov 1967)
  │    │     Sergio Corrà (26 dic. 2010)
  │    └─ Ivo Corrà (20 apr 1969)
  │       + Mirka Cevenini (3 mag)
  │         ┌─ Zeno Corrà (6 feb 2006)
  │         └─ Vera Corrà (25 feb 2010)
```

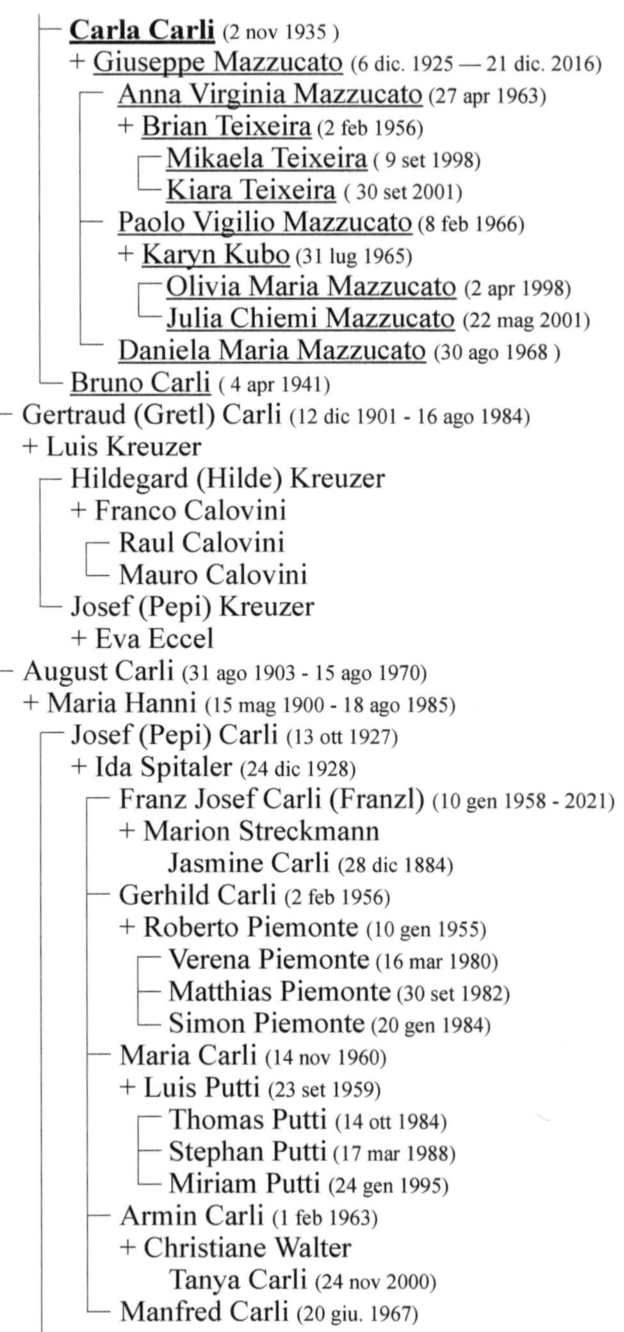

— **Carla Carli** (2 nov 1935)
+ Giuseppe Mazzucato (6 dic. 1925 — 21 dic. 2016)
  — Anna Virginia Mazzucato (27 apr 1963)
    + Brian Teixeira (2 feb 1956)
      — Mikaela Teixeira (9 set 1998)
      — Kiara Teixeira (30 set 2001)
  — Paolo Vigilio Mazzucato (8 feb 1966)
    + Karyn Kubo (31 lug 1965)
      — Olivia Maria Mazzucato (2 apr 1998)
      — Julia Chiemi Mazzucato (22 mag 2001)
  — Daniela Maria Mazzucato (30 ago 1968)
— Bruno Carli (4 apr 1941)
— Gertraud (Gretl) Carli (12 dic 1901 - 16 ago 1984)
+ Luis Kreuzer
— Hildegard (Hilde) Kreuzer
  + Franco Calovini
    — Raul Calovini
    — Mauro Calovini
— Josef (Pepi) Kreuzer
  + Eva Eccel
— August Carli (31 ago 1903 - 15 ago 1970)
+ Maria Hanni (15 mag 1900 - 18 ago 1985)
— Josef (Pepi) Carli (13 ott 1927)
  + Ida Spitaler (24 dic 1928)
    — Franz Josef Carli (Franzl) (10 gen 1958 - 2021)
      + Marion Streckmann
        Jasmine Carli (28 dic 1884)
    — Gerhild Carli (2 feb 1956)
      + Roberto Piemonte (10 gen 1955)
        — Verena Piemonte (16 mar 1980)
        — Matthias Piemonte (30 set 1982)
        — Simon Piemonte (20 gen 1984)
    — Maria Carli (14 nov 1960)
      + Luis Putti (23 set 1959)
        — Thomas Putti (14 ott 1984)
        — Stephan Putti (17 mar 1988)
        — Miriam Putti (24 gen 1995)
    — Armin Carli (1 feb 1963)
      + Christiane Walter
        Tanya Carli (24 nov 2000)
    — Manfred Carli (20 giu. 1967)

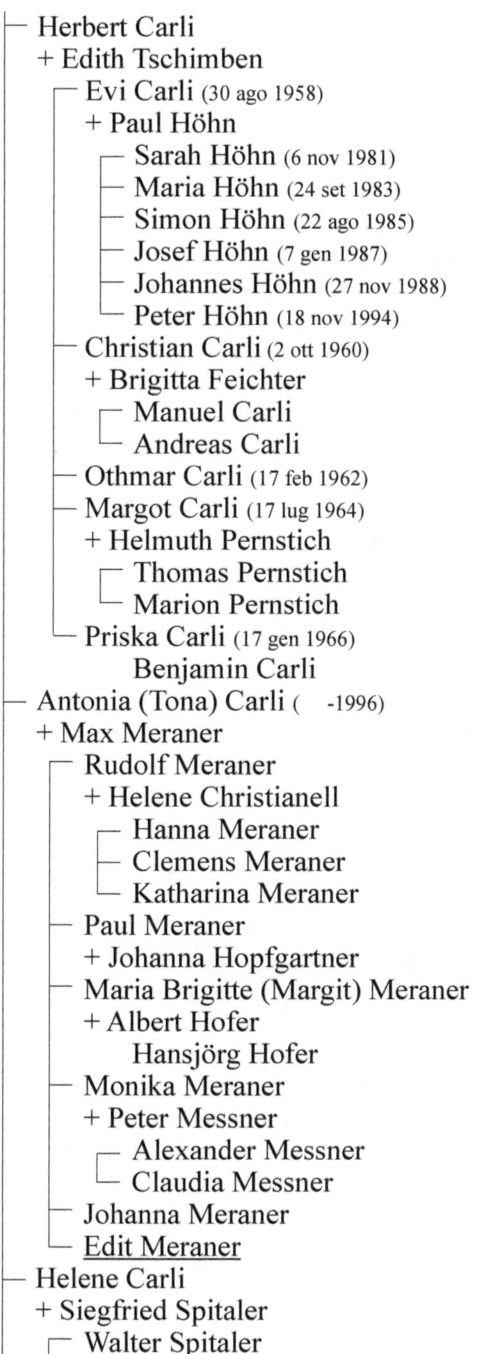

├─ Herbert Carli
│ + Edith Tschimben
│   ┌─ Evi Carli (30 ago 1958)
│   │ + Paul Höhn
│   │   ┌─ Sarah Höhn (6 nov 1981)
│   │   ├─ Maria Höhn (24 set 1983)
│   │   ├─ Simon Höhn (22 ago 1985)
│   │   ├─ Josef Höhn (7 gen 1987)
│   │   ├─ Johannes Höhn (27 nov 1988)
│   │   └─ Peter Höhn (18 nov 1994)
│   ├─ Christian Carli (2 ott 1960)
│   │ + Brigitta Feichter
│   │   ┌─ Manuel Carli
│   │   └─ Andreas Carli
│   ├─ Othmar Carli (17 feb 1962)
│   ├─ Margot Carli (17 lug 1964)
│   │ + Helmuth Pernstich
│   │   ┌─ Thomas Pernstich
│   │   └─ Marion Pernstich
│   └─ Priska Carli (17 gen 1966)
│   Benjamin Carli
├─ Antonia (Tona) Carli (-1996)
│ + Max Meraner
│   ┌─ Rudolf Meraner
│   │ + Helene Christianell
│   │   ┌─ Hanna Meraner
│   │   ├─ Clemens Meraner
│   │   └─ Katharina Meraner
│   ├─ Paul Meraner
│   │ + Johanna Hopfgartner
│   ├─ Maria Brigitte (Margit) Meraner
│   │ + Albert Hofer
│   │   Hansjörg Hofer
│   ├─ Monika Meraner
│   │ + Peter Messner
│   │   ┌─ Alexander Messner
│   │   └─ Claudia Messner
│   ├─ Johanna Meraner
│   └─ Edit Meraner
├─ Helene Carli
│ + Siegfried Spitaler
│   ┌─ Walter Spitaler

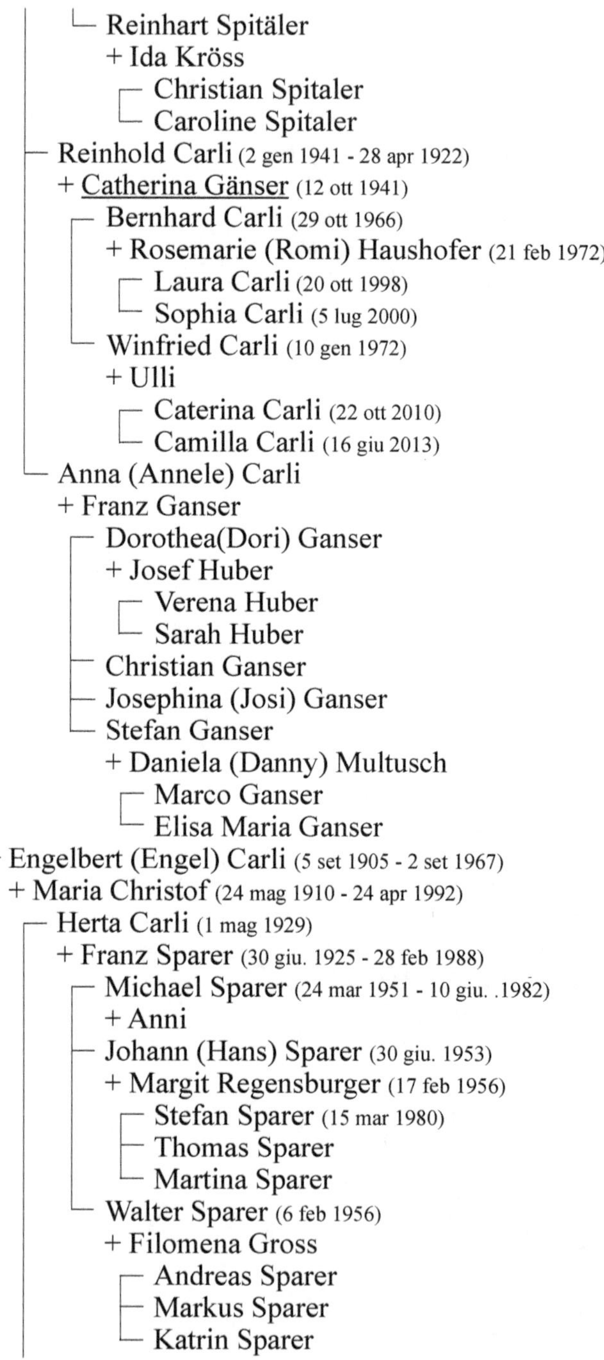

└ Reinhart Spitäler
  + Ida Kröss
    ┌ Christian Spitaler
    └ Caroline Spitaler
─ Reinhold Carli (2 gen 1941 - 28 apr 1922)
  + Catherina Gänser (12 ott 1941)
    ┌ Bernhard Carli (29 ott 1966)
    │ + Rosemarie (Romi) Haushofer (21 feb 1972)
    │   ┌ Laura Carli (20 ott 1998)
    │   └ Sophia Carli (5 lug 2000)
    └ Winfried Carli (10 gen 1972)
      + Ulli
        ┌ Caterina Carli (22 ott 2010)
        └ Camilla Carli (16 giu 2013)
└ Anna (Annele) Carli
  + Franz Ganser
    ┌ Dorothea(Dori) Ganser
    │ + Josef Huber
    │   ┌ Verena Huber
    │   └ Sarah Huber
    ├ Christian Ganser
    ├ Josephina (Josi) Ganser
    └ Stefan Ganser
      + Daniela (Danny) Multusch
        ┌ Marco Ganser
        └ Elisa Maria Ganser
─ Engelbert (Engel) Carli (5 set 1905 - 2 set 1967)
  + Maria Christof (24 mag 1910 - 24 apr 1992)
    ┌ Herta Carli (1 mag 1929)
    │ + Franz Sparer (30 giu. 1925 - 28 feb 1988)
    │   ┌ Michael Sparer (24 mar 1951 - 10 giu. .1982)
    │   │ + Anni
    │   ├ Johann (Hans) Sparer (30 giu. 1953)
    │   │ + Margit Regensburger (17 feb 1956)
    │   │   ┌ Stefan Sparer (15 mar 1980)
    │   │   ├ Thomas Sparer
    │   │   └ Martina Sparer
    │   └ Walter Sparer (6 feb 1956)
    │   + Filomena Gross
    │   ┌ Andreas Sparer
    │   ├ Markus Sparer
    │   └ Katrin Sparer

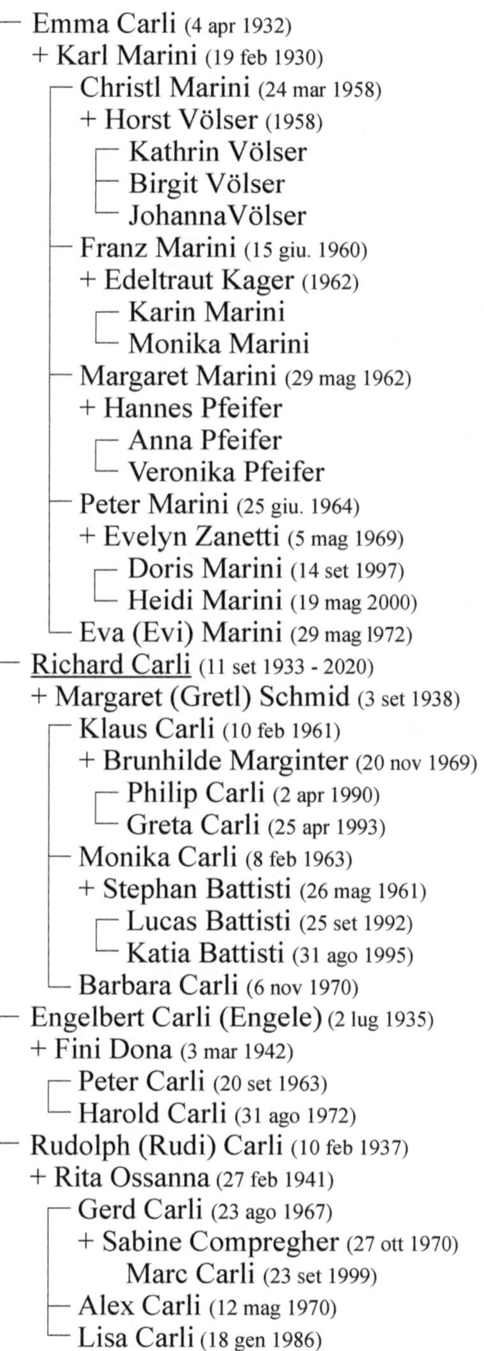

Emma Carli (4 apr 1932)
+ Karl Marini (19 feb 1930)
    ┌ Christl Marini (24 mar 1958)
    │ + Horst Völser (1958)
    │   ┌ Kathrin Völser
    │   ├ Birgit Völser
    │   └ JohannaVölser
    ├ Franz Marini (15 giu. 1960)
    │ + Edeltraut Kager (1962)
    │   ┌ Karin Marini
    │   └ Monika Marini
    ├ Margaret Marini (29 mag 1962)
    │ + Hannes Pfeifer
    │   ┌ Anna Pfeifer
    │   └ Veronika Pfeifer
    ├ Peter Marini (25 giu. 1964)
    │ + Evelyn Zanetti (5 mag 1969)
    │   ┌ Doris Marini (14 set 1997)
    │   └ Heidi Marini (19 mag 2000)
    └ Eva (Evi) Marini (29 mag l972)

Richard Carli (11 set 1933 - 2020)
+ Margaret (Gretl) Schmid (3 set 1938)
    ┌ Klaus Carli (10 feb 1961)
    │ + Brunhilde Marginter (20 nov 1969)
    │   ┌ Philip Carli (2 apr 1990)
    │   └ Greta Carli (25 apr 1993)
    ├ Monika Carli (8 feb 1963)
    │ + Stephan Battisti (26 mag 1961)
    │   ┌ Lucas Battisti (25 set 1992)
    │   └ Katia Battisti (31 ago 1995)
    └ Barbara Carli (6 nov 1970)

Engelbert Carli (Engele) (2 lug 1935)
+ Fini Dona (3 mar 1942)
    ┌ Peter Carli (20 set 1963)
    └ Harold Carli (31 ago 1972)

Rudolph (Rudi) Carli (10 feb 1937)
+ Rita Ossanna (27 feb 1941)
    ┌ Gerd Carli (23 ago 1967)
    │ + Sabine Compregher (27 ott 1970)
    │   Marc Carli (23 set 1999)
    ├ Alex Carli (12 mag 1970)
    └ Lisa Carli (18 gen 1986)

— Hubert Carli (19 ott 1940)
 + Berta Zublasing (18 apr 1946)
  ┌ Reiner Carli (2 gen 1969)
  └ Georg Carli (16 lug 1972)
— Veronika (Froni) Carli (6 apr 1944)
 + Hubert Alexandri (23 dic 1935)
  ┌ Norbert Alexandri (5 nov 1967)
  │ + Petra Pircher
  │   Florian Alessandri (6 giu. 1999)
  ├ Werner Alexandri (31 gen 1971)
  └ Gertraud Alexandri (19 gen 1974)
    + Roland Auer
— Marlene Carli (30 giu. 1946)
 + Bruno Boso (11 lug 1940)
  ┌ Martin Boso (25 nov 1966)
  │ + Raffaela Dal Ben (29 nov 1973)
  │   Nicholas Boso (9 ago 2000)
  ├ Marion Boso (31 lug 1978)
  └ Pier Paolo Boso (26 mar 1981)
— Christl Carli (19 nov 1949)
 + Konrad Folie (27 lug 1951)
  ┌ Jörgen Folie
  └ Hannes Folie
— Liesl Carli (19 nov 1949)
 + Werner Schrentewein (5 ott 1947)
  ┌ Eva Schrentewein (13 mag 1972)
  └ Pietra Schrentewein (10 mar 1976)

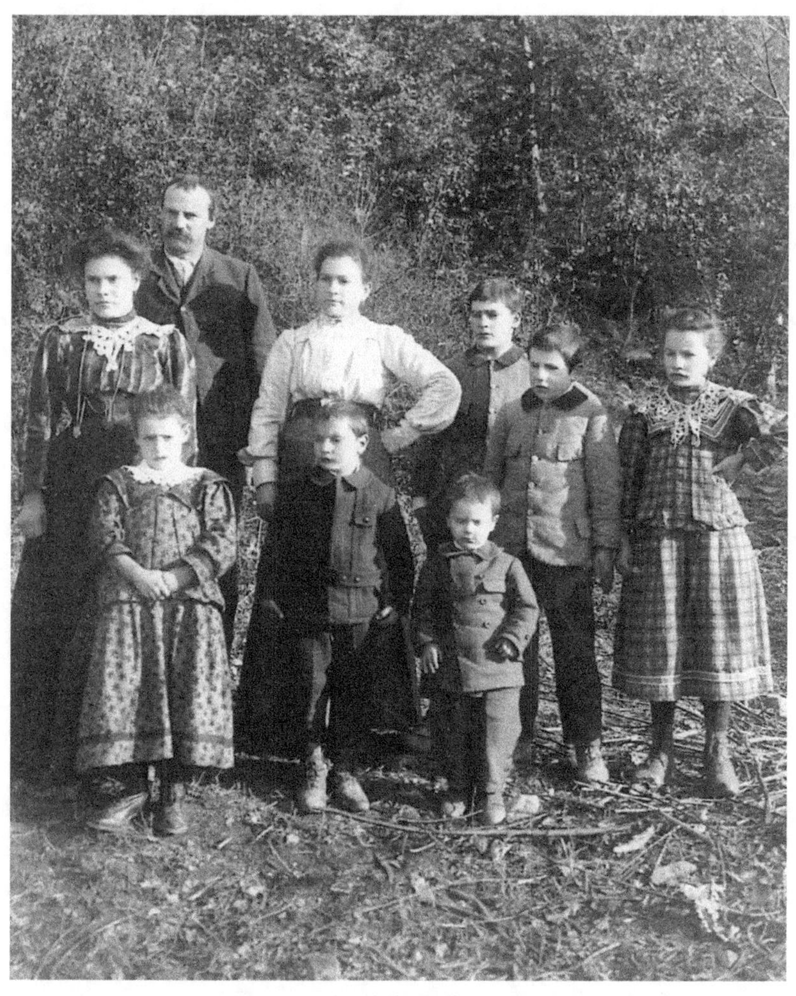

Famiglia Carli:
(ultima fila) Maria, Vigil Carli, Maria Tapfer, Johann, Vigilio, Katharina
(davanti) Gretl, August, Engelbert

Indice dei Dipinti
di Carla Carli Mazzucato

Indice delle Citazioni

Elenco dei libri pubblicati
da Carla Carli Mazzucato

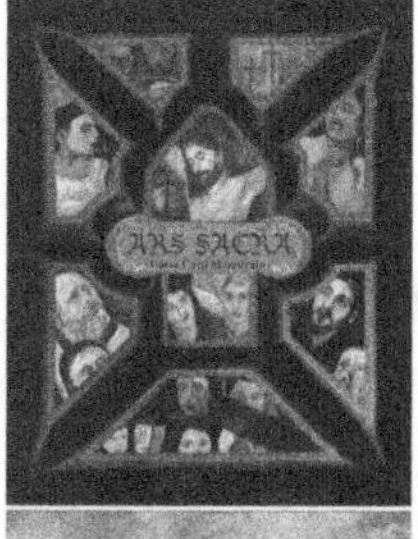

ARS SACRA
una riflessione sulla
Passione di Gesù Cristo
nell'arte di Carla Carli Mazzucato
2020

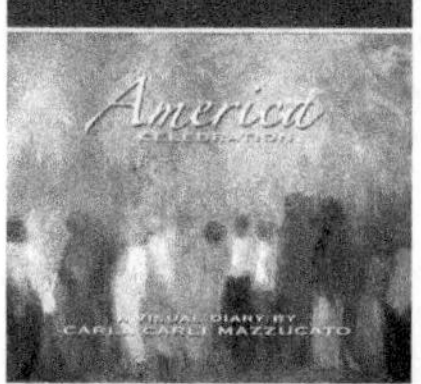

AMERICA: Celebration
un diario visivo di Carla Carli Mazzucato
2011

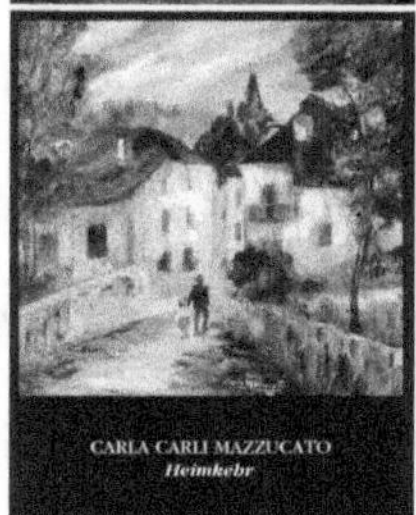

HEIMKEHR: Return to my Homeland
paesaggi e scene di Appiano, Italia
il paese natale di Carla Carli Mazzucato
2001

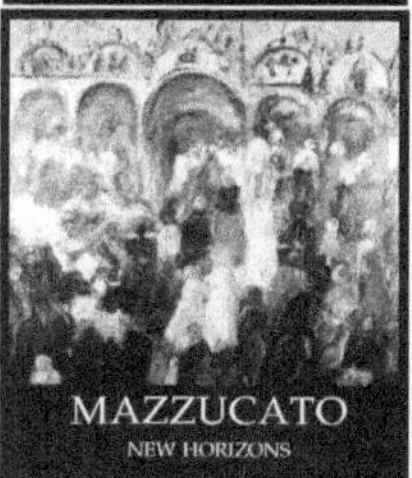

MAZZUCATO: New Horizons
l'arte che ha stabilito
Carla Carli Mazzucato come una delle
principali artiste contemporanee
1994

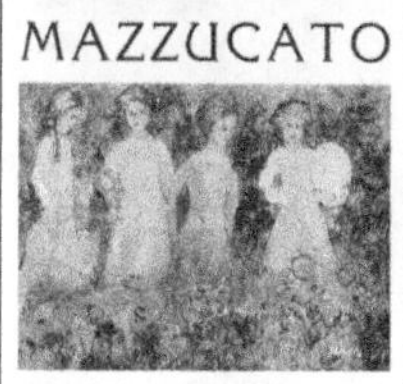

MAZZUCATO
dipinti e poesie
1987

disponibile a — www.mazzucato.org/books.html